最黑暗的時刻

DARKEST HOUR:
How Churchill Brought England Back from the Brink

安東尼・麥卡騰 著
Anthony McCarten

區立遠 譯

目次

清晨五點半剛過不久，邱吉爾醒來了，不過叫醒他的並非平日的早餐托盤，而是一個令人震驚的消息：德國已經入侵波蘭。張伯倫怎麼可以否認他同意過的一切？這將證明他是錯的，證明他看錯了一切，證明他忽略邱吉爾六年以來的警告是個錯誤。張伯倫當年手中緊握的那一紙薄薄的和約：可笑。這一切都荒謬可笑。

哈利法克斯是一位小有名氣的騎師，也是狂熱的狐狸獵人。哈利法克斯不知道他該對希特勒採取何種立場。在一九三八年十二月十五日的內閣會議上，哈利法克斯公開表明了他對德國的反對，並鄭重指出「他希望能看到的最終結果，就是納粹的毀滅。只要納粹仍然存在一日，和平就無法確保。」從一九三九年新年這一天開始，支持哈利法克斯出任首相的呼聲就越來越高。

邱吉爾現在面臨一個有點為難的處境。他剛掌握大權，但是有個

閣員來說，當他們看著邱吉爾絕望地收拾爛攤、以拯救英國免於步入歐洲的後塵時，一定對張伯倫的政治失誤感到切膚之痛。

邱吉爾意識到，納粹很可能不久之後也將入侵英國。隨著法國的局勢日漸惡化，英國直接面臨的危險越來越高。對保守黨內的和平主義者來說，與墨索里尼尋求接觸，請他提出義大利不參戰的條件、以及在未來居中安排與希特勒的和談，是一個可行、受歡迎且完全合理的規劃。真的是如此嗎？

邱吉爾注意到風向已經轉成對他有利的方向，便做出強硬的回答，「當其他國家都已被納粹的暴力征服，為他們奮戰而倒下」。

哈利法克斯：歐洲已經輸掉了！輸掉了。在我們的部隊被全面殲滅之前，現在是進行協商、取得最好條件的時刻。堅持太過分的條款對希特勒並沒有好處。他一定知道自己也有弱點。他會講道理的。

溫斯頓：什麼時候我們才會學到教訓？我們還要討好、綏靖多少個獨裁者——老天爺，甚至給予他們龐大特權——我們才能學到教訓：當你的頭已經進了老虎的嘴裡，這時候你不能跟牠講道理！

「就我個人來說，我完全相信，如果所有人都做好他的職責，如果一切都沒有疏漏，如果我們做出最好的安排——正如我們現在正在做的那樣——那麼我們將再度證明，我們有能力保衛這個島嶼家園，能安然度過這場戰爭風暴，能在暴政的威脅中堅持下來，必要時我們能撐上許多年，必要時我們能單獨撐下去。」

溫斯頓・史賓塞・邱吉爾
（Sir Winston Leonard Spencer-Churchill, 1874 年 11 月 30 日至 1965 年 1 月 24 日）
1940 年 5 月 10 日在二戰最黑暗的時刻，接任英國首相。
（Library and Archives Canada）

導論
Introduction

許多年來，我的書架上總是放著幾冊書，其主題可以概括地稱為「改變世界的偉大演說」。這些書的論題是：歷史上，這種不無疑問的功業已經在正確的條件下被達成了許多次：適時的言詞被鍛造成適時的理念，而且由一位優秀的人物適時地宣講出來。

在這類演講集裡，我總是能找到溫斯頓．史賓塞．邱吉爾至少一篇演說。常常甚至有兩到三篇。這些演說聽起來有一點過時，姿態很高，詞藻堆疊常常流於浮誇，然而也總是包含一些精心打造的語句、聲音效果絕佳的名言，不論是對一千年前還是一千年後的聽眾來說，聽起來一定是同樣地印象深刻。

當我開始學習尼赫魯、列寧、喬治．華盛頓、馬丁．路德．金恩與其他人的演說時，我對於演說的藝術以及這些人如箭雨般發出的言詞感到無比的讚嘆。在最淋漓盡致之處，他們能夠把人民未表達的思想召喚出來，能把各自分散的情緒鼓舞為共有且凝聚的熱情，得以讓不可想像之事成為現實。

邱吉爾讓我覺得不可思議之處，在於他在僅僅四個星期裡就寫了三篇這樣的演說。

對他來說，一九四〇年的五月是一段獨特且充滿靈感的豪言壯語的日子。而且他是完全只靠自己一個人辦到的。那段日子有何特別之處，使他能攀升到如此高峰？是什麼樣的政治與人際壓力，迫使他在這樣短暫的期間裡，三次把煤炭變成如此耀眼的鑽石？

簡單的回答是：英國處在戰爭中。在德軍閃電戰的恐怖中，*歐洲民主國家接連快速地倒在納粹鐵蹄與砲彈的蹂躪之下。面對這駭人的局面，這位英國的新任首相手上拿著筆，請打字秘書在旁待命，正尋思著他能用什麼樣的語言來號召全國進行英勇的抵抗，因為可怕的敵人入侵這個國家彷彿只是須臾片刻之事。

這本書，以及電影《最黑暗的時刻》的劇本，就是從這些問題裡，以及從這種讚嘆中誕生的。其目標在於觀察，在這段危急的時間裡，這個人的工作方式、領導素質以及他的思維與心理狀態如何。在他頗為詩意的靈魂深處，他堅信文字是關鍵的、有效力的，而且可以居中促成世界的改變。

在初步研究後，我把重點設定在從一九四〇年五月十日邱吉爾意外出任首相起，直到六月四日的這段時間為止。在六月四日，狀況危急的英國軍隊已幾乎完全從敦克爾克撤出（意味著法國的淪陷就在眼前），而這一天也是邱吉爾發表演說三部曲中最後一場的日子。

英國國家檔案館提供了關鍵的研究工具：你能找到溫斯頓在那段昏暗的日子裡主持戰時內閣的會議記錄原件。這讓我們瞥見他生涯中一段罕見的不確定的時光；他素來堅定的領導此時也有過一陣搖擺。神壇是為了放神像，而非為了活生生的人。對這些會議記錄進行仔細的研讀，揭露的不只是一個遭遇困難的領導者——他受到所有方面的攻擊而且有時不清楚該往哪裡走——同時還揭露了一個我先前從未聽聞的故事：如果當初英國戰時內閣決定與敵人和談，世界的面貌可能就此永遠改變。溫斯頓當時距離與希特勒進行和談還有多遠？我發現，已經近得相當危險。

一九四〇年戰時內閣一開始是在海軍部召開（從唐寧街穿過白廳走一小段路就到），後來改到財政部大樓地下深處的掩體裡。這個內閣面對的問題是，英國是否應該單獨作戰下去，也許直到其武裝部隊或甚至整個國家一起毀滅；還是應該謹慎行事，並尋求與希特勒進行和談。義大利駐倫敦大使已經表明，如果英國交出部份在非洲、馬爾他與直布羅陀的殖民地，他樂意請義大利法西斯領袖墨索里尼擔任中間人，為柏林與倫敦聯繫和談事宜。由於與溫斯頓競爭領導地位的哈利法克斯勛爵大力主張，應該對此選項加以研究，至少一直到希特勒的條件能被確認為止；也由於前任首相張伯倫同意哈利法克斯，認為若要避免英國幾乎難逃的毀滅，這似乎是唯一合理的途徑，所以在好一段

＊ 譯註：德國裝甲部隊在空中戰機的掩護下，以迅雷不及掩耳的速度，對敵軍的地面目標實施快速的打擊，深入敵軍後方，使得後者的指揮體系完全癱瘓。

時間裡，溫斯頓陷入相當孤立的處境，唯一真正能諮詢的人只有他自己。

許多讀者也許會十分錯愕，這位以希特勒的堅定不屈的死對頭聞名史上的偉大的溫斯頓．邱吉爾，竟然曾在戰時內閣上對同事們表示，他原則上不反對與德國進行和平談判，「如果希特勒先生願意以收復德國殖民地以及獨霸中歐為條件進行和解」。在另一個時間點上，也就是在五月二十六日這一天，他甚至更進一步表示：有人紀錄他曾表態「在能保存我們關鍵力量的前提下，如果英國能跳出當前困境，他會十分感激，即使代價是要讓出部份領土」。哪些領土？不只是歐陸國家的，而且還包括英國自己的領土。這還不是全部。張伯倫五月二十七日的日記甚至記載，邱吉爾對戰時內閣說，「如果我們只要放棄馬爾他與直布羅陀以及部份非洲殖民地就能跳出這個困境，那他〔溫斯頓〕會欣然接受」。

邱吉爾是在認真考慮與一個瘋子和殺人魔進行和平談判嗎？跟這個他痛恨勝過一切的人？看起來是如此。他承受了如此大的壓力，以至於他不只懷抱了這個想法，而且還准許哈利法克斯著手草擬一份給義大利人的機密備忘錄，以提出英國的條件，同時也啟動初步的程序，來探詢希特勒的條件會有多嚴苛。

或許有人會覺得，把邱吉爾形容為一個願意認真考慮和談的人，對他的名譽有所損害。我認為正好相反：一個從不懷疑自己好戰鬥狠的形象，並不能公平地描述邱吉爾；這種形象使他不真實，成為俗套，更像是集體夢想的產物，而非一個活在三度空間的人類。相反地，能夠一面猶豫不決，一面卻擺出一副堅強的面容以提振大家的士氣，私下卻思索著各種不同的解決方案——這樣的形象並不貶低他，更反而增添他的光彩。

這就是本書標題所指的黑暗時刻。然而從這些黑暗時刻裡，或者正因為這些時刻之黑暗，邱吉爾做出了兩場精彩的演出：兩個壯闊的演說總結。第一場是對一群無法參與戰時內閣討論的外閣成員，*第二場是對國會全體以及對全世界。前者是後面這場正式演說的暖身，並沒有被保留在官方紀錄裡，但是有兩位當日在場聆聽的人士，在日記中紀錄了演說的概要以及許多關鍵的句子。在第二場演說中，溫斯頓列舉了海灘、空降場、田野、山丘、大海與大洋，以及天空，作為英國對可恨的德國佬即將要作戰的場所。這番話在他說出口的那一剎那，就已經登上了歷史的殿堂。

在這兩次演說裡，以及在幾個星期前的另一場演說中（當中他承諾為大眾奉獻他的熱血、辛勞、眼淚與汗水，不論他們是否接受），他都使盡了渾身解數。這些技術是他普遍從希臘人與羅馬人那裡學來的，特別是從西塞羅：首先激起聽眾的同情，以支持他的國家、他本人、他的當事人、他的訴求，然後逐漸昇溫，並在最後進行直接的情感訴

＊譯註：outer cabinet，與戰爭相關的核心大臣組成戰時內閣（inner cabinet），其他的閣員組成外閣。戰時內閣成員可以獲得一切的真實資訊，外閣則只有內閣公開出來的資訊。

求——羅馬演說家稱之為總結（epilogos）——目標在於讓在場的每一顆心都被撼動，讓每個眼睛都流淚。

他在一九四〇年五月與六月初一連施放三次這種語言的煙火，在歷史上也有類似的範例，最著名的一個是馬克・安東尼為阿奎留斯辯護的演說：在演說中，安東尼撕開阿奎留斯身上的短袍，把他歷年打仗留下的傷疤展示出來。但是英國下議院與英國大眾聽到的完全不是這一套。邱吉爾的手段只限於話語。他用話語改變政治氣氛，在人民顫抖焦慮時提振他們的意志，強迫他們走上一條不確定的道路，讓他們克服萬難，經歷溫斯頓所預告的一切犧牲（而且遠不只此！），最後達成了全面的勝利。

這是個可觀的故事。

當溫斯頓死時，有人說，在一九四〇年那些黑暗的日子裡，當英國單獨面對一個惡魔般的敵人時，他動員了英語，並把這個語言送上了戰場（He mobilized the English language and sent it into battle）。這不只是一個漂亮的轉喻而已。在那些漫長的日子裡，話語真的是他唯一擁有的東西。但是如果你只能靠一件武器作戰，那麼，邱吉爾給我們的教訓是，語言是你最好的選擇。

1940.05.07（二）

希特勒已經成功侵略捷克斯洛伐克、波蘭、丹麥和挪威。

如今他正準備征服歐洲的其他國家。

在英國，國會已經對他們的領袖——張伯倫失去了信心。
尋找新領袖的行動已經展開了。

第一章　分裂的下議院
A House Divided

「滾，滾！」他們從二樓旁聽席大聲吼著，但是張伯倫並不情願辭去首相的職務。原因很多，但最主要的是，他對於還有誰能接下他的位子毫無把握。英國這時是一個分裂的國家。在歐洲，法西斯勝出、民主走到盡頭的可能性，早已不是無法想像。

英國國會的議事廳淹沒在一片譴責與咒罵之中。「滾，滾！」他們從二樓旁聽席大聲吼著；貴族與上議院議員們爭相探頭，想看得更清楚些。「下台，老兄！下台！」這是英國政治從未有過的景象。反對黨議員們把議事程序單捲成匕首狀，隔空戳向一個坐在發言箱前、*衰老且暗地裡為病痛所苦的身影——他就是大不列顛的保守黨首相，納維爾・張伯倫。

但是張伯倫並不情願辭去首相的職務。原因很多，但最主要的是，他對於還有誰能接下他的位子毫無把握。

英國進入戰爭已經八個月，而且進展非常糟糕。無論政治人物或民眾都在大聲疾呼，他們需要的不是隨便一個領袖，而是——就像所有重大時刻都要求的那樣——一個偉大的領導人：他要能發表唯有偉大領導者才能做出的談話，能打動、影響、說服、激勵與鼓舞廣大的人心，甚至能在民眾的心裡創造出連他們自己也不知道擁有的強烈情感。這些談話能催生行動，而且依照行動的明智與否，將決定結果是勝利還是慘重的失敗。

而且或許他們還希望在領導人身上看到一種——對任何面臨重大危機的國家民族來說——有些令人意外的素質，那就是：懷疑。這是一種極其重要的能力，使他能懷疑自己的判斷，能同時抱持兩種對立的構想，而且只在真能做到後才予以綜合，能擁有一種不獨斷的心態，並因此能與所有觀點保持對話。相反地，心態如果獨斷，能進行對話的對象就只剩下他自己一個人了。在這個時代裡，意識形態先行者對英國沒有好處。英國亟需的，是一位具有三百六十度視野的思想家。

如奧利佛·克倫威爾一六五〇年在給蘇格蘭教會的信上寫道：「以耶穌的臟腑之名，我懇求你們，請想一下，你們也可能是錯的。」在這個前景難料的時刻上，考慮到英國面臨的議題如此重大，以至於其整個未來都取決於下一步如何決策，那麼一個大問題就在於：要去哪裡找這樣一位領導者呢？

「不管從你的任何貢獻來說，你在這個位子上都已經坐太久了。走吧，拜託，讓我們跟你做個了斷吧！以上帝之名，請你走！」[1]利奧·艾默里——伯明罕市的斯帕克布魯克選區的國會議員——在說完這話並返回座位時，獲得了雷霆一般的喝彩：這是一九四〇年五月七日星期二，如今聞名史上的「挪威辯論」的第一天晚上。這時下議院開會已經將近九小時。這是初夏一個暖和的傍晚，夜幕已經降臨。他的話就像匕首一樣插在同為保守黨的張伯倫的側腹上。

＊ 譯註：despatch box，英國下議院用來隔開雙方議員的長桌上，左右兩側各擺放有一個原先用來遞送公文的木箱，議員發言時會倚靠在發言箱前方，而講稿一般都會放置在發言箱上。

英國這時是一個分裂的國家。內閣政府沒能團結議會，而是被各方強烈的主見與瑣碎的爭論來回撕扯，導致英國無論在陸地還是海上的戰事都遭遇災難性的失敗。在歐洲，法西斯勝出、民主走到盡頭的可能性，早已不是無法想像。

當晚在議事廳發生的這場著名辯論，起因是在五天之前種下的：五天之前消息傳來，在首度遭遇納粹的激烈進攻之後，英國正在把部隊從挪威的特隆赫姆港撤出。利奧．艾默里，以及由索爾茲伯里勛爵領導的「監督委員會」的成員（由保守黨的下院議員與上院議員組成，目標是監督內閣政府負起責任），還有一個跨黨派的國會行動小組（目標類似，但是由自由黨議員克萊門特．戴維斯領導且包括工黨議員）於是強行召開了一場辯論，來討論這場首度遭遇納粹部隊的大挫敗，同時也試著讓這個領導人最後要下台去——他們覺得張伯倫已不符合他們與這個國家的期待。

張伯倫首先在五月七日下午三點四十八分對下議院就「戰事指導」發表演說；這是持續兩天的辯論的第一天。他的言談以及他嘗試進行的搶救工作，並沒有讓他的立場更有力量，也無法緩和各方對英國基本上即將撞船的憂慮。相反地，這只證實了他的疲倦與防衛心態，這樣的人只會加速國家陷入危機。帶著一臉的「傷心與低落」[2]，如一位評論者日後所形容，他在辯論中苦苦支撐，而敵方還擊的言詞遠比他自己的更加響亮好記。這些言詞他再熟悉也不過了，因為那就是他自己提出來的：「為我們的時代創造和平！」（這是他自己一年前莊嚴的承諾）以及「錯過了公車！」（他曾指稱希特勒已經錯過了能在歐洲製造任何禍害的所有機會。）現在這些話就像手榴彈一樣在他自己的腳下炸開來了。

張伯倫在演說過程中，連所得到的那一點微弱的支持，如工黨的亞瑟．格林伍德所描述，都是「言不由衷的」。因為下議院的氣氛從未如此沈重：「人人都憂心忡忡，都感到不安——不，那不只是不安，而簡直是危疑恐懼。」[3]

張伯倫返回座位後，保守黨議員海軍上將羅傑．凱斯爵士正好穿著全套軍禮服（這在下議院是聞所未聞的）戲劇性地進入議事廳，下議院突然一片寂靜。作為一名長期批評首相的人，凱斯痛斥著內閣政府「駭人聽聞的種種無能」。[4]他很清楚自己在說什麼：他第一手見證了政府的種種挫敗。

接著發言的是克萊曼．艾德禮，在野的工黨領袖。他不是一個特別以演說辭令聞名的人，但是這個主題明顯給他帶來靈感，在提到政府因應當前局勢的「無能」時他說得特別犀利：

> 不只是挪威。挪威挫敗只是其他許多差錯之後的又一個高峰。人們說，負責主導這些事情的人，其政治生涯幾乎是接連不斷的失敗。在挪威之前是捷克斯洛伐克與波蘭。不管在哪裡，故事都是「太晚了」。首相曾提到「錯過公車」的比喻。那我們要不要來談一下，他跟他身邊的那一夥人，從一九三一年起，總共錯過了多少班公

車？他們錯過了所有的和平公車，只趕上了戰爭公車。大家發現，這些一路下來錯判所有局勢的人——他們曾經認為希特勒不會攻打捷克斯洛伐克，曾經相信讓步一下希特勒就會住手——這同一批人看來不曾了解到，希特勒也會攻打挪威。

就在五月七日的午夜之前，張伯倫下台的命運已經確定了，但是很多人感覺到，首相本人無法認清這一點。這種盲目發生在張伯倫身上不是一天兩天。暱稱「約克」*的約翰·柯爾維爾，他的首席私人秘書，在一九四〇年五月六日星期一這一天有這樣的記載：「首相為了媒體對他的攻擊感到非常沮喪：我相信他染上了一種奇怪的虛榮與自負；這個症狀是自慕尼黑開始的〔指一九三八年九月，當時張伯倫被指責對希特勒所有要求通通讓步，卻自認為己促成了和平〕，而且從那時起，儘管又遭受幾次挫敗，他這虛榮自負卻日益嚴重。」[6]

所以五月八日早晨，在這場辯論最關鍵的一天開始之前，考慮到張伯倫明顯不願意辭職下台，監督委員會與跨黨派國會行動小組的成員們又在國會裡開了一次會議。他們決定要強行通過一次分組表決，†議員們將被要求投票，如工黨議員赫爾伯特·莫里森所解釋的那樣，以表明「他們是否對施政感到滿意，或者他們是否對施政感到危疑恐懼」[7]：換句話說，他們要讓張伯倫的支持者流失，使他缺乏有效領導所需的基礎，也就是要把他一拳擊倒。

消息傳出後，各黨黨鞭就開始瘋狂地在各個不同的投票群體之間談條件以爭取支持。柯爾維爾在日記中寫道，資深的保守黨人「全都談到內閣改組，也認真地討論了一些應變辦法，比如（由哈利法克斯向赫爾伯特．莫里森提出）一項協議，讓在野黨工黨進入內閣，把幾位內閣要角換掉比如薩謬爾．霍爾、金斯利．伍德、約翰．西蒙爵士等等，唯一的要求是讓張伯倫繼續領導。」[8]

當下議院於下午兩點四十五分就內閣的戰事指導重新辯論時，反張伯倫的這些人已經磨刀霍霍，刀刃也異常銳利。

有人懇求工黨議員赫爾伯特．莫里森不要推動分組表決，但是後者充耳不聞。工黨議員們的心意已決：他們不願意在張伯倫「那個傢伙」的領導下參與聯合內閣。莫里森慷慨激昂地發表了二十分鐘的演說，請下院議員務必要秉持良心投票，要好好地想一想，戰爭才開始八個月，統帥又如此可悲，大不列顛不能坐視當前的事態繼續惡化。他傳達的訊息清楚又簡單：不只張伯倫得下台，所有那些支持了綏靖政策的人也都得走；這種

* 譯註：「約克」(Jock) 是蘇格蘭語對「約翰」(John) 一名的暱稱，跟英文用 Jack 暱稱 John 一樣。

† 譯註：表決程序的一種，指讓議員分成贊成與反對兩組進行表決，名副其實地「讓下議院分成兩半」（divide the House）。

錯誤的觀點主宰了英國一九三〇年代的對德政策——這種觀點認為，對一個獨裁者，你只要把他餵飽，就能讓他心滿意足地返回自己的洞穴裡。

所以撤謬爾・霍爾爵士（空軍大臣）與約翰・西蒙爵士（財政大臣）也必須走人。辭職與否完全要看張伯倫的決定。當然，在被各方的攻擊動搖之後，他也可能屈服。但是此刻他還在抵抗，還留在他的議員席上，只是偶而抬起頭來，直視那些攻訐與詆毀的殘酷火光。當他最後終於站起來時——如工黨議員休・達爾頓在回憶錄裡所寫的那樣——他憤怒地「跳了起來，像一隻被困在牆腳的老鼠露出他的牙齒，並大喊：『我接受挑戰，而且我要求我的朋友們——我在這個議會裡還是有些朋友——今天晚上在投票廳*裡支持內閣政府。』」[9]

張伯倫無法認清國家面臨的局勢的嚴重性，這使議會裡反對他的人更加按耐不住怒火。很快地，兩邊的議員都從座位上跳起來，試著吸引議長的注意力以獲得發言的機會。「走！」、「下台！」等叫喊響徹議事廳的每個角落，但是張伯倫仍不為所動。顯然地，他們還需要毀滅性的最後一擊，而實施這個打擊的最佳人選此時也正好站了起來。喧鬧的議事廳靜了下來。大衛・勞合・喬治，第一次世界大戰時的自由黨首相本人，開始用和緩的、但逐漸發自肺腑的語調，譴責張伯倫讓英國陷入「本國有史以來最糟糕的戰略態勢」。[10]談話的高潮是勞合・喬治直接訴諸張伯倫的良心：「做個犧牲奉獻的榜樣吧！因為在這場戰爭裡，比起個人犧牲他的首相印信，沒有什麼事情能對戰爭勝利做出更大的貢獻了。」

演講者的妻子，馬格麗特．勞合．喬治夫人，也坐在二樓旁聽席上頻頻點頭。她日後如此描寫這一刻：

我真的很高興，我先生在把張伯倫趕走一事上助了一臂之力。我從未見過這樣**難堪的一幕**，整個下議院已決心踢掉他以及約翰．西蒙爵士還有撒謬爾．霍爾……送他離場的那些怒吼，那些「滾！滾！」的呼喊實在嚇人。我從未見過一位首相離場時被人如此叫囂。他給大家帶來了困境，但是保守黨人在慕尼黑協議之後總是說「他救了我們，讓我們免於戰爭」。這些可憐蟲，他們一定是酒喝多了。[11]

激烈的辯論一直延續到深夜。張伯倫不願意好好地辭職。這時離他在日記上首度承認腸癌給他造成「相當的疼痛」[12]只有幾個星期。短短數月之後，這個癌症也將奪去他的性命。也許在他的心裡，他很清楚，如果他不要為歐洲、民主以及英國的生活方式的

* 譯註：下議院有兩個「分組投票廳」（Division Lobby），實際上是議事廳左右兩側的走廊。分組表決時，投贊成票的議員就從議事廳走進右側的「贊成投票廳」（Aye Lobby），投反對票的議員則走到左側的「反對投票廳」（No Lobby），然後以投票廳裡的議員人頭數為票數。此處張伯倫是要求支持者到「贊成投票廳」投贊成票。

崩潰背上罵名的話，此刻是他最後的機會。而且也許他之所以不願下台，還有另一個更不為人所知的原因。

在前座席上，從張伯倫往旁邊數幾個座位，坐著一位實際上要為過去數月的挪威戰役負起遠遠更大責任的人：這場戰役導致英國損失了一千八百名官兵、一艘航空母艦、兩艘巡洋艦、七艘驅逐艦以及一艘潛水艇。

溫斯頓・斯賓塞・邱吉爾，第一海軍大臣，是英國此次損傷慘重的海軍戰略的主要籌畫者。然而眾人的注意力完全被集中到首相身上了，而且也還沒有輪到他上台說話，所以邱吉爾暫時得以遠離火線，等待時機，還無需動用殺人武器。

溫斯頓不是個受歡迎的人。事實上，在這個時候，他的形象差不多是一個笑話，一個自大狂，一個「混血的美國人」，* 用暱稱「奇普斯」的保守黨議員亨利・奇普斯・錢儂爵士的話來說，† 這個人唯一認可與支持的，就是他自己。今天據統計，英國有三千五百個酒吧與旅館，超過一千五百個廳院設施，以及二十五條街道以他命名，而且他的臉被印在從啤酒杯墊到門前的擦鞋墊等五花八門的物品上，更不用說他的半身像不定期會出現在美國總統的橢圓形辦公室裡——但是在一九四〇年五月，這一切都很難想像；這時的邱吉爾在大多數人的眼裡，是一個最不讓人聯想到跟信賴與可靠有關的人物。

儘管在黨內仍然有著叛徒的標籤——因為他曾兩度「轉換陣營」，先是一九〇四年從保守黨投效自由黨，然後於一九二四年再度回到保守黨——但是他對張伯倫一直維持令人訝異的忠誠。就連在這一天也是如此。所以在勞合．喬治演說到一半時，他表示，應該懲罰的不是首相，而是他本人：「海軍部所做的一切事情，我負完全的責任，所以對此事的追究，要完全落在我頭上。」[13]

勞合．喬治在話被邱吉爾打斷之後，就機智地回答：「一位真正可敬的紳士不應該讓自己變成一座防空碉堡，就只為了保護他的同僚不被炸彈的碎片波及。」[14]

然而邱吉爾此時公然地認錯扛責，只是他假裝的救援行動的第一步；他知道他的救援一定失敗，但是一片忠誠的動人表演則可以贏得同黨議員的心——這是一個絕佳的機會，可以讓他展示自己多麼「具有首相格局」，如果他想這麼做的話，同時也讓他以黑馬之姿報名這場競賽。

最後當輪到他發言，而且可以暢所欲言時，反對派都伸長了脖子，非常企盼能聽到他說出不朽的文辭來譴責當政，但是邱吉爾並沒有端出任何不朽的譴責，事實上他發表的內容，沒有一句是張伯倫不能引來為自己蓋棺論定的。然而邱吉爾精心措辭的讚譽是

* 譯註：邱吉爾的母親原先是美國公民。

† 譯註：錢儂爵士外號 Chips，原意是小木片，取自俗語 a chip off the old block，大意是很像父親的孩子。

如此模糊與消極，以至於正好達到他想要的效果：說得太少，也太遲。溫斯頓本來或許可以拿出來挽救內閣的長篇宏論，很明顯被留到別的場合與另一個時刻了。因為他已經在醞釀一些演說，已經在暗地裡演練著一些文句與詞藻；這些言辭將在接下來的日子裡被用於另一個更壯闊的目標，不能浪費在此處。

當邱吉爾再度坐下時，他的演說或許已經達成一個目的：他自己的光芒即便還沒有完全釋放出來，但已經稍微地卸下了偽裝，而同時，在這個關鍵的時刻上，所有其他人的光芒卻已經熄滅了。

所以，當議長宣佈議會進行分組投票，大多數人都心裡有譜。奇普斯・錢儂回憶說：

> 我們看著造反的那一方從反對投票廳*裡排成長長的隊伍走出來……「賣國賊！」我們這樣對他們叫喊，「卑鄙小人！」、「馬屁精！」他們如此回答……「兩百八十一票贊成，兩百票反對」……議場裡「辭職！辭職！」的喊聲不絕於耳……那個老猴子喬希・韋奇伍德開始揮舞雙手並唱著海軍的愛國歌曲「統治吧，大不列顛！」。†在他旁邊的哈洛德・麥克米蘭也跟著唱，但是被我們的吼聲壓下去了。納維爾顯得被這個相當不妙的投票結果震驚了；他也是第一個起身離開的人。他的表情凝重，若有所思，而且悲傷……慕尼黑協議之前還常有群眾對他歡呼，今晚卻沒有了，剩下的只是一個孤單、身形瘦小、已為英國鞠躬盡瘁的男人。[15]

儘管小幅獲勝，張伯倫還是失去了他的黨派的信任，因為總共有四十一名保守黨議員對內閣投下不信任票。當中最年輕的是約翰・普羅富莫；這個才滿二十五歲的年輕下議員從他的陣營偷偷溜出去投了不信任票，後來被令人畏懼的保守黨首席黨鞭大衛・馬傑森嚴厲地責罵：「你這個可恥到家的小混蛋⋯你這輩子都會為你昨晚的所作所為感到羞恥」。[16] 在保守黨的多數議席優勢銳減到只剩八十一席之後，[‡] 國會已無法再辯論下去。這時需要做的，是一次類似十字軍東征般的集體行為，正如張伯倫的首席私人秘書約克・柯爾維爾記下的私人感想所說：「每個人都把力氣投注在國內的政治危機（跟法國人一個樣）而不去思考明天希特勒下一步的動向，這實在令人厭惡。」[17] 他們必須找一個新的領導人。但要找誰呢？誰有這個份量？而且誰已做好準備？

政治內鬥使英國面臨的絕望處境更為晦暗。英國需要有人不只是團結保守黨，而且還要讓反對黨與軍方言歸於好，因為這兩方在第一次軍事挫敗中就沒能好好合作（這次

---

* 譯註：即前面註解提到的 No Lobby。

† 譯註：韋奇伍德是工黨議員，屬於反對張伯倫的一派。

‡ 譯註：張伯倫內閣原有二一三票的勝差，現在四十一票倒戈，另外有相當部份保守黨議員未投票，導致勝差只剩八十一票。

軍事衝突也讓從德國入侵波蘭以來持續了八個月的所謂「假戰」狀態驟然結束）。*

錢儂在日記裡提到，主要的政治人物之間此時充斥了各種「謠言、算計、密謀跟反制」。[18]但是獲得保守黨人支持的並不是邱吉爾，儘管在前些天的辯論中有如此多人曾為他辯護或加以讚揚。這時有一個名字特別浮上了檯面，被視為張伯倫唯一理所當然的繼任者。這個人甚至沒有坐在下議院任何一側議員席的資格：他就是哈利法克斯勛爵，現任外交大臣與上議院議員。他一直從貴族旁聽席裡，跟其他上議院議員、外國使節以及英國盟邦的要員一起，靜靜地關注事情的發展。

哈利法克斯要接替張伯倫，最主要的障礙就是憲政體制本身。英國議會體系由於其獨特性質，明確規範了任何人在上議院若佔有席位，就不能同時競選或出任下議院民選議員的職務。所以如果哈利法克斯勛爵想擔任首相與國會領袖，那麼他本身不屬於國會這一點，就構成嚴重的憲政障礙。

根據哈利法克斯的傳記作者安德魯．羅伯茲，外交大臣與首相曾在五月八日，辯論的第二天上午，短暫討論過由哈利法克斯領導的可能性；這是個先前被認為不可想像的局面。張伯倫「明白表示，如果他被迫辭職，他希望哈利法克斯接手他的位子」，[19]但是當五月九日星期四他們繼續討論時，哈利法克斯勛爵卻沒有給出張伯倫預期的回答。哈利法克斯的日記中記載，首相要他在早上十點十五分到唐寧街十號首相官邸來。張伯倫對哈利法克斯說，「他認為下議院分組投票的結果不能坐視不管，重建對內閣政府的信賴是關鍵事項」。[20]張伯倫接著再度談到首相換人的事，如哈利法克斯在日記中所紀錄：「〔首相說到〕如果是我〔哈利法克斯〕接任的話，那他還可以留在內閣政府裡。但是我把我能想到的一切反對理由都說出來，而且特別強調，一個不能跟下議院的權力中心直接溝通的首相，[†]那樣的處境太困難。」[21]

如果有人猜哈利法克斯是假謙虛，那他並不離譜，因為從後續的行動看來，他是非常希望能一直把手放在權力的操縱桿上的。他在日記中寫道，「這場談話，以及他〔張伯倫〕明顯的意向，讓我感到胃痛。我再度對他說，就跟昨天說過的一樣，如果工黨的人表示，只有我當首相他們才要入閣，那我得告訴他們，我並沒有這個打算。」[22]胃痛？在哈利法克斯與首相會晤之後，暱稱「拉博」的保守黨議員 R.A. 巴特勒與這個狡猾的人也有一場談話，但是在巴特勒的回憶裡，哈利法克斯的態度卻很不一樣：

他〔哈利法克斯〕告訴我，他覺得他能接下這個工作。他也覺得邱吉爾需要有人來加以約束。但是由一個首相來約束作為閣員的邱吉爾比較好，還是由一名大臣來約

---

* 譯註：德國於一九三九年九月入侵波蘭，英法因此對德國宣戰，但因為抱持綏靖政策，實際上並未交戰，直到一九四〇年四月九日德國入侵挪威與丹麥，英法出兵救援，這個「宣而不戰」的假戰狀態才終於結束。

† 譯註：上院議員可以入閣，但不能參與下議院的院會，只能列席旁聽。

束作為首相的邱吉爾比較有效呢？就算他〔哈利法克斯〕選擇前一個角色，以邱吉爾的特質與經驗來看，「戰爭無論如何都是他來主導」，哈利法克斯的角色很快將會變成被架空的首相。23

儘管哈利法克斯自己有鄭重聲明，巴特勒提到的考量似乎才是哈利法克斯拒絕首相一職的原因，雖然那代表英國政治生涯的最高成就。哈利法克斯之所以有所保留，根本上是因為，他在上議院的席位使他無法以首相的地位進入下議院。那他如果當英國的領袖會發生什麼狀況呢？

確實他將得到大不列顛領導人的頭銜，但不能施展實質的權力，此外他的角色還會被邱吉爾一貫地削弱，因為他知道邱吉爾是比自己更優秀的戰略家與作戰指揮者——這對哈利法克斯如此地位與自我的人來說，實在不是一個很有吸引力的展望。

但是這些政壇友人對他的意向怎麼會有如此錯誤的判斷呢？上議院的勛爵們屬意哈利法克斯，英王喬治六世屬意哈利法克斯，就連工黨也屬意哈利法克斯。但是看起來，他們齊心支持的這個人，突然之間，對於接下這份工作又變得意興闌珊，至少在當前的政治框架裡是如此。

英王喬治六世，當時對於邱吉爾並沒有信心。（Library of Congress）

於是，令人難以置信地，邱吉爾成了名單上的頭號熱門人選。

這是何等的轉折。不過數天之前他還是個不可想像的選擇，此時卻被視為一個可行的選項。不過沒有誰覺得這是個容易的選擇，因為他是一個如此讓人傷腦筋的人，集結了如此不可協調的元素於一身：他是個愛出鋒頭、愛賣弄的人，喜歡自吹自擂，是個詩人、記者、歷史學家、探險家、憂鬱症患者，說不定還是個酒鬼，毫無疑問的已達養老年齡的人，以六十五之齡，他主要的名聲是一貫的失敗，對凶兆總是解讀錯誤，而且太常在絕對不能犯錯的時候把事情弄到錯得離譜。由於在第一次世界大戰擔任第一海軍大臣期間犯下的錯誤（主要是在東地中海的加里波利造成的重大人員死傷，大英國協在這場對鄂圖曼帝國的戰役中損失了四萬五千人的性命），他被視為一個可怕的戰爭販子；後來，在犯下一連串其他錯誤之後——包括反對印度自治、對威爾斯一次礦工罷工的粗暴鎮壓——過去十年裡他大多時候都在一個自稱的「荒野」中度過。*

經歷如此多錯誤之後，邱吉爾如果對自己是否適任產生懷疑，也是在情理之中。確實，考慮到這些失誤如此重大，這時還斷定他不會懷疑自己，那才是比較奇怪的見解，也不合乎心理的常情。他知道他是有缺點的。他知道在生涯的這個時間點上，他是許多

* 譯註：邱吉爾從一九三〇年代開始沒有擔任任何官職，一般人認為他的政治生命已經結束，直到一九三九年戰事再起，他才重新出任張伯倫政府的第一海軍大臣。邱吉爾把中間這無官可做的十年稱之為「荒野之年」。

人的笑柄，也是諷刺漫畫家最愛嘲笑的對象——許多只認識後來的邱吉爾的人看到這一點，可能會非常驚訝。儘管登上大位的企圖心從未動搖——邱吉爾從孩童時期起就想當首相，以便完成他過世的父親未竟的家族敘事*——但他知道自己對過去這些危機的處理是多麼糟糕，自己所造成的人命傷亡多麼慘重。但如果他把自我懷疑看成一種負面的東西——他常說領導是充份了解一個願景並堅決地予以施行——那麼我們並沒有理由同意他這一點，因為，只要自我懷疑不至於使人癱瘓，就也能讓不同的觀點獲得適當的重視與考量，因此可以被視為任何健全的決策過程中一個關鍵的要素。

帝國參謀總長艾德蒙．艾侖賽爵士對溫斯頓的看法很能代表當時人對他的一般印象；他在日記裡寫下了這樣充滿矛盾的描述：「當然，唯一能夠繼任〔張伯倫〕的人是溫斯頓，但是他太不穩定了，即便他有終結這場戰爭所需的才幹。」[24]

所以，雖然登上首相寶座還遠遠談不上十拿九穩，但溫斯頓有一點明顯勝過哈利法克斯，那就是他對戰爭有第一手經驗。他曾參與過波爾戰爭與第一次世界大戰，而這樣的戰爭資歷，即便有各種失策，也仍在各個面向上勝過外交大臣：哈利法克斯對戰爭或甚至軍事戰略的所知都非常有限。不過在一個月前，他才顯露過自己對軍事問題的無知：他的傳記作者羅伯茲提到，有人問他，「進攻挪威的特隆赫姆會不會比進攻納爾維克效果更好，他只好承認自己沒有回答這個問題的能力。」[25]

另一個給哈利法克斯扣分、使他在民眾之間的聲望受到貶抑之處，是他對綏靖政策的支持。即使當希特勒已經擺明不可饜足，哈利法克斯仍舊堅持他對和平的信念，而且為了和平，願意付出幾乎任何代價。

所以，檯面上異乎尋常地找不到其他可能的競爭者。就連安東尼・艾登的聲望也已經一厥不振。一九三九年三月時，在一次關於誰該繼任首相的民意調查裡，艾登還獲得百分之三十八的支持度；相較之下邱吉爾跟哈利法克斯都只有可憐的百分之七。在為了張伯倫的綏靖政策失敗而辭去外交大臣的位置之後，他又出任內閣的自治領事務大臣，然而這個位階較低的職位使他在這個重要時刻無法競逐任何領導的位置。[26]

就這樣，隨著哈利法克斯推辭這項重任，邱吉爾的派頭、架勢與言談的口氣就開始像一個領導人了——這當中，言談這一點是最顯著的。

為了實現他的目標，但又不讓人覺得他在極力爭取，邱吉爾在五月九日早晨見了幾位親近的盟友。他在海軍部見了艾登。邱吉爾一面刮鬍子，如艾登所說，「一面對我簡述前一天晚上的狀況。他認為納維爾將無法把工黨納入他的內閣，只有聯合內閣才是可行方案。」[27]

接著邱吉爾見了他的老友畢佛布魯克勛爵，實力雄厚的報業大王；他是來試探邱吉

＊譯註：邱吉爾父親倫道夫・邱吉爾，本來很有機會出任首相，但最終沒有成功。

爾對於出任首相之事會不會做出一個明確的答案。再度地，邱吉爾什麼也不透露，只說「任何能夠進行這場戰爭的首相，我都會支持。」[28]

當天中午邱吉爾、艾登與掌璽大臣金斯利．伍德共進午餐。伍德明白表示，他支持第一海軍大臣出任首相，而且敦促他，「在被問到的時候，應該清楚表明〔繼任的〕意願」。如艾登所回憶，他「很訝異聽到金斯利．伍德警告邱吉爾，說張伯倫會選擇哈利法克斯當接班人，而且會要求邱吉爾同意這個安排。伍德建議他：『你千萬別同意，你什麼話也不要說。』我很訝異伍德會說這番話，因為他一直是張伯倫的人馬。不過這是很好的建議，我也表示贊同。」[29]

張伯倫已決心下台。當天下午四點三十分，他在唐寧街十號召見了哈利法克斯與邱吉爾。

對於這場改變歷史的會面，各方的紀錄互有出入，因此有一點傳奇色彩。我們確知的是，在場者有納維爾．張伯倫，哈利法克斯勛爵，溫斯頓．邱吉爾，以及首席黨鞭大衛．馬傑森。首相把他們全部找來，告知他們自己已決定下台，並商議領導這個國家的重任應該落在誰的身上。對此事件最直接的描述，是來自哈利法克斯的日記。據他回憶，張伯倫證實了他決定下台，但是並未指定希望由誰接任，只說「不管兩人中誰出掌內閣，他都將樂於效力」。[30]由於工黨的幾位領袖當晚預定要前往伯恩茅斯進行會議，而談判聯合內閣的組成又不能不找這些人，而內閣政府也已承認，任何新政府都必須延攬他們擔任重要職務，這就意味著，張伯倫必須迅速做出決定。

這種緊張的氣氛讓哈利法克斯難以忍受。他記得他的「胃疼個不停」，彷彿他的身體從生理上抗拒著擔任領導人。他所顧慮的不只是他與溫斯頓「兩人素質的比較」，而且也牽涉到，如果他要接這個大位，那將會是個怎樣的光景。他說：「溫斯頓一定會出掌國防部⋯而我〔作為上議院成員〕將進不了眾議院。不可避免的結果是，由於無法站到這些關鍵的節點上，所以我很快就會成為某種名義上的首相，像被包在一團雲霧裡，碰觸不到真正重要的事務。」[31]在對局勢做出這個酸楚的評估之後，他繼續提到，溫斯頓對於他這番話「表現出適當的敬重與謙虛，說他〔邱吉爾〕無法不覺得我的這番話很有說服力，而首相最後不太情願地接受了我的觀點；相較之下溫斯頓顯然比首相熱衷許多」，[32]言下之意對邱吉爾頗有批評的意味。以上哈利法克斯對這場會談的陳述，跟外交部常任副大臣、哈利法克斯的左右手凱德肯*在當天的日記裡所記載的內容相符合。

邱吉爾對會談經過的陳述，或許是所有人當中最不可靠的。他在回憶錄《風雲緊急》†裡把日期錯記為次日，五月十日。以道地的邱吉爾式的熱情，他描述了張伯倫如

* 譯註：凱德肯曾於一九三四至一九三六年擔任英國駐華公使，所以有一個中文名字。
† 譯註：另有同名電影中譯為《集結風暴》。

何提出這個高度敏感的接班問題，以及接下來發生的事情：「溫斯頓，你覺得在現在的情況下，真的有任何理由讓一個上議院議員不能當首相嗎？」——對張伯倫此問，溫斯頓「沈默不語，接著談話中斷了很長的片刻。感覺上一定比一次大戰停戰紀念日時的兩分鐘默哀還要久。」[33]邱吉爾希望歷史記住的版本是，這場沈默讓哈利法克斯勛爵如此難受，如此折磨他的神經，以至於他終於打破沈默，開口解釋了他何以不能擔任首相的理由。但是根據大衛・馬傑森的描述，哈利法克斯幾乎是立刻打斷邱吉爾的沈默，力主邱吉爾更適合在戰爭中領導。

不論是哪個版本，他們都達成了協議。凱德肯爵士在日記裡說，在這個時刻，「首席黨鞭〔馬傑森〕跟其他人都覺得，下院裡的氣氛已經轉而看好他〔邱吉爾〕了。如果N. C.〔張伯倫〕留〔在內閣裡〕——而且他也打算這麼做——那麼他的建言與判斷將可以讓溫斯頓更穩定。」[34]討論至此，他們已準備好讓王牌出動。談話結束後，張伯倫在下午六點十五分會見了工黨的克萊曼・艾德禮以及亞瑟・格林伍德。兩位都向他確認，他們願意進聯合內閣，但是很懷疑工黨願不願意讓他〔張伯倫〕領導，所以當他們次日到伯恩茅斯開工黨大會時，還得跟執行委員會諮詢一下。

同時，哈利法克斯與邱吉爾到唐寧街十號的花園裡喝下午茶。邱吉爾在回憶錄中說，他們「沒有聊什麼特別的話題」；[35]在那之後他回海軍部為新任務做點準備。當晚他與安東尼・艾登一起用晚餐，並對他講述了當天發生的事情。邱吉爾說，他「希望

NC〔張伯倫〕能留任，能領導下議院，而且繼續當保守黨的領袖」。[36]次日下午，張伯倫預計將向英王遞交辭呈，並建議英王任命溫斯頓為首相。比較有趣的是，溫斯頓不只將擔任首相，而且還將親自出任新設置的國防大臣一職。

不論五月九日這場又長又激烈的會談結果如何，有一點是確定的：溫斯頓．邱吉爾將會主導戰爭的指揮。而且邱吉爾的登場正是關鍵時刻。希特勒已經悄悄地在荷蘭、比利時與法國邊境上讓他的戰車排成隊伍，正準備發動閃電戰，其攻勢後來造成如此震撼的效果，使政府高層很快就開始考慮把整個歐洲交給殘暴的納粹黨人的可能性。

日後邱吉爾回憶，「我覺得自己彷彿走在命運的道路上；我過去所有的人生，不過是為了這個時刻與這個試煉在預做準備：我相信自己對這場戰爭瞭然於胸，而且我很確定，我將不會失敗。」[37]這個國家的命運現在被交到他的手上，而他也真做出了不同凡響的事情。

第二章　浪蕩子
The Social Wastrel

這位即將帶領英國走入史上最重大軍事衝突的男士，到底是個怎樣的人呢？是哪些線索顯示了他後來長成的模樣—同時懷有恐懼與信心，能自我懷疑又有堅定信念，能自我慚愧與自我尊重，像鬥牛犬一般好戰成性，同時又會痛苦地舉棋不定。

所以這個人，這位即將帶領英國走入史上最重大軍事衝突的男士，到底是個怎樣的人呢？

想用三言兩語來介紹溫斯頓．李奧納德．斯賓塞－邱吉爾太困難了。歷來耗費在他身上的筆墨，超過了歷史上任何其他人物。關於他的書籍如此之多，讓談華盛頓、凱撒或拿破崙的作品相形見絀，也讓試著描述阿道夫．希特勒的所有文獻顯得枯燥乏味。原因很簡單：歷史上很少有一個人物像他這樣，同時做對與做錯了如此多事情，在漫長且充滿事件的一生中發揮了如此重大的影響，不只在本書描述的一九四〇年五月這一段緊張的日子裡，而且在這之前的六十五年中也絕非乏善可陳。

雄辯滔滔的演說者
酒鬼
機智大師
愛國者
帝國擁護者
有遠見者
坦克車設計者
鑄成大錯者

冒險份子

貴族

戰俘

戰爭英雄

戰犯

征服者

眾人的笑柄

砌磚者

賽馬主人

軍人

畫家

政治家

新聞記者

諾貝爾文學獎得主……

這個列表還能繼續下去，但是當中每一個標籤，如果單獨拿出來，都不能適切地描述他，而如果全部放在一起考慮，就會像把二十副拼圖遊戲混在一起，再從中拼出一個完整的圖像那樣困難。

所以，如果我們要完整地看待他，要清楚地、不帶神話地、從一個現代的視角並使用今天我們熟悉的心理語言來描述他時，我們得從哪裡開始呢？

讓我們想像一下這樣的場景：溫斯頓坐在一張椅子上，讓一個現代的精神科醫師檢查。他會被判定為哪一種情況呢？在描述自己有劇烈的情緒振盪之後，他會不會得到一個躁鬱症的診斷，就是躁期與鬱期交替的精神疾病，得開始大把大把地吞鋰鹽？或者，在坦白說出他所有的怪僻，他對盲從的那股莫名的反對，他容易衝動與敢冒風險的脾氣，以及他對紅或綠色天鵝絨單件式連身內衣的偏好——醫生會不會說，這是他在壓抑童年的創傷與被遺棄的經驗？哪一位精神醫師會有足夠的勇氣，來告訴溫斯頓．邱吉爾，說他的自戀人格與裝腔作勢的表演傾向雖然嚴重，但還在可控制的範圍？光是把他每天喝下肚的不同酒名條列出來，按照今天的定義來說就很可能讓他被通報為一名不遵醫囑的酗酒者。

所以讓我們從外部開始，之後再進入他的內心世界：我們先觀察那些塑造他的力量，看他逐漸成型的早期歲月，看哪些線索顯示了他後來長成的模樣——同時懷有恐懼與信心，能自我懷疑又有堅定信念，能自我慚愧與自我尊重，像鬥牛犬一般好戰成性，同時又會痛苦地舉棋不定。

溫斯頓最主要是一個維多利亞時代的人。[*]他生命的前二十七年是在維多利亞女王的統治下，正值帝國的鼎盛時期；他所形成的世界觀，就是英國在全世界要居於宰制地位。

他也是一個貴族。他於一八七四年十一月三十日出生於牛津郡的布倫海姆宮，是第七代馬爾伯勒公爵之子倫道夫・邱吉爾勛爵跟他的太太倫道夫・邱吉爾勛爵夫人（娘家原名珍妮・傑羅姆）所生的第一個孩子——據稱邱吉爾早產了兩個月，但實情很可能是珍妮在婚前兩個月懷孕。

倫道夫與珍妮兩人是一八七三年八月，由威爾斯親王，即日後的英王愛德華七世，在於懷特島舉辦的考斯船賽上介紹認識的。溫斯頓在《我的早年生活》裡描述，倫道夫「第一眼就愛上了她」，[1]而且這對戀人衝動到在僅僅三天之後就訂了婚約。他們於一八七四年四月十五日在巴黎的英國大使館舉行了小型的婚禮；兩個月之後，新婚的倫道夫第一次為保守黨在下議院裡贏得了席次，時年僅僅二十五歲。

溫斯頓出生時，珍妮二十歲。她採取維多利亞上流社會的典型作法，大部份時候都把邱吉爾與弟弟傑克丟給他們忠心的保姆伊莉莎白・埃佛瑞斯特太太照顧；溫斯頓親暱

---

* 譯註：指維多利亞女王在位時期，一八三七到一九〇一年。

地稱她「老嬤」，她則叫他「溫尼」。珍妮是一個年輕迷人的社交名媛，她的父親是一位來自紐約的商業大亨，有一個「華爾街之王」的別號。為了照顧幼兒而放棄舞會、旅遊與婚外情的機會，並不是珍妮的風格。溫斯頓日後寫道：「在我幼小的眼睛裡，我母親也留下了同樣燦爛的印象。她的光芒就像黃昏時的金星一樣。我非常愛她——但總是隔著一段距離。」[2]

父親這邊的情況還要更糟。溫斯頓崇拜他，但是倫道夫勛爵的生活被他的政治生涯吞沒了。作為受到矚目的政治演說家，倫道夫支持進步保守主義，並當上財政大臣以及下議院議長。然而他在保守黨迅速竄起的新星之路沒有持續多久。他的光芒褪色了，一八八六年十二月二十日，在內閣裡還不到一年，他就因為提出了不受歡迎的預算案而辭職下台。倫道夫仍留在下議院，但是困擾他多年的健康問題開始急速惡化。

這個使他深受其苦的健康狀況，據傳是梅毒。至於他是何時以及如何染上這個病，一直沒有確切的證據，但是很可能在一八七五年就已經染上了。從那時起，直到四十五歲英年早逝為止，二十多年來他的心智能力一直因梅毒引起的麻痹性痴呆而有持續性的惡化。這使得父親與兒子沒有機會彼此親近與相互了解。這個損失給溫斯頓終身留下了負面的影響。他在《我的早年生活》裡寫道：

一月二十四日清晨，父親死了。正在隔壁棟房子裡睡覺的我被叫了過來。我在黑暗中跑過格羅夫納廣場，那時廣場上滿是積雪。他最後的時刻並沒有什麼痛苦。事實上他進入麻痺狀態已經很久了。一直以來我都夢想有一天能在他的支持下進入國會，在他的身邊成為共事的同仁，現在這些夢想都結束了。我剩下唯一能做的，只是繼續追求他的目標，並捍衛人們對他的紀念。[3]

溫斯頓，就像這時代他這個階級的許多男孩一樣，七歲就被送進寄宿學校，而且在學校裡過得非常糟糕：「畢竟⋯我在保姆家曾經如此快樂地大玩特玩⋯現在整天都得上課。」[4]學生被鞭打是家常便飯，而這個年紀特別小、超齡地讀著《金銀島》與其他許多書籍的男孩，挨的鞭子又特別多。在上過英國各地的預備學校之後，*溫斯頓終於在一八八八年四月開始就讀顯赫的哈羅公學。從十七世紀以來，邱吉爾家族的男孩都讀另一間與哈羅競爭的學校，伊頓公學，但是由於哈羅公學位於一座山丘上，空氣比較好，被認為更適合溫斯頓略微病弱的體質。

溫斯頓不是課業很強的學生，於是被安排在程度最差的班級。他痛恨古典語言課，但是對英文課與歷史課產生了好感，這兩個科目日後對他幫助很大。他形容他的老師薩

* 譯註：英國七至十三歲的孩童在進公學之前就讀的私立小學。

默維爾是「一個讓人非常愉快的人；我欠他很大的恩情」。這位充滿熱情的老師「被賦予的任務是，去教最笨的學生最不被看重的科目——也就是毫不起眼的英文寫作。」字彙、文句、句構與文法「進到〔他的〕骨髓中」，[5]從此再也不曾離開他。

在哈羅公學，溫斯頓也找到一些他既喜歡也很成功的活動。他加入陸軍學員部隊，[*]參加劍擊比賽，多次贏得背誦長詩的獎項，還在《哈羅校刊》上發表了好幾篇文章。

當溫斯頓快結束在哈羅的學業時，他選擇了軍旅生涯，所以開始為在桑德赫斯特的皇家軍事學院的入學考試做準備。一八九二年七月他第一次考得並不好：錄取最低需要六四五七分，他只拿到五一〇〇分。之後他又試了兩次，最後終於在一八九三年八月考進去了。然而，倫道夫．邱吉爾日益惡化的心智狀態意味著，儘管十八歲的邱吉爾也許期待父親會寄一封溫暖的信來鼓勵他，實際上收到的卻是一份無情的斥責。這封信很值得在此處引述；我們可以看到，他父親出色的書寫天份如何被殘酷地用來傷害兒子——而且這傷害是永遠的。

一八九三年八月九日

親愛的溫斯頓，

我有點訝異你為了在桑德赫斯特榜上有名而如此雀躍。要在一場考試中獲得成功有兩種辦法，一種是名譽的，另一種則不。很不幸你選擇了後一種辦法，而且顯然還為自己得手了感到高興……

靠著你享有的一切有利條件，憑藉你愚蠢地自以為擁有的、某些親友也宣稱你有的能力，憑藉旁人為你做的種種努力——為了讓你的生活既輕鬆且愉快、為了讓你的工作既不難受也不令人倒胃——現在你交出的總成績卻是，你掉進第二等與第三等的成績裡，只夠在一個騎兵團裡領軍餉……現在是對你把話完全說清楚很好的時機。不要以為每次你做出蠢事或遭到失敗後我會浪費時間寫長長的信給你。以後這種事情我不會再寄信來，你也無需為我這封信做任何回答，因為我對於你可能提到的任何成就或壯舉沒有絲毫的興趣。請你把我的立場不可磨滅地放進你的心裡：如果你在桑德赫斯特的舉止與行為跟你在其他學校裡的模樣差不多……就是邋遢、無憂無慮又莽撞……那麼我對你的責任就到此為止了。我將讓你完全靠自己去作必要的努力，以維持還過得去的生活。因為我很確定，如果你無法阻止自己繼續過那種你在學校時期過的懶散無用無益的日子，那你將在社會上成為一個抬不起頭來的浪蕩子，你

＊譯註：英國在一八五九年，在官方的協助下成立的少年軍事訓練組織。哈羅公學至今依然維持有陸軍學員部隊（Army Cadets）的組織。

將是公學畢業生數以百計的失敗者的其中之一，你將會墮落為一個衣衫襤褸的、不幸又沒出息的存在。如果是這樣，你完全得怪罪你自己，是你給自己招來了不幸。你自己的良知將讓你記得與一一想起，家人為你做了多少努力，給你提供了你依照出身就享有的最好的機會，然後你是如何把這些完全荒廢了。

我希望你接下來的道路能有所改善。我請詹姆斯上尉代替我們幫你打點去桑德赫斯特的行李，請跟他聯絡。你的母親向你致意。

鍾愛你的父親

倫道夫 S. C.[6]

對一個非常渴望父親認可的年輕人來說，我們不難想像這樣一封信能帶來多麼可怕的打擊。儘管如此，這個「浪蕩子」在桑德赫斯特軍校期間表現非常優異，在倫道夫勛爵死去之前一個月，溫斯頓從軍校畢業了，在一百五十名畢業生中出色地名列第八。儘管他的學生生涯一開始在許多人眼中頗有問題，但是他最後取得的成果是十分夠水準的。邱吉爾日後寫道：「我很支持公學，但是我再也不想回去了。」[7]

一八九五年，他加入了女王第四驃騎兵團擔任少尉軍官。六個月的新兵訓練非常繁重，邱吉爾寫道，其「嚴格程度超過了我先前對軍事馬術訓練的一切經驗」。[8]儘管如此，他很快就適應了，也擁抱這新尋得的自由。他加入一個在倫敦的紳士俱樂部，*隨時跟上政壇的最新狀況，在宴會和舞會上與上流社會來往，打馬球，參加騎兵旅的越野障礙賽馬，但是仍然認真地接受訓練。

在父親於一八九五年死去之後，邱吉爾的日子似乎越來越好，直到七月二日的一封電報帶來更壞的消息。他昔日的保姆埃佛瑞斯特太太生了重病。他騎馬趕去倫敦北區去探望她，由於中途遇到大雨，抵達時他全身都溼了。在《我的早年生活》中他如此回憶：

她仍然認得我，但是正逐漸失去意識。她死時十分平靜。她一輩子都如此真摯與親切地服務他人，而且懷抱著如此單純的信仰，以至於她心中毫無恐懼⋯⋯她是我活到整整二十歲時心裡最珍重與親愛的朋友。[9]

埃佛瑞斯特太太自己沒有小孩，但當她安祥地過世時，有個像她孩子一樣摯愛她的年輕人陪在她的身邊。終其一生，溫斯頓的情緒化是出名的，他會把情緒公開地表現出來。關於他在公開場合哭泣的故事不計其數，不只接近他的朋友這麼說，就連政壇同事以及與他一起在軍中的士兵也多次提到。對一個多愁善感的孩子而言，他的父母帶給

＊譯註：Gentlemen's Club，英國上流社會男性的社交場所。

他的情緒折磨是不可低估的；如果他沒有從性格穩定的埃佛瑞斯特太太這裡獲得這許多愛，他應該會變成一個完全不一樣的人，未來的展望或許也將完全不同。

溫斯頓對他的軍旅生涯日漸感到躁動不安；在繼續服兵役的同時，他注意到：

在維多利亞時代最後的十年裡，大英帝國享受了很長一段幾乎沒有間斷的太平日子，在英國陸軍中，獎章以及其所代表的一切經歷與冒險，正變得極端稀少……因此，在我因嚮往而前來的這個圈子裡，我這個世代的人都強烈感覺到，當兵能真正派上用場的機會太過匱乏。[10]

這種對戰鬥的渴望很快就得到了回應，而且極其殘酷，但是直到那可怕的戰爭被歸咎於這些去到歐洲、深陷在戰場壕溝泥濘裡的人之前，溫斯頓與他的軍官同儕們都渴望有所行動。

在全球範圍內尋找衝突事件時，他意外發現在一八九五年開頭的幾個月時間，古巴已經開始對西班牙發動獨立戰爭。

十月底，在溫斯頓二十一歲生日之前幾星期，他搭乘的船隻接近了最後的目的地。溫斯頓的興奮溢於言表：「在清晨的微光中，當我看見古巴的海岸從黑藍色的海平面上清楚地升起，我感覺自己好像跟席爾法一起出航，而且第一次看到金銀島。」[11]他寄了五篇新聞報導給《倫敦每日畫報》。在這些報導中，他精進了薩默維爾老師在哈羅公學教給他的寫作技能，自然地添加了好些大男孩們自己的故事，比如躲敵人的子彈以及身處內戰的震撼之感。在幫西班牙人打了一個多月的仗之後，溫斯頓從古巴啟程返鄉了。他從古巴帶回了一個新的興趣：戰地新聞報導……還有儘可能塞滿行囊的大量古巴雪茄。

在英國，邱吉爾搬回去與母親同住，直到九月十一日，他與第四驃騎兵團的其他一千兩百人啟程前往印度——這顆大英帝國「皇冠上的寶石」，並在十月初抵達孟買。

騎兵團的營區設在班加羅爾。溫斯頓很快就適應了新的生活；他喜歡班加羅爾宜人的氣候，讚賞當地的美景，而且為了「熱切推動英國在印度的偉大事業，實現英國統治這些原始但討人喜歡的種族的崇高使命」而感到自豪；他相信這「同時增進他們的以及英國自己的福祉」。[12]邱吉爾在整個政治生涯裡都奉行這些信念，使他日後，當討論到這片寶貴的殖民地應否獨立的議題時，與保守黨的同僚們有一番角力。

邱吉爾原先就隱約感覺自己的教育明顯不及他人，在印度期間，這種感覺更加強烈，促使他繼續自我教育。他「決心閱讀歷史、哲學、經濟以及其他這類書籍」。他請母親「把我聽過的關於這些主題的書寄過來。她欣然同意，於是每個月我都收到一大包書，裡面都是我以為經典的書籍。」[13]在《我的早年生活》裡邱吉爾提到，「接著他也啟程進入小說的世界〔他終身對文學的熱愛〕，而且……在強大的順風中全速前進」。[14]

從十一月到一八九七年五月的這段期間裡，他每天閱讀四到五個小時，大量閱讀歷史、哲學、詩詞、評論、傳記等書籍，包括經典文本比如吉朋的《羅馬帝國衰亡史》、麥考利的《英國史》、柏拉圖的《理想國》、蘇格拉底、亞理斯多德的《政治學》、叔本華談悲觀主義、馬爾薩斯談人口、達爾文的《物種源起》等等。只要知道的書，他就會去讀。他甚至潛心研讀了《年鑑》，二十七冊關於英國國會的政策辯論與立法過程。這是一個馬拉松式的自我教育，一個知識人的新兵訓練。他開始想像自己能擔任重大的角色，並有意識地為此準備：他可以當一個領導者，一個睿智的領導人，浸淫在許多偉大心靈的思想中，深刻了解人類物種及其苦難。換句話說，為了要有影響力，一個人必須先願意被影響。

到了一八九七年春天，在印度待了兩年之後，溫斯頓再度開始躁動不安。在給母親的信上，他一再談到當國會議員的事情。他回到倫敦，回到對政治的關注裡，並且聯絡保守黨，問他們能不能給他一些做簡短演說的機會。六月二十六日，年方二十二歲的溫斯頓．李奧納德．斯賓塞-邱吉爾終於跟上了父親的腳步，實現了他期盼了如此多年的願望，發表了他的第一次政治演說。

演說之後反應很好，但是他在講完之後，幾乎立刻又匆匆趕回印度，因為阿富汗的普什圖族跟英國與印度的部隊發生了衝突。溫斯頓與《每日電報》與《先鋒報》談好了委託，寄出了數篇報導。

一八九七年年底，在這場相當血腥的衝突的前線上艱苦奮戰了幾個月後，溫斯頓終於可以得到一些他迫切需要的休息。依照邱吉爾一貫的風格，他無法滿足於無所事事，於是就利用這段空檔不只寫了他的第一本書，《馬拉坎德野戰部隊紀實》，而且還創作了他第一本也是唯一一本小說，《薩伏羅拉》，但是出版後沒有受到矚目。這部小說是對倫敦上流社會的嘲諷；在故事的設定裡，一位獨裁者統治一個虛構的首都，而他的妻子卻投入小說主人翁——薩伏羅拉——的懷抱。薩伏羅拉顯然是溫斯頓的自我寫照；書中形容他「只在行動中得到休息，只在危險中得到滿足，只在混亂中找到唯一的寧靜⋯⋯雄心壯志是他的動力，在這股力量面前他全無抵抗之力。」[15]

倫道夫勛爵以四十五歲之年早逝，但他的影子並未消失。他曾被形容為一個「總在匆忙之中的人」，而他的兒子與他並沒有兩樣。

一八九八年溫斯頓到蘇丹去，加入了正在馬迪赫戰爭中的基奇納勛爵的兵團。他繼續了戰地記者的工作，並且參與了英國史上最後一次的大規模騎兵衝鋒；他還自誇曾親手殺死至少三個「野蠻人」。

當一八九九年返回英國時，他已經決定要投入政治了。正值奧海姆選區的下院議員過世，當年六月要進行補選，給他提供了初試身手的機會。他打了一場充滿活力的選戰，但是並未成功。不過這種挫敗完全無法讓邱吉爾停下腳步；他立刻重拾前線記者的工作，前往南非，去報導一場新的衝突：波爾戰爭。

邱吉爾全力投入了繁重的作戰行動中；他的勇敢表現得到了多方報導。僅僅數週之後，當他被波爾人俘虜的消息傳到英國，還引起了公眾的聲援。雖然配備著可靠的毛瑟手槍，他仍宣稱自己處在非戰鬥狀態，但是波爾人並不理會這一套。我們這位年輕的探險家沒有把自己的命運交給外交管道去協商，而是大膽地從位於比勒托利亞的戰俘營中逃了出來，在南非嚴酷的熾熱中步行好幾個小時，直到他遇到一條鐵路，跳上火車，最後抵達德蘭士瓦的高地草原區獲得了自由。在這將近三百英哩的脫逃路上，邱吉爾的傳奇越傳越廣；之後他因為聲名大噪，四處受邀，在南非停留了六個月，最後才在一九〇〇年七月回到英國。他立刻著手重新點燃他的政治之路。他的努力與名聲獲得了回報。一九〇〇年十月一日，溫斯頓・邱吉爾終於被選為保守黨的國會議員。這時他還有兩個月才年滿二十六歲。

有人也許會說，他的當選，是早期名人政治的一個例證。但是正如著名的邱吉爾傳記作者羅伊・詹金斯在《邱吉爾傳》中所描述的，溫斯頓「相信自己的『福星』。而且他的福星高掛在奧海姆選區的天上。」[16]就像溫斯頓一直以來的那樣，一種職業對他是不夠的。他繼續寫作，而且啟程在英國、美國與加拿大做巡迴演講；他用南非的冒險故事取悅了各地的聽眾，並獲取大筆資金。然而，一九〇一年一月二十二日，他接到消息，維多利亞女王駕崩了；新時代的黎明降臨了這個國家。在女王喪禮當天，他回到英國，終於坐到下議院的位子上。詹金斯在傳記中指出，邱吉爾「雖然在日後的生涯裡多半被視為英國政壇上最後的維多利亞時代的人，但是他因為熱衷於賺演講費，放棄了在國會對女王做效忠宣誓的機會。當他於二月十四日獲准宣誓時，聽取誓言的已經是英王愛德華七世。」[17]不過他畢竟是完成了宣誓。二月十八日，他在下議院發表了第一次演說。

與他向來虛榮自誇的名聲相比，溫斯頓在國會裡的頭四年整體來說是很安靜的。就像在印度期間一樣，他用這段時間來觀察，並且分析他從保守黨同志以及從反對黨那裡聽到的東西。他開始相信，待在執政黨的後座議員席上並不是他所追求的。*他想要決定這個國家的命運。差不多四十年之後，他才終於得到機會這麼做。

但是他不會安靜很久。很快他就開始發表一些演說來挑戰保守黨同仁對增加軍事支出的觀點。他在《我的早年生活》中回憶：

〔波爾〕戰爭此時再度爆發了，情況頗為混亂，我全力支持打這場戰爭，以取得最

---

*譯註：英國國會以前座議員以及後座議員之稱，來區分國會領袖、閣員或一般的議員。

終的勝利。為了這個目的，我們當時所派的部隊是不夠的，兵力的數量與素質都應該要大幅提升。我更願意使用印度部隊⋯⋯我想，我們應該用武力豪邁地結束這場戰爭，然後快速地回到和平、緊縮開支與改革的道路上。[18]

一九〇二年波爾戰爭結束時，邱吉爾的主張與保守黨資深議員已漸行漸遠，而他對自由貿易的支持，由於與保守黨的立場相抵觸，使他於一九〇四年五月三十一日轉而投靠自由黨，震驚了下議院。據他的好友維奧萊特．柏納姆－卡特的描述，溫斯頓「進到議事廳。站在欄杆邊，他匆匆地朝部長走道下方他習慣的座位看了一眼，然後快速地審視了反對黨那邊對應的座位的情況。之後他先是往上走了幾步，對〔議長〕席位行了禮，便突然轉向右方，坐到自由黨的席位那裡去了。」[19] 他特意坐到大衛．勞合．喬治的旁邊——約瑟夫．張伯倫的死對頭。

邱吉爾在國會裡頭四年的政治表現確立了他在自由黨裡的領導地位，不只在於瓦解保守黨的信賴度，而且也在於宣揚自由主義的光彩。透過這位年輕的叛徒與其堅持不懈的威爾斯導師，勞合．喬治的強大組合，自由黨終於在一九〇五年十二月執政，而保守黨的亞瑟．貝爾福首相辭職下台。邱吉爾獲得殖民地副大臣一職。這是一個不起眼但是十分適合他的職位：靠著在印度與南非的第一手經驗，他熟練且有效率地推動著工作。到了一九〇八年四月，他終於達成了下一個目標：在內閣中出任貿易委員會主席。

儘管在內閣會議桌上得到一個位置不是小事，但是跟他即將在一位聖赫利爾女勛爵的晚餐桌上得到的位子比較起來，簡直要變得微不足道了。

作為「幸運的第十四人」，為了避開第十三號座位，邱吉爾就坐到一位年輕女賓的旁邊。他與這位面貌姣好的女士四目相對；六個月後，她就成了日後與他共度一生的妻子。她名叫克萊蒙蒂娜・霍齊爾。

克萊蒙蒂娜當時二十三歲，是布蘭齊・霍齊爾女勛爵的女兒，而她的父親是⋯⋯怎麼說呢，要麼是亨利・蒙塔古・霍齊爾或者是外號「拜伊」的威廉・米德爾頓上尉，或者是布蘭齊女勛爵的姊夫，阿爾傑農・佛里曼-米特福德，又或者完全是另一個人⋯⋯因為布蘭齊女勛爵是以結交與拋棄許多情人而出名的。

克萊蒙蒂娜畢業於巴黎索邦大學；作為新近進入名流社交圈的年輕女性，她有很多的追求者，曾兩次與希德尼・皮爾爵士訂婚，但又都被她解除了婚約。

所以，完全拜一個古怪的社交迷信之賜，邱吉爾得到了贏得一位女士芳心的機會——她將幫助他努力面對對自己的懷疑，以及對他人的懷

邱吉爾夫人，克萊蒙蒂娜扶助夫婿成為日後的英國首相。（Library of Congress）

疑；將對他有無窮信心但也責備他的不良舉止；將對他絕對忠心但也成為他生命中一股難以應付的力量；儘管並非政治人物，她卻擁有足以與下議院最犀利議員不相上下的手腕與魅力；她將照顧他度過憂鬱期可怕的「黑狗」時刻同時被自己心中的惡魔所折磨。不過最重要的是，她將永遠把他的利益——也就是她國家的利益——置於自己的利益之上。

溫斯頓與克萊蒙蒂娜是一對摯愛的伴侶。他親暱地稱她「小貓」；她則叫他「哈巴狗」或「小豬」。他們時常分離，所以在他們的人生中彼此有大量的通信，署名常常只是畫一隻小小的、自己暱稱所代表的動物。對克萊蒙蒂娜來說，婚姻要求她所做的配合是超乎尋常的，因為她成了一位首相的妻子，而且這位首相很大程度活在公眾的目光下。結婚數月之後她就懷了第一個孩子。她父母的各種婚外情使她在六歲時就見到父母離異，所以她決心要為自己的家庭——包括溫斯頓在內——創造一個穩固的家庭環境。

一九〇九年七月十一日，克萊蒙蒂娜生下一個女孩；他們給她命名為戴安娜。然而，儘管強烈渴望一個理想的居家生活，但是生育與照顧幼兒仍然讓她極其痛苦。溫斯頓非常擔憂他妻子的狀況；戴安娜出生後不到幾星期，她已感到需要休假，也得到溫斯頓的支持。於是克萊蒙蒂娜到鄉下與她的姊妹同住，把新生兒留在家裡給一位保姆照顧。獨自休養減緩了她的焦慮，很快她就感到有回到小孩身邊的勇氣，於是便返回倫敦了。

她發現她先生的工作深受干擾，因為在獲得貿易委員會主席的職位之後，他幾乎是立刻輸掉了曼徹斯特西北選區的補選，以難看的票數敗給了保守黨。他感到沮喪，但並未一厥不振。懷著永不放棄的決心，他立刻跳上一列去蘇格蘭的火車，並在兩個多星期之後參加丹地的國會選舉——而且順手贏得了席位。在確定奪下這個許多人認為非常穩固的席位之後，他可以專注於他激進的社會改革計劃了，而且成功地推動了低收入者的最低工資、勞工有權休息與用餐等基本規範。創辦失業保險與勞工職業介紹所等倡議不久後也被提出。邱吉爾的政治聲望從未如此良好，他跟黨內同仁的關係也從未如此順暢。

一九一〇年，自由黨只以很小的勝差贏得大選。如各方所預期的，邱吉爾在他的丹地選區輕鬆連任，並獲得顯赫的內政大臣之職。然而當上議院（保守黨議員佔大多數）杯葛自由黨的政府預算時（包裹著許多邱吉爾推動的社會改革），新登基的國王喬治五世介入了，並允許首相赫爾伯特·阿斯奎斯解散國會，進行一九一〇年第二次大選。阿斯奎斯期待，自由黨提出、深受歡迎的改革能擴大自由黨在國會裡的勝差，使他有能力通過國會改革法案，使上議院的權力受到制約。這對於自由黨人是好消息，但是此時重選對邱吉爾而言卻非常不利，因為他正捲入生涯的第一個重大危機，而且從此危機接踵而來，他從未能全身而退。

來自威爾斯深山小村子托納潘迪的數千名煤礦工人發動了罷工，抗議他們的勞動條件。情勢快速惡化，爆發了多次暴動。報紙痛斥內政大臣沒有立即順從請求派出軍隊鎮壓，而勞動黨則大肆宣傳警察暴行的故事，稱邱吉爾出手太重。這起事件從此一直到很久之後都一直困擾著邱吉爾。

就連在倫敦當地，溫斯頓的日子也不好過。一九一一年一月，一幫俄羅斯悍匪搶劫失敗，三名警力遭到射殺，之後罪犯躲進倫敦東區，困守在希德尼街上的一間房子裡，無差別地朝窗外開槍。軍方的蘇格蘭衛隊被調來協助警方，也有一封電報被發給內政大臣。當邱吉爾一接獲消息，馬上就衝過去湊熱鬧了。他推擠著穿過圍觀的東區民眾，頭戴一頂高禮帽，身穿邊緣有毛皮裝飾的大外套，看起來既突兀又刺眼。當倫敦市警隊最早拍下的一些影片在全國各地電影院的新聞播報裡被播放出來的時候，這個畫面引來了「訕笑」與「噓聲」：在一邊，勇敢的警察正辛苦地執行「希德尼街包圍行動」，在另一邊，一個衣著怪異的內政大臣在街角一處探頭探腦，顯得異常格格不入。

不只新聞記者們嘲笑他在希德尼街的行動；英國艦隊街各家報社的漫畫家，因為意識到他將是政治漫畫的重要題材，更是挖空心思地諷刺他：他被畫成了龐奇*、狒狒、拿破崙以及無業游民。他先前良好的名聲逐漸被各種失誤、出醜與判斷錯誤拖累。儘管

＊ 譯註：英國木偶劇的一個丑角。

時任財政大臣的勞合・喬治（左）暗地裡為海軍大臣邱吉爾提供財源上的協助。

如此，靠著某種天生的過度自信，他仍然對自己的能力堅信不移。

一九一一年年中，由於對摩洛哥一場危機反應得宜，邱吉爾被提拔為第一海軍大臣，掌管海軍部。阿斯奎斯希望他重整海軍。這是一個非同小可的任務，邱吉爾比誰都更了解這一點：「我可以想像得到英國面臨的危險。這個國家愛好和平，很少想到對自己的力量與美德，也對自己按照正確判斷與公平規則應有的使命缺乏準備。我想到德國的強大；這個國家在帝國的光輝中崛起，並且正沈浸在其深遠、冷靜、沈著且毫不留情的盤算中。」英國海軍的力量必須繼續提升，才能為潛在的威脅預作準備：「彷彿德國的攻擊明天就將來到」。[20]

新職位帶來一些豐厚的待遇，比如海軍部所屬遊艇「女魔法師號」，林蔭路上富麗堂皇的海軍大臣官邸，而且這個寬敞的大房子來的正是時候：一九一一年五月二十八日，在克萊蒙蒂娜熬過了第二次困難且使她筋疲力竭的懷孕期後，邱吉爾家喜獲一個小兒子來繼承家姓，並命名他為倫道夫。

邱吉爾首先打算設置一個與陸軍部類似的作戰參謀部。他向幾位卸任的第一海軍大臣、海軍將領以及其他資深的海軍人士請益，想找出最佳可能的作法，以及他們認為海軍的弱點何在。他把原本燒煤的船艦改成都燒燃油，以提升英國戰艦的速度。加總起來，他讓海軍的年度支出從三千九百萬英鎊增加到五千萬英鎊以上，主要是想「讓德國人明白，不管他們建造多少船隻，英國都能建造更多」。[21]歐洲此時陷入公然且失控的軍備競賽，在第一次世界大戰之前的幾年裡，每年的軍備支出成長都高達百分之五十。

邱吉爾的內閣同事們並非不知道德國軍事力量的快速擴張，但是各位大臣更在意的是，他們相信邱吉爾輕鬆地從他的老朋友，時任財政大臣的勞合．喬治那裡獲得太多援助。根據羅伊．詹金斯，溫斯頓的「頭號敵人」[22]──也就是檢察總長約翰．西蒙爵士──他很快就開始暗示阿斯奎斯，失去邱吉爾雖然可惜，但黨不會為此分裂，而且更重要的是，反戰與重視預算的各派系會打消疑慮，反而可能讓黨更加團結。

溫斯頓也受到輿論的反對。儘管他在演說中一再重申德國海軍擴張帶來的危險，但這威脅感覺起來仍十分遙遠。如麥可．謝爾登在《年輕的巨人》中所寫道：「對許多英國人來說，這兩個高度文明的民族進行末日大戰，彼此用無畏級戰鬥艦互相開火，幾乎是完全無法想像的。」[22]*隨著對第一海軍大臣的信賴逐漸流失，自由黨也漸漸開始重申他們傳統的反戰立場。就連勞合．喬治此時也稱德國是個愛好和平的民族。溫斯頓發現自己成了海灘上孤獨的武力威脅論者，而潮水突然把一大群和平主義者衝上岸。然而

* 譯註：兩國最終在一九一六年五月三十一日，於日德蘭發生有史以來最大規模的艦隊決戰，雙方的主力戰鬥艦都參與了這場史稱日德蘭海戰的戰役。

他的決心並未動搖；當一九一四年六月二十八日在塞拉耶佛有人開了那命運重大的一槍時，他聽得很清楚，而且已做好準備。*

「全歐洲的電燈都要熄滅了，我們有生之年將再也看不到這些燈重新亮起。」[24] 一九一四年八月四日英國對德國宣戰的前夕，英國的外交大臣愛德華．葛雷爵士說出了這番話。

海軍在最初的幾個月裡遭受巨大的傷亡，人命損傷超過五千五百人。邱吉爾在戰爭初期的處置遭到嚴厲的批評，包括在報紙上與在下議院裡。就像在希德尼街包圍事件中一樣，英國人也對溫斯頓感到困惑：在內閣過問的情況下，他決定親自前往比利時，進入被圍困的安特衛普港，他自以為自己可以拯救這座港市。在戰場上只待了一天之後，他就給阿斯奎斯發一封電報，電文是建議讓自己辭去第一海軍大臣之職，「並接掌被派來解救與防衛安特衛普的部隊指揮」[25]。也許這是因為他在陸軍中曾有騎兵衝鋒的經驗，或者他再度感受到當戰地記者躲子彈的興奮。不管是什麼原因，溫斯頓似乎沒辦法不干預他職權範圍以外的事情。他接管比利時部隊的建議遭到首相拒絕，反而命令他即刻返回英國。但是溫斯頓相信他是唯一能夠守住這個要塞的人，繼續在那裡待了三天，也完全不再考慮放棄海軍部首長的位置。最後他於十月七日返抵英國，雖然及時見證了安特衛普淪陷，但是沒趕上同一天早晨女兒莎拉的出生。

報紙形容他的行動過於傲慢，但是他仍然一貫地對自己的能力充滿信心。接下來發生的事件在英國軍事史上是如此聲名狼籍，你只需要提一個地名就能喚起記憶：加里波利。

隨著鄂圖曼帝國在一九一四年與德國建立反俄同盟，其領土也被推到前線上，成為重要戰役的戰場。邱吉爾提出的計劃是，與其在佛蘭德地區嚼鐵絲網，不如讓陸軍與海軍執行一次聯合作戰，強行通過達達尼爾海峽，讓部隊在加里波利半島登陸，然後讓一支艦隊進入被陸地包圍的馬爾馬拉海，停泊在君士坦丁堡（今日的伊斯坦堡）岸邊。他預期，這樣的行動將迫使土耳其政府退出戰爭，尋求和平協議，也可以讓英國打開一個經由黑海抵達其盟友俄羅斯的通道。

邱吉爾不只在內閣的戰爭會議上強力主張這項作戰計劃，也對被指定執行此任務的軍事將領施加壓力（在他們看來，這項計劃即使往最好處想仍很容易失敗）。以後見之明觀之，我們很容易了解到，達達尼爾戰役之所以變成大災難，是因為計劃不良，或

＊ 譯註：塞拉耶佛事件，奧匈帝國皇儲弗朗茨．斐迪南大公及其妻子霍恩貝格公爵夫人遭到分離組織成員的暗殺，進而導致奧匈帝國宣戰，引發第一次世界大戰的爆發。

者說缺乏計劃。一開始並沒有一個可順利執行的整體規劃，而是同時有三方追求著不同的作戰計劃。邱吉爾偏好「完全靠海軍」的選項；他的海軍部副手，第一海務大臣海軍元帥費雪，*傾向於陸軍與海軍協同進行的案子；而陸軍大臣基奇納勛爵則追求「漸進式的、以陸軍為主的計劃」。[26]更糟的是，如詹金斯所形容的，這三人由於僵持不下，關係有如「沸騰的壓力鍋」。[27]

一九一五年一月二十八日，習慣於貫徹意志的邱吉爾得到了獎賞：戰爭會議批准了他以海軍為主的攻擊計劃。艦隊多次嘗試通過佈滿水雷的海峽都不成功，導致協約國損失了三艘軍艦。軍方於是決定動用地面部隊，試著奪下加里波利半島。在海軍行動失敗後，如果軍方能事先為地面部隊做好充份的支援準備，那麼當四月二十五日部隊登陸時，就不會發生那麼悲慘的混亂狀況，到最後連究竟是陸軍還是海軍在執行計劃都令人搞不清楚了。或許更重要的是，如果

皇家海軍在達達尼爾海峽遭遇巨大的損失，邱吉爾仕途從此失意多年。（Library of Congress）

協約國從一開始就有良好的組織規劃，鄂圖曼與德國部隊就不會獲得一個月以上的時間來為此次入侵做好防禦的準備。

從部隊登上加里波利半島的那一天算起，血腥衝突持續了八個多月才告終，造成將近四十萬人死傷：英國與愛爾蘭七萬三千人，澳洲與紐西蘭三萬六千人，法國兩萬七千人，印度四千八百人，以及鄂圖曼土耳其二十五萬一千人。協約國對於土耳其陸軍的防衛力量沒有做好充份的應對準備，到了一九一六年一月，他們發現，撤退是唯一的選項了。

邱吉爾的命運並非等到戰役結束後才被牽連，而是在很久之前就被決定了。早在一九一五年五月十五日，當第一海務大臣約翰．費雪爵士辭職時，那些認為邱吉爾應該為登陸失利負責的國會同仁就已經發出怒吼，要求邱吉爾辭去第一海軍大臣職務。面臨如此排山倒海的批評，首相阿斯奎斯提議與保守黨建立戰時聯合政府，其中一個條件就是撤換邱吉爾。溫斯頓於是被調職了，改任蘭開斯特公爵郡事務大臣這個低階的內閣職務。

* 譯註：First Sea Lord 與邱吉爾所任職的「海軍大臣」是兩個不同的職務，後者是政務官，前者是軍職，統管皇家海軍以及擔任海軍參謀長的職務。

加里波利的慘敗不能完全算在他的頭上，但是各界普遍相信（人們集體地需要一個替罪羊可以責怪，即使有一份公開調查指出錯不在邱吉爾，也無法改變大眾的印象）邱吉爾頑固地否決顧問的建議、強制海軍將領們接受他的觀點、以及沒能做好基本的保護措施，所以要負最主要的責任。可以為他辯解的是，畢竟他不是首相，而且他已經把所有的決策都攤開在戰時內閣面前。不過他確實在貫徹這些計劃時，完全不顧基奇納勛爵以及其他海軍部同僚的反對。對於調職，他的反應不是懊悔，而是憤慨：他對一位朋友說：「我完了！……我所在乎的一切——指揮作戰，擊敗德國人——這些全都完了！」[28]

在被貶抑與降級之後，邱吉爾搬出了海軍大臣官邸。克萊蒙蒂娜跟溫斯頓突然發現，過去五年中讓他們如此愉快的社交圈子，已經與他們漸行漸遠。克萊蒙蒂娜日後告訴邱吉爾的傳記作者馬丁·吉爾伯特，這是她先生一生中最痛苦的時刻之一；她當時「以為他將悲傷至死」。[29]她對先生被貶抑感到憤怒，並寫信對阿斯奎斯說：「如果你把溫斯頓丟下船，你的聯合政府將不再像現在這個政府那樣是個令人生畏的戰爭機器。」[30]首相不為所動。當新的戰時內閣名單公佈，且邱吉爾不在其中時，他就決定完全辭去內閣政府的職務，重新加入西方前線的陸軍。

一開始，邱吉爾打算回到他的老單位，女王第四驃騎兵團。但是在抵達法國時，有一輛汽車直接把他接到聖奧美的總司令部去了。在有香檳的晚餐會上，邱吉爾得到兩個選擇：他可以當英國遠征軍總司令道格拉斯．黑格爵士的副官，一個非常輕鬆的工作，或者到前線擔任實兵作戰的軍官。我們也許不會訝異邱吉爾選擇了後者。但是這個決定反映的並不只是他對冒險活動的長期喜愛。這更給他一個嶄露頭角的機會，讓他能為自己真正相信的事情而奮戰，並且為自己洗刷加里波利血債的污名。

到法國僅僅兩個星期，邱吉爾就要求法蘭奇總司令提升他為上校旅長。有鑑於他對這類職務的經驗如此之少，加上首相擔心又遭到強烈批評而加以勸阻，所以黑格並未同意，而是讓邱吉爾帶領較小的部隊，任命為戰時陸軍中校，到第九（蘇格蘭）師下轄的皇家蘇格蘭燧發槍團第六營擔任營長。一九一七年一月底時，他的部隊移防到比利時的前線，邱吉爾有三個半月的時間都在戰壕裡度過。這裡並不是重大攻勢所處的位置，但一樣沒有休息的時間可言，因為「德國人的砲火從未停息，機關槍與來福槍持續地構成威脅」。[31]

在倫敦，克萊蒙蒂娜繼續為她先生的政治聲譽奔走，但是隨著阿斯奎斯政府處在一團混亂，邱吉爾的加里波利戰役正在下議院裡被激烈辯論，她擔心也許還要好一段時間，對邱吉爾的敵意才會散去。儘管為他的安危感到憂慮，她還是建議先生，不要急著回來。她在信上說：「要當大人物，一個人的行動必須能被一般民眾理解。你前往前線的動機很容易理解，但是你返回倫敦的動機則需要解釋。」[32]然而一九一七年三月，他利用休假一星期的機會在下議院做了一次演講，反應極其惡劣，讓他的處境比先前更糟。因此邱吉爾決定忽略妻子的建議，於五月七日回到倫敦，試著挽救他敗壞不堪的聲譽。

邱吉爾花了將近三年的時間，在換過一系列的職位之後，才終於再度在內閣高層裡任職。這時協約國已經與德國簽訂停戰協議，而且四天之後，即一九一八年十一月十五日，克萊蒙蒂娜生下了他們第四個孩子，是個女孩，取名為瑪莉歌爾德。

新選出的首相，大衛・勞合・喬治，對他的老友很有信心；一九一九年一月，邱吉爾被指派為陸軍大臣。他幾乎立刻開始在幕後策動仍駐紮在俄羅斯的協約國部隊去協助俄國內戰中的白軍。[*]邱吉爾認為布爾什維克主義對英國的民主將構成重大威脅，而且，如詹金斯所指出的，這件事再度表明，邱吉爾「相信，要完成一個任務，意志與樂觀主義是比充足的資源更重要的事」。[33]他策劃在俄羅斯北部發動攻擊，奪取西伯利亞鐵路，結果以撤回部隊告終，徹底失敗了。此事進一步鞏固了一般人對他的看法：邱吉爾是個魯莽的軍事冒險家，不值得信賴。

就連勞合・喬治也對他的陸軍大臣喪失了信心；一九二一年邱吉爾被調派為殖民地大臣。這仍是高階的內閣職務，而且至少這個位子讓溫斯頓得以與克萊蒙蒂娜一起前往開羅，以參加當年春天舉行的中東會議。這是一個光彩奪目的殖民地盛會；會議期間，邱吉爾夫婦結識了 T. E. 勞倫斯上校（即「阿拉伯的勞倫斯」）本尊，以及探險家格特魯德・貝爾。然而一個悲傷的消息讓克萊蒙蒂娜於四月趕回倫敦：她的兄弟比爾・霍齊爾，一位富有魅力但出名的賭徒，在巴黎的一間旅館房間裡舉槍自殺了。克萊蒙蒂娜與溫斯頓跟他十分親近；這個消息讓兩人深受打擊。接著，在幾個月之後，溫斯頓的母親也過世了。緊接著這兩個沈重的噩耗，當他們仍在深沈的悲傷之中時，克萊蒙蒂娜接到一通電話：他們最小的孩子瑪莉歌爾德罹患了嚴重的敗血病。

夫婦兩人趕去陪伴她，並且徹夜不眠地看顧著她。八月二十二日晚上，瑪莉歌爾德短暫地恢復了意識，剛好夠要求母親為她唱她最喜歡的「泡泡」之歌。克萊蒙蒂娜鼓起她身上每一分勇氣，開始唱「我永遠都在吹泡泡……」直到瑪莉歌爾德把手放在母親手臂上，說「今天不行了……明天再把歌唱完。」她死於次日早晨，死時父母都在身旁。溫斯頓日後對女兒瑪莉說，「克萊蒙蒂娜痛苦不堪，狂亂地發出一連串嘶吼，像一隻處在致命的疼痛中的動物。」[34]

這是一份永遠無法平復的痛苦，但是他們兩人很少提及。以一種真正的堅忍與克制，瑪莉·索姆斯[†]描述她的母親「並未沈湎在悲傷之中，而是把悲傷壓下來，把日子繼續過下去」。[35]有人建議她與溫斯頓去度一個假，所以他們於一九二二年一月前往法國。在假期中，克萊蒙蒂娜發現她又懷孕了。於是在瑪莉歌爾德死後一年多一點，邱

* 譯註：一九一八年俄國十月革命期間反對布爾什維克黨的軍隊。

† 譯註：即下面即將提到的邱吉爾夫婦第五個孩子。

吉爾一家又迎來瑪莉，他們第五個也是最後一個孩子的加入，而且正好趕上他們家庭新添購的一項事物：一棟名為查特威爾的鄉下房屋，位於倫敦以南三十五英哩處的肯特郡。

這座房子後來成為邱吉爾最為人所知的住處（或者也許僅次於唐寧街十號），但是當時有些年久失修，需要一筆不小的費用來整修。克萊蒙蒂娜不情願花大錢，但是儘可能去接受這件事；她知道這座房屋實現了溫斯頓的一個願望：在鄉下長久擁有一個可以靜養的宅邸。

對邱吉爾來說，這個安全的避風港到來的時機不可能更好了，因為勞合．喬治的聯合政府已經到了破裂的時刻；一九二二年十月，首相被迫辭職。接下來要進行大選，但是邱吉爾因盲腸炎病倒，身體太過不適，無法到他的丹地選區從事競選。結果是個災難：「他從一九〇八年起享有的『終身席位』

查特威爾屋是邱吉爾最為人所知的住處。（David Hillas）

就這樣在他手上化為烏有了。」[36]

夫婦倆決定到法國的蔚藍海岸做一次長時間的度假，好讓溫斯頓恢復健康。他從一九一五年被解除第一海軍大臣的職務起就開始喜歡畫畫，現在這段新的無業時期裡，他有充份的時間來重拾他的興趣。邱吉爾一家在一九二三年夏季回到家，並且監督查特威爾屋裝修工程的最後階段。克萊蒙蒂娜仍然對財務有強烈的保留，但是鄉間是一個能夠安慰溫斯頓的地方。他在這裡可以寫作與繪畫，而且很高興地協助整修的工作。

溫斯頓身為溫斯頓，意味著他沒有辦法太久不管政治。在一九二四年選戰前的準備階段裡，他沒被分配到一個自由黨的席位，於是就試著脫黨獨立參選，但並不成功。他相信自由黨與保守黨應該攜手合作，而不是彼此對立。然後在該年四月，他很訝異地聽到，保守黨裡有人考慮把他找回來，並且把倫敦一個同額競選的埃平選區讓給他。經過一段時間的猶豫之後，邱吉爾同意再度轉換黨派。從此他終身都留在保守黨裡了。

他在選戰主打強烈反對蘇維埃的議題，對於渴望簽訂英蘇協議的工黨大加批判。他這個立場引起了選民的共鳴，最後以懸殊的票數贏得選舉。新任首相史丹利·包德溫任命他為財政大臣作為回報。在接受這份職務時，據說他曾對包德溫說：「我所追求的目標實現了。我仍然保有我父親擔任財政大臣時的長袍。我將自豪於能在這個顯赫輝煌的職位上為您服務。」[37]確實是顯赫輝煌，因為這個職務配備了一套可喜的官邸：唐寧街十一號，克萊蒙蒂娜與孩子們都非常喜歡；他們將在這裡住上四年半。

邱吉爾向來充沛的自信並未受到無業時期跟他各種失策影響，但是他在財政部的任期卻因各式各樣爭議而頗為難看。第一個是他推動了一個讓英國經濟陷入衰退、在全國引發罷工的財政政策。在包德溫政府上任之前，返回「金本位」的構想已經流傳一段時間（為了阻止英鎊價值快速滑落，英國已於一九一四年放棄金本位），而且邱吉爾對此本來抱持著強烈保留的態度。他進行了詳實的調查，並且向同僚與學者們請益。當中有一位是年輕且優秀的劍橋經濟學者約翰・梅納德・凱因斯。他出版了一本小冊子《邱吉爾先生帶來的經濟後果》，力陳如果英國要回到這個大戰之前的貨幣體系的話，將對經濟成長與就業市場帶來災難。不幸的是，由於保守黨內部以及國會的委員會都大力支持，返回金本位的政策勝出，於是邱吉爾在一九二五年四月提出了恢復金本位的預算案，當時他全家都在下議院的旁聽席上見證了這個時刻。

人們大多同意，這是包德溫政府最被嚴重誤導的政策，而且被記在邱吉爾的帳上。凱因斯的預測完全正確——英鎊變得太強，阻斷了出口——這對英國工業，特別是煤礦業，造成了重大的災難。在次年的全國大罷工——這也是英國史上唯一一次全國性罷工——的高峰時期，一百七十五萬人放下了工作。溫斯頓派出軍隊作為回應，只不過包德溫出面緩和了一下：他堅持士兵不得全副武裝。隨即海德公園裡拉出了鐵絲網，白領階級下場參與工作，恢復了部份服務：別著伊頓公學領帶的紳士們在滑鐵盧車站當搬運工、駕駛火車頭與公車、以及遞送報紙。邱吉爾本人也到碼頭上試圖平息暴動。就在各方擔憂會爆發廣泛的暴力抗爭之際，工會讓步了，大罷工在僅僅十天內就落幕，但是輿論都指責邱吉爾動用了冷酷粗暴的手段。

大罷工的記憶在英國人的心裡久久不散，而且由於失業率居高不下，保守黨於一九二九年的大選輸掉了國會多數席。史丹利．包德溫辭職下台；邱吉爾雖然保住了他在埃平選區的席位，但是接下來兩年又因為在一些關鍵議題上與他的政黨意見分歧，而遭到疏遠。

溫斯頓搬回查特威爾屋，重拾寫作與繪畫。少了內閣高官的薪水，而且在一九二九年華爾街股災之後遭受了鉅額的財務損失，邱吉爾一家再度在荒郊野外裡過著現金窘迫的生活（也因為溫斯頓在雪茄與香檳上過度花費的情況十分嚴重）。這樣孤立的生活將維持十年之久。

在政壇失意之後，有些議題他覺得自己擁有真知灼見，無法不公開對大眾發表看法。一九三一年，印度的「地方自治」就是一個這樣的議題。不過在這個問題上，他不但與黨內意見相左，而且是站在歷史錯誤的一邊：他認為印度不應該比照加拿大、澳大利亞與紐西蘭那樣，獲得自治領的地位。邱吉爾擔心，如果英國准許印度獲得任何類似自治領的地位，那麼大英帝國在印度就要結束了——新的印度政府將會儘可能地把英國與不列顛人趕出這個國家。

反對他這個論點的有印度總督歐文勛爵——對這個人，我們更熟悉的名字是愛德華・哈利法克斯子爵。儘管哈利法克斯與王室以及英國上層貴族很有淵源，但在這個議題上，他的意見卻令人訝異地頗為進步。他的總督任期即將結束，而且，在看過多年的暴力抗爭與不合作運動之後，他真心地認為，准許自治領地位是一個和平解決印度問題的可行性方案。包德溫支持總督的提議，並在下議院公開表示，如果有一天保守黨重返執政，將把給予印度自治領地位視為他們的「重大義務」。儘管一度是保守黨中較為傾向自由主義的人，邱吉爾仍覺得不得不從影子內閣中退出。如羅伊・詹金斯所指出的，「印度問題一直是邱吉爾政治關注的核心之一；這個問題不斷耗費他的精力，讓他一步一步跌入一個無能又孤立的難堪處境，而且將持續至少三年時間。」38

搬回荒郊野外的住處後，邱吉爾專注於他的著作，也到美國進行巡迴演說與上廣播節目。他仍常在下議院就財政與國際安全等主題演講，不過他對印度問題的觀點讓外界覺得他已經脫離現實。在第一次世界大戰之後，許多人認為大英帝國已經日薄西山，但是邱吉爾，作為維多利亞與愛德華時代的人物，對於日不落國仍然懷抱著牢不可破的忠誠。

但是另一方面，邱吉爾的信念——在希特勒快速興起的國家社會主義黨的統治下，德國將對英國構成最嚴重的威脅——確實是建立在對事實的充份理解之上的。他不曾親眼見識過印度社會當時的狀態，但是他卻曾在德國各處做過旅行，曾見到「體格結實的條頓少年們以整齊劃一的行軍隊伍穿過德國的大街小巷，眼睛裡閃耀著渴望為祖國流血流汗的光芒」。[39]他非常明白：渴望找回失落的民族自尊，就會尋求擴充軍備；擴充軍備的下一步，就是重新索討過去喪失的領土。

早在一九三三年四月，邱吉爾就在下議院做過一次不短且令人印象深刻的演說來談德國的威脅。他說，他相信「德國在歐戰後逃過了應受的懲罰」；[40]而且協約國曾經得到對方的保證，「德國將成為有國會制度的民主政體」，然而：

> 所有的承諾都被撕毀了。現在各位看到的是一個獨裁政權——而且是最嚴厲無情的那一種。各位看到的是軍國主義，以及對一切戰鬥意志的鼓舞，從在大學院校中恢復決鬥的習俗，到教育部長建議在小學中大量使用教鞭，都是如此。各位不只看到這些好戰或好鬥精神的展現，更看到對於猶太人的迫害——有如此多可敬的人士都提到過他們的事，而他們的遭遇能打動任何一個人，只要他覺得每一個人，無論男女，都有權在所出生的世界裡好好生活，也有權在出生國法律的保障下繼續謀求他們的生計……[41]

邱吉爾繼續在國會、在報紙文章、在許多給政壇同僚的信上發出這類警告，但是在英國BBC廣播公司的節目上只說過一次，因為創辦人約翰·賴特把邱吉爾視為極端份子。賴特實質上禁止了邱吉爾在公開的廣播上談論此事。然而到了一九三五年時，英國政府對德國做出讓步，同意德國有權重整軍備，並依照英德海軍條約（Anglo-German Naval Treaty）把德國海軍重建至英國海軍軍力百分之三十五的最高限制。

當保守黨的雷姆賽・麥克唐納首相因健康因素於一九三五年六月辭職下台時，邱吉爾的老友史丹利・包德溫繼任首相，但是他也強烈支持綏靖路線，並奉行前任首相的政策。此時報紙開始報導新的納粹統治下的許多殘酷暴行，讓許多英國人感到困惑，因為仍有不少英國人認為，德國在輸掉第一次世界大戰後付出了慘痛的代價。然而英國人也對蘇維埃的威脅頗為恐懼，正如馬丁・吉爾伯特在《綏靖政策的根源》中所寫道，「希特勒宣稱自己是歐洲最重要的守護者，阻止了共產主義的擴散」，[42]以至於英國的上層階級特別不願意譴責他是一個危險人物。

希特勒仍繼續推動他的軍事目標。一九三六年三月，德軍無視凡爾賽與羅加諾等戰後和約的規定，開進了被劃為非軍事區的萊茵蘭。英國人的注意力當時很大程度被愛德華八世引發的危機給分散了：這位英國國王宣佈他將迎娶美國的離婚婦人瓦麗絲・辛普森，並因此放棄王位*——在這件事情上，邱吉爾支持兩人的浪漫結合，所以再度與內閣政府立場相左。由於英國民眾無論如何都排斥重啟戰爭的議題，所以對於德國奪回德語區領土並不感到有什麼不對勁。

近幾年來英國政府已經開始重整軍備，但是還完全談不上有能力對希特勒的最新行徑採取任何軍事制裁。邱吉爾警告，如果德國一直沒有受到制衡，那麼它把目光朝向奧地利、波蘭、捷克斯洛伐克與羅馬尼亞也只是時間問題而已。輿論漸漸地也有支持邱吉爾的聲音了，然而他大致上仍是個名聲敗壞的人，也被包德溫內閣打上戰爭販子的標籤。當納維爾．張伯倫於一九三七年五月取代包德溫成為首相時，邱吉爾還是進不了內閣，很大程度是因為這兩人在他們的政治生涯裡從來就衝突不斷，最近則是為了德國問題以及王室退位的危機意見相左。

儘管張伯倫也開始對外交政策產生積極的興趣，但他的對德政策與包德溫的無甚區別。不過外交大臣安東尼．艾登的觀點倒是與邱吉爾的一致。艾登也已經對德國提高警覺，而且相信，無論是張伯倫對德國的懷柔政策，還是他自己對義大利獨裁者班尼托．墨索里尼的柔軟身段（在義大利的法西斯黨人入侵阿比西尼亞之後），都是重大的錯誤。這使艾登與新政府之間產生距離，而且當張伯倫力邀樞密院議長哈利法克斯勛爵更積極涉入外交事務時，這個距離就更為擴大。一九三七年十月，首相說服哈利法克斯接受邀請，[†]在去德國出遊打獵時與希特勒會面。

---

* 譯註：由於英國國教會反對前配偶仍在世離異者再婚，身為教會領袖的國王此時的舉措，無異與其身份發生衝突，並將引發憲政危機、國會改選等問題。

† 譯註：邀請者是赫爾曼．戈林（Hermann Göring），僅次於希特勒的納粹高官。

艾登先前就強烈反對這個會面的提議，也感覺自己的權責被新首相削弱。他對哈利法克斯做出了嚴格的指示，要求他在談到希特勒對奧地利、捷克斯洛伐克與波蘭的意圖時要拿出強硬的態度。不過希特勒自上台以來，在攏絡英國政治人物方面展現了極高明的手段——哈利法克斯也無法倖免。他從德國回來之後就對納粹領袖讚譽有加，而且對內閣表示，他已經利用這個機會（一反艾登的指示）向希特勒確認，關於德國在中歐擴張領土、以及恢復被戰後和平條約所剝奪的德國殖民地等議題，英國將非常樂意與德國討論。哈利法克斯再三保證，他真心相信希特勒並無發動戰爭的意圖，但艾登並不買帳。但這也表示，艾登的外交大臣的位子已無法久坐。

艾登於一九三八年二月二十日遞出辭呈，納維爾・張伯倫則指派哈利法克斯勛爵作為他的繼任者。邱吉爾感到非常震驚；日後他在回憶錄中如此寫道：

我的心情跌到了谷底，很長一段時間絕望的黑色洪水將我淹沒……我從來沒有失眠問題……但是在一九三八年二月二十日這個晚上，而且只在這一天，睡眠遺棄了我。從午夜直到黎明，我躺在床上，心裡充滿了悲傷與恐懼的情緒。我彷彿看到各種順應、屈從、誤判與孱弱組成了一道漫長、陰慘且遲緩的洪流，只有一個堅強且年輕的身影站起來抵抗。*我的處置方式在許多方面不會與他的〔指艾登的〕一樣，但是就我看來，他在此刻代表著不列顛民族存活的希望：這偉大的、古老的、曾經為人類做出這許多貢獻，也還有更多要奉獻的不列顛種族。但現在他下台了。陽光緩緩地從窗戶爬了進來，但是我在心靈的視野裡見到了死亡。[45]

兩天後，隨著德國著手兼併奧地利，捷克斯洛伐克眼看不久也要陷落，邱吉爾對下議院就綏靖政策的代價發出一個強烈的警告：「我預期，總有那麼一天，當某件事情到了某個節骨眼的時候，你們將不得不站起來抵抗；而且我向上帝祈禱，當那一天來臨時，但願我們不會突然發現，由於選擇了愚蠢的政策，已經沒有別人能跟我們一起抵抗了。」[46]

此時對希特勒的意圖已經不容任何懷疑。一九三八年九月，納維爾．張伯倫前往德國，就蘇台德地區的議題提出英國與法國方面的建議，而且方案已經得到捷克與蘇台德領袖原則性的同意。但是這計劃造成了相反的結果；邱吉爾的擔憂得到了證實。如吉爾伯特所寫道：「希特勒很生氣，蘇台德人竟然願意接受只在捷克斯洛伐克之下享有的自治，還因此就鼓動他們提出更高的要求。但是當蘇台德人並無意願時⋯⋯希特勒就公然且暴力地破壞了這項協議。」[43]

＊譯註：指外交大臣艾登，此時四十一歲。邱吉爾此時六十四歲。

隨著邱吉爾的預測成真，內閣終於歡迎他回到隊伍裡來——至少在某種意義上。雖然不是內閣成員，但是在張伯倫與希特勒的會談失利後，邱吉爾接連幾個星期都出席了首相與外交大臣的多次會議，只不過國會的同僚們仍不情願接受他的指導，也不承認綏靖政策已經失敗。

張伯倫迫切要求與希特勒進一步會商，並前往慕尼黑，試圖解決這個爭端。邱吉爾請求張伯倫「對德國重申，如果德軍一腳踏進捷克斯洛伐克，我們將立刻對德國宣戰」。[47]但是張伯倫充耳不聞。當張伯倫在一天多的協商之後於九月三十日返抵英國時，大群支持者已經在飛機場等待。他從飛機上走下來，手中揮舞著一張已正式簽署的、被稱做慕尼黑協議的文件，喜形於色地對等候已久的媒體宣稱，這項協議「象徵著我們兩個民族永不互相爭戰的願望」。[48]許多人覺得，他實際上默默屈從了希特勒的所有要求。當下議院為此事進行為期四天的辯論時，邱吉爾耐心等候著他登場的重大時刻——在第三天下午五點十分，他發表了一場長四十五分鐘、氣壓全場的演說，以評論五天之前發生的事件：

演講一開始……我要說些最不受歡迎、大家最不愛聽的事情。我要說出一件每個人寧願忽視或遺忘的、但是儘管如此仍必須被清楚講出來的事情，那就是，我們已經遭受了一次完全的、徹底的挫敗…在這些爭議的事項上，他〔張伯倫〕能為捷克斯洛伐克所爭取到的，充其量只是德國的獨裁者不把桌上的食物一口氣掃光，而是願意讓你把這些菜一道、一道地送到他面前……一切都結束了。在沈默、悲傷、被放棄、以及殘破裡，捷克斯洛伐克消失在黑暗之中……我感到難以忍受的，是意識到我們的國家掉進納粹德國的軍力與影響範圍，意識到我們的存在變成必須仰賴他們的善意或高興……我們不能這樣直截了當地被當作納粹德國對歐洲的宰制體系裡的一個附庸。不用多少年，甚至也許就在數月之後，我們將面對一些無法迴避的要求，而且毫無疑問地，我們將被建議唯有順從。這些要求可能牽涉到交出領土，或者交出自由……我不怨恨我們忠誠、勇敢的人民；他們不計任何代價也願意善盡他們的義務……但是他們應該知道事實真相。他們應該知道，我們的國防一直被嚴重忽略且千瘡百孔；他們應該知道，我們已經不戰而敗，其後果將糾纏我們很長一段路；他們應該知道，我們已經跨過英國史上一個極糟糕的里程碑，因為整個歐洲的勢力平衡已經被打破，而且那可怕的話語，此刻已經在西方民主國家的面前被大聲地宣講了出來：「你被放在天平上秤，顯露出了你的虧欠。」* 請不要以為事情已經結束。

* 譯註：出自舊約《但以理書》第五章二十七節。邱吉爾意指這是西方民主國家被檢驗的時刻。一路順從納粹德國的要求，自以為是的外交成就，避免了戰爭，實際上用天秤一量，其實十分不足。

這只是那最後審判的開端，只是整杯苦酒的第一小口，只是讓你初嚐一下味道，而且這杯苦酒將年復一年地被端到我們的面前，除非我們能最大程度地恢復我們的精神健康與戰鬥活力，那麼我們將再度奮起，像古老時代那樣，為了自由而堅持到底。[49]

又過了不到一年，德國入侵了捷克斯洛伐克與波蘭，英國宣戰了。

當一九四〇年五月裡這些事件開展之際，那幾位綏靖政策的籌畫者的腦裡，或許無法不響起邱吉爾這些令人警惕的話語；但是回到一九三八年十月演講的當下，恐怕沒有人會想到，這個絲毫不肯妥協的男人將會是英國的救星。

1940.05.10（五）

德國發動代號「黃色行動」的軍事作戰

將四百萬部隊調動到荷蘭、
比利時與法國邊境上的各個位置上

下令兵員高達百萬的空軍即刻起飛，進行閃電戰

張伯倫內閣垮台

第三章　張伯倫的垮台
A Leader Falls

清晨五點半剛過不久，邱吉爾醒來了，不過叫醒他的並非平日的早餐托盤，而是一個令人震驚的消息：德國已經入侵波蘭。張伯倫怎麼可以否認他同意過的一切？這將證明他是錯的，證明他看錯了一切，證明他忽略邱吉爾六年以來的警告是個錯誤。張伯倫當年手中緊握的那一紙薄薄的和約：可笑。這一切都荒謬可笑。

當一九四〇年五月九日這一天即將結束時，邱吉爾已經準備就緒，要接下領導這個國家的重責大任。兒子倫道夫打電話到海軍部來時，邱吉爾對他透露：「我想，明天我就要出任首相了。」[1]但是到了次日太陽升起時，已經沒有人再想到領導權該如何順利轉移的事情了，因為這時，就在邱吉爾草率進行的挪威戰役狼狽地結束後一個月，希特勒再度在歐洲發動了一次聲勢凌厲的進攻。

清晨五點半剛過不久，邱吉爾醒來了，不過叫醒他的並非平日的早餐托盤——上面總是有用吐司架架著的烤麵包與一盤炒蛋——而是一個令人震驚的消息：德國已經入侵波蘭。「從海軍部、陸軍部以及外交部不斷送來一盒一盒的電報」[2]，邱吉爾回憶；六點時他打電話給法國大使，討論把部隊調到與荷蘭接壤的比利時的可能性。但是情況很快就明朗了：比利時也遭到德軍入侵，儘管這兩個國家在戰爭爆發之時都宣示中立。結束與法方的電話之後，邱吉爾又與空軍部和陸軍部兩位大臣，薩謬爾·霍爾與奧利佛·史丹利，進行了會談，討論英國可能採取的回應。霍爾回憶說，邱吉爾的「精神與情緒絲毫沒有被先前的挫敗或災難打擊，反而在危機中顯得更為強大，〔而且他〕一如往常，總是能充滿信心地做出指示」。霍爾還說：「那是早上六點鐘，在下議院激烈辯論與超時院會結束之後。然而他就一派輕鬆地坐在那裡，抽著他的大號雪茄，吃著煎蛋與培根，好像他只是清晨出去騎了一趟馬剛剛回來。」[3]

他們三人於是進入海軍部的高層作戰室，軍事協同委員會的會議即將於七點鐘開始。最新狀況快速地被彙報出來，顯示德軍於格林威治時間凌晨三點所發動的進攻，無論是速度、規模與戰果都令人心驚膽顫。德國空軍在荷蘭與比利時各個關鍵目標投下了雨點般密集的炸彈，並空降了數以千計的傘兵。軍事協同委員會已經發出命令，讓英法聯軍開始進入比利時。在此刻的混亂中，帝國參謀總長艾德蒙．艾侖賽爵士回憶說，當他進入另一間房間，「卻無法再出來。所有夜間的守衛都離開了，而日間的守衛也不在。房間的門被上了兩三道鎖。〔他〕於是爬高，打開一扇窗戶，並從窗口爬了出來。安全措施實在鬆懈。」[4]

在艾侖賽爬窗戶的同時，英國民眾正在聆聽英國廣播公司國內台上午七點鐘的新聞簡報，[*]而且感到不知所措：英國廣播公司聽到了德軍入侵的風聲，並在節目中表示：「根據尚未被正式確認的消息，德國已經入侵了荷蘭。」[5]

倫道夫．邱吉爾正在位於赫爾的營房裡（他在父親待過的老單位女王第四驃騎兵團服役）。早上七點半他給父親打了一通電話，想知道發生了什麼事。溫斯頓告訴他：「德軍大批湧入低地國，英法聯軍正趕往當地，一兩天內將會有遭遇戰」。[6]倫道夫回答：「那麼昨晚你說的今天會當首相的事呢？」邱吉爾明快地回答：「哦，這我不知道。現在沒

＊ 譯註：一九六七年改組為今天的 BBC 廣播四台（BBC Radio 4）

有比痛打敵人更重要的事了。」

但是關於這個在過去三天裡十分燙手的問題，究竟要怎麼發展下去呢？誰會是新任的首相？張伯倫已經說，他要等工黨做出決定後，才能確定辭職的事。如果工黨願意加入他所領導的內閣，那他很樂意留下來。但是亞瑟．格林伍德與克萊曼．艾德禮在當天早上十一點三十四分搭乘了從滑鐵盧車站開往伯恩茅斯的火車，前去參加工黨大會，好像對此刻正橫掃西歐大陸的閃電戰渾然不覺。張伯倫似乎當天就能獲得回覆，但還不是此刻。

另一方面，在上午八點前不久，邱吉爾離開海軍部，循著習慣的路徑，跨過皇家騎兵衛隊閱兵場走去唐寧街十號；他的腳步輕鬆愉快，史丹利與霍爾則陪他一起走。這一天，戰時內閣將要開好幾次會議，這是第一場。在圍繞著桃花心木會議桌坐下來之後，軍事將領與內閣大臣們報告了當前的局勢。即便還沒有正式確認能登上大位，溫斯頓仍決定把自己當首相。坐在「首相席」上的是納維爾．張伯倫，會議中發號施令的卻是邱吉爾。他確認「讓盟軍進入低地國的全套計劃已經付諸實行。部隊尚未達到最佳的戰備狀態，但一定很快就能出動。」[7]

開會不到三小時，溫斯頓已經在主導作戰了。你也許會認為，在看

皇家騎兵衛隊閱兵場旁的舊海軍部大樓，這裡是當年邱吉爾運籌帷幄的處所。（Diliff）

到邱吉爾如此堅定與自信的表現後，張伯倫應該會接受昨天談話的結論，讓邱吉爾代替自己擔任首相了。薩謬爾．霍爾與邱吉爾兩人都提過，在這場會議後，張伯倫私下對薩謬爾．霍爾爵士吐露，他相信他應該「撐到這場法國戰爭結束後再辭職」。[8]這是一項讓人非常吃驚的表示，尤其在八點鐘的戰時內閣會議中，他連一句值得納入會議記錄的話都沒說。再者，英國大眾一早醒來就看到昨天的最新動態登上了各報頭版：

張伯倫即將辭職：邱吉爾可望出任新首相
首相最後的爭取失敗了：工黨說「不」
首相：最後的嘗試。跨黨派政府提議若遭拒，首相今日將辭職
社會黨人昨晚入十號官邸會談[9]

張伯倫怎麼可以否認他同意過的一切？但是話說回來，他又怎麼能放手？如果邱吉爾此刻接替他，那麼他努力過的一切將被推翻，不只是首相任內最後幾年所做的事，而也包括他長期堅持的綏靖政策。這將證明他是錯的，證明他看錯了一切，證明他忽略邱吉爾六年以來的警告是個錯誤。他一九三八年九月三十日在慕尼黑走下飛機時所說的那句話，「為我們的時代帶回和平」，現在看起來是如此可笑。他當時手中緊握的那一紙薄薄的和約：可笑。這一切都荒謬可笑。

只有一個人是例外：邱吉爾。唯有他正確理解德國的威脅。有別於王室成員、英國貴族與上層階層人士，他並未受到納粹黨魅力的誘惑，也不計一切毀譽拒絕保持沈默。他得到什麼回報呢？他被自己參與形塑的政壇踢了出去，還被貼上戰爭販子的標籤。然而他一直堅守自己的原則：絕不能跟獨裁者協商。

當張伯倫剛聽到德國坦克正橫掃西歐的消息時，我們不難想像他心裡的感受；他一定知道這意味著什麼，以及他現在得面對什麼局面。他最後掙扎著擁抱權位，只是一個喪失了尊嚴的人的行為。張伯倫的行動與政治遺產雖然近年來已不像在戰後起初的幾十年裡那樣備受責難，但是從此刻起往後的幾個月，必定是他人生中最難受的一段時間。在第一場戰時內閣會議結束後，他向財政大臣金斯利．伍德爵士表達了留任首相的想法，並尋求他的支持。

如果以為張伯倫戀棧領導人的位子，只是出於冥頑不靈或赤裸裸的權力慾，那並不正確。他對邱吉爾有真正的保留。就像他許多保守黨同儕以及幾乎所有仍希望與希特勒進行和平會談的人士一樣（而且這些人構成了一個很有力量的小集團，哈利法克斯也是當中一員），光是想到讓邱吉爾主政，就要背脊發涼。讓溫斯頓當最高領袖？讓溫斯頓．邱吉爾掌控一切？讓這個六十五歲、總是夸夸其談的傢伙，讓這個有酗酒問題、過去幾十年裡一再做出重大錯誤判斷的人，來領導這個國家？不要說一個國家了，你就算只是借一輛腳踏車給這樣一個人，如果心生保留都是情有可原的。

張伯倫在進行這最後抵抗時，並不只是想到他自己。他代表了許多權力人士的心聲；這些人認為，英國需要——也許比任何時候都更需要——一個穩定、清醒、理性、冷靜與不易衝動的領導人。但是無論你對溫斯頓有何看法，你都不能用這些辭彙形容他。邱吉爾，這個在浮誇的談話中樂於調遣大批有血有肉的部隊去對抗可怕逆境，彷彿那些人只是他自己孩童時期的鉛鑄玩具兵，這個腦袋裡迴響著一段又一段的英雄詩歌的人，一定會很快就讓整個國家民族走向毀滅。

在一九四〇年五月，讓邱吉爾當首相的構想會讓許多人怕到發抖，包括在最熱切仰慕他的圈子裡也不例外。所以，當張伯倫在戰時內閣會議後找金斯利·伍德說話時，他有理由期待在最後一刻獲得朋友們的支持，因為，如果他們不認可他的能力，至少必須承認他的競爭者的缺點。

但可能性極低。已經太晚了。英國需要一個聯合內閣。而組一個聯合內閣，工黨已經開出條件，最低限度張伯倫必須走人。

金斯利·伍德（在這一幕劇中擔任了傳信人的角色）認為殘酷地回答才是仁慈，就直截了當地把話明說：「恰恰相反，新的危機讓我們更需要一個聯合內閣，只有聯合內閣才能應付這個局面」。[10]聽到一個被大多數人視為自己門生的人說這番話，張伯倫終於認命了。

德軍的裝甲師快速跨越了比利時、盧森堡與荷蘭的低地，法國已在視線範圍。這時是上午十一點半，戰時內閣進行第二次會議，獲知了德軍轟炸法國南錫最初的傷亡狀況。但是相關訊息仍然十分缺乏，也不確定。艾侖賽向內閣報告，他們推測，德國人可能計劃穿越盧森堡與阿登高地的森林，到達位於默茲河的比利時軍的防線，同時也沿著阿爾貝特運河穿越比利時，朝盟軍部隊挺進。[11]事實上德軍進入比利時已經比盟軍所推測的還要遠得多，但是菲利浦·瓦爾納在他的《法國戰役》中解釋，比利時的中立地位意味著他們的部隊缺乏訓練，對德軍沿著默茲河入侵毫無準備；「當他們看到德軍的滑翔機時是如此驚訝，*以至於一開始以為那是出了狀況的飛機；他們最初的反應是跑去幫助那些他們以為遇到困難的飛行員」[12]。

國防委員會第二場會議在下午一點時回到海軍部來舉行，以討論對「比利時境內門戶洞開的城鎮」施行轟炸的策略；[13]在這次會議，邱吉爾再度「主導一切」。在比利時向盟軍求援的問題上，邱吉爾的堅定盟友哈斯廷斯·伊斯麥爵士將軍回憶說，一九三九年十一月，盟軍的最高作戰委員會已經做出決議，「如果德軍侵犯比利時領土，盟軍就會立即執行代號D的作戰計劃。意思是，無需進一步指示，英國遠征軍（自從一九三九年九月德國入侵波蘭、戰爭爆發之後，英國在法國部署了三十九萬四千名兵力）在短時間內就會以最高速度開進比利時。」[14]現在這個時刻已經來到；這場會議的會議記錄稱：「如果各方證據都顯示德國已經『蠻幹起來』，英國政府傾向於今天晚上開始（進行轟炸」，目標是德國境內的煉油廠與鐵路調度場」[15]。

邱吉爾當天的行程十分漫長。在與摯友畢佛布魯克勛爵短暫地共進午餐之後，他回到唐寧街十號，在下午四點半進行第三次戰時內閣會議。聯合情報委員會的小組委員會提出一份報告，對德國在荷蘭、比利時、法國與瑞士的轟炸目標做了詳細的說明，還包括肯特郡的五個地點（德國在一九三九年十月首度對英國進行轟炸，地點在東岸）。會議中繼續討論了對德國目標做報復攻擊的議題。在這裡，我們看到溫斯頓能注意到最微小的細節，也很重視會議桌上那些可靠且有經驗的朋友的意見。空軍元帥西瑞爾・尼華爾爵士支持立即報復，因為「立即對敵人最脆弱的部位實施打擊，能在世界各地造成重大的心理效應」。空軍大臣薩謬爾・霍爾也認同這個看法：「如果我們不立刻嚴厲打擊德國，世界各國會對我們抱持十分批判的看法。延遲做決定常常導致永遠不做決定；歷史上有極多這樣的前例。」儘管空軍表示強烈贊成，（參謀總長）艾侖賽卻反對，並引述英國遠征軍總司令高特勛爵的觀點，認為這樣的反擊「對陸地上的戰事毫無助益」。霍爾提到的「歷史的前例」這幾個字，聽在邱吉爾的耳裡，一定像議會大廈的大本鐘的鐘聲一樣響亮，因為他比任何人都更了解，衝動的軍事行動可以造成何等的災難。所以

＊ 譯註：二戰時除了利用降落傘空投的傘兵之外，還有利用大型滑翔機降落敵境的空投方式。

他傾向再等二十四個小時。接著，如會議記錄所記載，張伯倫「在聽取各方意見後…也支持延後攻擊的主張…至少先延後二十四小時」。[16]

當會議快結束時，首相宣佈他已經收到工黨就聯合內閣的提議所給他的回覆。工黨的聲明是：「工黨願意作為一個伙伴，在新政府裡充份地承擔應負的責任，接受一個新首相的領導，以贏得國民的信賴。」[17]張伯倫並且證實，「依照這項回應，他決定，他應該立刻向英王提出辭呈，才是正確的作法。」[18]但是即便當天已經發生了這許多新的狀況，他仍舊無法勉強自己對會議桌上的十九位先生承認，接下來要接掌大權的，就是那個他最不希望獲得權力的人。

會議休息時，戰時內閣的閣員們返回各自的辦公室；工黨的回覆也就在保守黨內傳開了。保守黨黨鞭〔馬傑森〕絕望地最後一次想說服哈利法克斯再考慮一下，但是當他到外交部時，卻被告知哈利法克斯去看牙醫了。安德魯．羅伯茲在他的哈利法克斯傳記裡提到：「儘管在一九三九年年底〔他〕確實連續兩個月看了兩次牙醫，但如果他對這些最後關頭上的請求還有丁點興趣的話，是不太可能踏出外交部辦公室一步的。」[19]

戰時內閣會議結束後一會兒，張伯倫就去了趟白金漢宮。他晉見英王喬治六世，正式卸下首相的職位，並建議他應該請誰來代替自己。英王在日記中有如下記載：

〔我對他說〕我知道他遭受了何等粗暴不公的對待；我也非常遺憾發生了這許多爭

議。然後我們不拘禮節地聊到繼任者的問題。我理所當然地建議哈利法克斯，但是他告訴我，哈利法克斯興致不高，因為作為上議院成員，他在下議院裡只能當個影子或幽魂，無法參與真正重要的決定。這讓我感到失望，因為我覺得他明顯是最佳人選，而且他上院議員的身份可以被暫時中止。至此我了解到，我只剩下一個人可以派去籌組政府，而且是享有國民對他的信賴的，那就是溫斯頓。我問張伯倫有什麼建議，他告訴我，我應該請溫斯頓組閣。[20]

喬治六世提議暫時廢止哈利法克斯的貴族頭銜，好讓他能擔任首相？從憲政來說，用這種手段來獲得他想要的首相是太不尋常了。張伯倫在唐寧街十號的幕僚們對於此刻正在白金漢宮中展開的事態也跟英王陛下一樣沮喪，因為邱吉爾很快就要接手成為他們的頂頭上司。約克．柯爾維爾——張伯倫的首席私人秘書，在日記中如此記載：

這風險太大了，他可能貿然採取規模浩大的冒險行動；我無法不擔憂，我們國家也許會走到前所未有的危險之境⋯⋯沒有任何事情能阻止他（因為他太懂得脅迫了），除非國王動用一切的特權把他換下來；很不幸地，另外唯一的人選是沒人勸得動的哈利法克斯。

面對這個前景，所有人都感到絕望。[21]

這些反對的意見必定讓邱吉爾非常痛苦。再怎麼強大的自信，也無法讓他不深深感受到別人對他的懷疑。這次他能夠不重蹈過去的慘敗經驗，能免於造成重大傷亡的譴責，而終於獲得那一直以來求而不得的光榮嗎？撇開各種自信與強勢的語言，他實際上是個上了年紀的人，他的生涯已經接近尾聲，但現在他得到一次最後的機會，去把他過去的失敗重新扭轉過來。

在他從唐寧街返回海軍大臣官邸的這個片刻上，邱吉爾極其強烈地需要克萊蒙蒂娜的支持與安慰。他的女兒瑪莉回憶：「在讓人緊張與焦慮的這幾天裡，克萊蒙蒂娜不在倫敦〔去參加一個喪禮〕。這幾天不能在溫斯頓身邊，讓她感到非常痛苦；而溫斯頓在意識到最重要的時刻將要來臨時，他給她打了電話，請她儘可能早一點回來。」[22]她在他正要離開海軍部、前往白金漢宮之前回到了家，並極力地要他不要懷疑，現在他是唯一能擔任首相的人。

一九四〇年五月十日，下午快六點時，當溫斯頓乘車沿著林蔭路行進時，他心裡想著「民眾還沒有充份時間理解到無論是國外還是國內正在發生的事情，此刻在王宮大門前也沒有群眾聚集。」[23]但是由於即將拿到這個他夢想已久的職位，他越想越興奮，因此當他見到國王時，心情上甚至有一點放肆。他回憶說：

國王陛下非常優雅地接見了我，並請我坐下。他用探究與詫異的眼神看了我好一會兒，然後說，「我猜，您大概不知道我為何請您過來吧？」順著他的語氣，我回答，「陛下，我根本無法想像為什麼。」他笑了，然後說，「我想請您籌組一個內閣。」我就說，我一定遵照命令。[24]

考慮到國王先前與張伯倫會談時所表達的意見，這個正向的開始令人訝異。國王在日記裡寫道，邱吉爾「有很高的熱情與決心來承擔首相的責任」。[25]橫在他眼前的任務是如此重大，而且他知道自己絕不能失敗，所以此刻這熱情確實是他迫切需要的。

當邱吉爾首度以英國首相的身份從座車中走出來時，他轉頭對他的隨扈，便衣督察W. H. 湯普森說，「只有上帝才知道這種感覺有多棒。我只希望這一切還不是太晚。我很怕真的太晚了。現在我們只能盡力而為。」[26]他的眼睛泛著淚水。當他把頭轉開時，他對自己嘀咕了幾句話。接著他下巴一沈，露出堅決的表情，壓下所有的情緒，便開始走上台階，開始盤算如何籌組他的戰時內閣。

邱吉爾的血液裡有真正的政治細胞。即便經歷過去三天裡發生的事，他很清楚，如果沒有保守黨的支持，他當首相的日子不會太長久。他的權力基礎還很脆弱。下議院的氛圍雖然是許多保守黨人跳起來吼叫要張伯倫下台，但那並不意味著他們會喜歡換上來的人。外交部副大臣，外號「拉博」的R.A.巴特勒，據說曾經表示，「突然把溫斯頓跟他那一群烏合之眾換上來，不但是重大災難，而且毫無必要。他們〔資深保守黨人〕軟弱地對一個美國混血兒投降了。」[27]

當溫斯頓在海軍大臣官邸坐下來給張伯倫寫信時，心裡也許就是想到這些問題。他寫道：

親愛的納維爾：

我從王宮回來後，第一件事就是寫信告訴您，我是多麼感激您保證要支持我，並且在這個讓人極端痛苦與困難重重的時刻願意協助這個國家。我十分清楚眼前的任務有多麼艱鉅，以及，接下來好幾個月裡我們將要走過的道路是多麼危險。在您的匡助與指導之下，加上我們偉大政黨（其領導者便是您）的支持，我確信我將成功。您為我們立下了無私尊嚴與奉獻精神的典範，無數人的行動都將因此得到指引與啟發。

在過去共事的八個月裡，我很自豪能贏得您的友誼，以及逐漸獲得您的信賴。我的一切很大程度都受您左右，而且我對此毫無疑懼。此外，我對我們的大業滿懷信心，在眾人合力之下，我確信，我們的目標將不會遭受失敗的命運。

今晚，在我見過工黨領袖之後，我將再給您寫信。我是如此高興您將對我們焦慮不安的民眾發表廣播。

相信我，
您永遠的
溫斯頓・邱吉爾[28]

對一個極力阻止自己成為首相的人，邱吉爾寫這樣一封信並不簡單。可以詮釋的角度太多了：真誠、策略、諂媚、務實、寬容以及其他等等。但是，不論邱吉爾的意圖為何，在此刻，這是最聰明的一步。即使張伯倫看到這封信非常生氣，他也幾乎不能對這種友好的姿態做任何批評。哈利法克斯勛爵也收到一封措辭類似的信。然而他這封信的調子更高，因為邱吉爾加進了幾句十分關鍵的話：「我是如此高興，我們將能攜手把這項任務執行到底。我非常確信，您所主導的外交部將是我們戰爭力量的一項關鍵元素。我是如此感激您願意繼續留任這項重大的職務；您同時是外交部的僕人與主人……」[29]僅僅在數週之後，這些話將回頭困擾邱吉爾，因為他們在兩人生涯中最重要的問題上無可調解地正面衝撞了，那就是：與希特勒和談。

然而此時邱吉爾很清楚，他需要這兩個人留在他的戰時內閣裡；他不只需要拉攏朋友，更需要拉攏敵人。如果他們兩人任何一位辭職，無疑將引發黨內普遍的反抗，而這會讓他幾乎還沒開始的首相任期馬上結束。他邀請張伯倫以樞密院議長的身份領導下議院，請哈利法克斯勛爵繼續擔任外交大臣。為了擴大陣容，他還邀請工黨的克萊曼．艾德禮出任掌璽大臣，亞瑟．格林伍德擔任不管部大臣。他這麼做，是希望能平衡一下預計將來自張伯倫與哈利法克斯的反對力量。在《風雲緊急》中，邱吉爾說到他「很早以前就在下議院裡認識艾德禮與格林伍德兩人。二戰爆發前的十一年裡，由於我處在或多或少獨立的位置上，因此遠遠更容易跟保守黨以及聯合內閣意見相左，而不是跟工黨與自由黨這些在野黨有爭論。」[30]

在這個關鍵時刻上，他關注的焦點似乎很大程度都放在反對者上，看他們會從什麼方向反擊。我們知道，在擔任第一海軍大臣期間，邱吉爾從來無法安份地只做自己被交辦的事情，讓身邊的同事十分惱怒。現在他決定從一開始就解決這個動輒侵犯同事職權的問題。他新設置了一個「國防大臣的職

邱吉爾跨黨派的聯合政府，使得他有可能領導英國度過最黑暗的時刻。（IWM）

位，並任命自己兼任，但並不界定這個位子的範圍與權責」。[31] 這實際上讓他能全權主導作戰與國家大政。以這一點為目標，當晚他繼續發佈了三項人事命令：他的親密戰友安東尼・艾登擔任陸軍大臣；工黨議員 A. V. 亞歷山大出任第一海軍大臣；以及自由黨黨魁阿契伯德・辛克萊爵士出任空軍大臣。

戰時內閣籌組完畢後，邱吉爾還有時間休息一下，閱讀如潮水般湧進的、恭賀他就任首相的信件與電報。晚上九點，他轉而注意廣播節目，聽納維爾・張伯倫最後一次的全國廣播演說：

> 今天早晨，在沒有預警或正當理由的情況下，希特勒突然對荷蘭、比利時與盧森堡發動攻擊，使那些已經讓他聲名狼籍的可怕罪行又增添了一筆。在一切歷史上，沒有另一個人曾經像他這樣給人類造成如此可怕規模的痛苦與苦難。他之所以選擇這個時刻，似乎因為他以為我們國家正處在政治危機的動盪中而動彈不得，會對於是否抵抗而意見不一。但如果他真的打算利用我們內部的分歧來協助他，那麼他就誤判了英國人民的智慧……
>
> 此刻，既然這是我從唐寧街十號最後一次對各位講話，我還有一兩件事想要對各位說明。在擔任首相的這段期間，差不多正好三年，我一直揹負著沈重的憂慮與責任。只要我還相信，我們仍有機會在不屈辱的情況下維持和平，我都是盡我的力量去維

持。當最後的希望破滅，戰爭已經不可避免時，我也是同樣努力地去進行戰爭，沒有絲毫保留。也許各位還記得，在去年九月三日的廣播中，我曾告訴各位，我們將對邪惡之事加以打擊。事後證明，我當時的用詞實不足以描述那些人的卑鄙與惡劣；他們如今把一切賭注都投入這場剛剛開始的戰爭中。但也許我們至少可以鬆一口氣：這場戰爭，即便或許會持續數天或甚至數星期，至少宣告了等待與不確定的時期已經結束。因為我們接受考驗的時刻已經來到，正如同荷蘭與比利時還有法國的無辜人民已經遭受的考驗那樣。而各位與我必須團結在我們新的領導者身後；憑藉我們共同的力量與不可撼動的勇氣，我們將不斷戰鬥與勞動，直到這隻從巢穴中竄出來撲向我們的野獸最終被解除武裝與被推翻為止。[32]

這是一場莊嚴且動人的演說，就連張伯倫的批評者也讚譽有加。廣播演說只有五分多鐘；之後溫斯頓又繼續工作了六個小時。日後他在《風雲緊急》中談到這意義重大的一天時說：

在過去幾天非常緊湊的政治危機裡，我的脈搏不曾在任何時刻升高過。我一切都順其自然。但是我不能隱瞞閱讀我這本真實紀錄的讀者：這一天我凌晨三點才上床睡覺。我深刻地感到一種解脫的感覺。我終於得到指揮全局的權力。我覺得自己彷彿走在命運的道路上；我過去所有的人生，不過是為了這個時刻與這個試煉在預做準備。十年的政治荒漠使我免於日常的政黨爭鬥的干擾。我過去六年中所做的警告是如此頻繁、如此詳盡，此時又如此準確地應驗，以至於沒有人能夠反駁我。他們既不能責備我挑起戰爭，也不能指責我缺乏準備。我相信自己對這場戰爭瞭然於胸，而且我很確定，我將不會失敗。因此，儘管迫不及待次日天亮，我還是睡得十分安穩，也無需美夢的安慰。事實比美夢更好。[33]

在城裡的另一端，在多切斯特飯店舒適豪華的套房裡，愛德華·伍德，又名哈利法克斯勳爵，正在思考他自己的未來。過去幾天中他放過了取得最高權力的機會——他當首相的雄心還需要再等一下——但是他並未放棄他終身奉行的原則：他相信任何問題都有理性的解決方式，流血戰爭是最不應該發生的事。因此，一想到這個取代自己掌握大權的人，幾乎在每一個面向上，都與他自己的領導理念完全相反，他一定感到非常憂慮。

第四章　高貴的狐狸

The Holy Fox

哈利法克斯是一位小有名氣的騎師，也是狂熱的狐狸獵人。哈利法克斯不知道他該對希特勒採取何種立場。在一九三八年十二月十五日的內閣會議上，哈利法克斯公開表明了他對德國的反對，並鄭重指出「他希望能看到的最終結果，就是納粹的毀滅。只要納粹仍然存在一日，和平就無法確保。」從一九三九年新年這一天開始，支持哈利法克斯出任首相的呼聲就越來越高。

當哈利法克斯於一九四〇年五月十日拒絕首相之職時，亨利（「奇普斯」）．錢儂爵士，一位目光犀利、落腳在英國上層社會的美國友人，在日記裡寫道：「我不理解為什麼。沒有人比他更有企圖心，也不曾有人——某種角度來說——比他更具有責任感以及一種『義不容辭的貴族意識』。」[1]

所以這個人究竟是誰？為什麼大家都希望他當首相，他卻在關鍵時刻背棄了如此重大的責任？

身高六尺五寸（約一九六公分），膚色蒼白，眼框深陷，哈利法克斯是一個外觀讓人印象深刻，但也顯得有些憔悴的人。此外，由於天生的缺陷，他沒有左手掌，左臂也萎縮，因此他裝了一個握拳的、戴著黑色皮革手套的義手來加以掩飾。儘管有這樣的肢體障礙，哈利法克斯還是一位小有名氣的騎師，也是狂熱的狐狸獵人。根本說來，他是一位最道地的英國貴族。生於一八八一年四月十六日，愛德華．弗列德里克．林德利．伍德是查爾斯．伍德，哈利法克斯子爵二世的第四個兒子。他的童年在約克夏度過，但是被悲劇籠罩，因為在他十歲之前，三個哥哥都不幸早夭，使他成為哈利法克斯爵位的當然繼承人。

伍德家族是非常虔誠的聖公會高派信徒。哈利法克斯依照傳統讀了伊頓公學與牛津大學；一九〇九年大學畢業時，他決心要走入政治。在繼承了倫敦多處大地產與約克夏兩座宏偉的莊園之後，他是非常適合的保守黨人選。同年他娶了桃樂西．翁斯洛女勛爵；有人形容她是「女性當中的典範」，[2]以迷人、友善、同情與慈悲而聞名。這一對新人開始了他們的家庭生活；一九一〇年哈利法克斯贏得了北約克夏的里彭選區的國會席位。

當第一次世界大戰爆發時，哈利法克斯加入了女王約克夏龍騎兵團，並在比利時的法蘭德斯地區擔任現役軍官。在這裡，人間地獄般的環境，許多朋友的流血喪命，大量死亡的陰影，日後將一輩子糾纏著哈利法克斯，並且形塑他的政治觀點。

大戰結束後，當首相大衛・勞合・喬治出席巴黎和會時，哈利法克斯加入了二〇二位保守黨議員發出的聯名電報，強力要求首相在德國賠償的問題上，要堅持嚴格的條款不可動搖。

一九二一年四月，哈利法克斯與溫斯頓・邱吉爾（時任殖民地大臣）有了第一次的衝突。作為聯合內閣中的自由黨閣員，邱吉爾不但對於哈利法克斯被提名為殖民地副大臣很不高興，甚至在長達兩個星期的時間拒絕與他會面。平日禮節嚴謹的哈利法克斯對於被如此對待十分憤怒，便直闖邱吉爾的辦公室，當面對他說：「我沒有意願當你的副大臣，也不想佔任何其他職位。我已準備提出辭呈，明天就會走人，但是，只要我還在這個位置上，我期待受到一

「高貴的狐狸」，哈利法克斯拒絕接任首相之職。
（Karsh of Ottawa）

個紳士應得的對待。」[3]許多人形容他是「冷漠、虔誠、狡猾——所有這些辭彙結合起來，就成了邱吉爾對他的描述：『高貴的狐狸』」[4*]。儘管一開始有如此波折，兩人後來還是化解了歧異，至少暫時如此，哈利法克斯也得到了他第一個部長級職務，儘管是較低階的部長。

一直要等到一九二六年，他才得到一個真正有份量的職務，使他在同事間獲得聲望與地位。他被指派出任印度總督，踏上了他祖父曾走過的道路——哈利法克斯子爵一世曾於一八五九年至一八六六年擔任印度總督；而且有趣的是，倫道夫．邱吉爾勛爵，溫斯頓．邱吉爾的父親，也曾經擔任過這個職位。哈利法克斯於一九二六年接下這個位子，同時被賜予歐文男爵的爵位。這個新的頭銜讓他晉升到上議院裡，他也就辭去了下議院國會議員的席位。

在印度，哈利法克斯展現出一個清晰的輪廓。在任五年期間，他支持印度自治的理念（當時印度完全由英國統治），鼓吹印度應享有像澳洲與紐西蘭那樣的「自治領地位」。哈利法克斯的觀點一方面讓他受到持和平主義的印度領袖聖雄甘地的歡迎，另一方面卻讓他與黨內幾乎所有重量級人物形成尖銳的對立——當中也包括邱吉爾。就這些人看來，哈利法克斯顯然準備把印度置於對保守黨的忠誠之上。然而哈利法克斯繼續支持印度的計劃卻適得其反：他與主要的印度政治人物就自治事宜舉行的會談宣告破裂，重大的暴力衝突再度爆發。

隨著「不合作運動」如火如荼地展開，保守黨人認為哈利法克斯對印度的手腕太軟弱。邱吉爾警告黨魁史丹利・包德溫，不要讓他與哈利法克斯的交情「影響了你對這個局勢的判斷」。[5]哈利法克斯不為所動，並且在總督任期的最後階段設法促成甘地－歐文協議，一九三一年三月三十一日完成簽署。這項協約平息了平民的騷亂，讓許多被囚禁的抗議者獲得釋放，為當年稍晚在倫敦舉行的第一次圓桌會議鋪平了道路（該會議討論了印度的體制改革），但也讓英國的帝國主義派系對哈利法克斯深感不滿。特別是邱吉爾猛烈批評了他作為印度總督所造成的「一長串的錯誤與災難」。[6]這種意見上的歧異最終讓憤怒的邱吉爾與保守黨決裂，並遁入他的政治荒漠裡了。

一九三一年哈利法克斯一返回英國，就重拾他在鄉間的舊日生活。他的興趣集中在獵狐狸、教會以及政治上。同年十二月，他在上議院第一次發表演說。據說他「擺出一副高階閣員的姿態，即便嚴格說來他並不是」。[7]

當他的父親於一九三四年一月過世，歐文勛爵便成為哈利法克斯子爵。在個人爵位晉升的一年之後，他的政治生涯也更上一層樓：他成為老友史丹利・包德溫內閣裡的陸軍大臣：前首相雷姆賽・麥克唐納因為健康因素請辭，由史丹利・包德溫第二度出任首

＊譯註：Holy Fox 是文字遊戲，發音近似 Halifax。

相。僅僅五個月後，哈利法克斯又再度晉升：一九三五年保守黨贏得大選，他當上了掌璽大臣兼上議院領袖。

至此希特勒已經當上總理兩年了。哈利法克斯對德國領導人的態度又是什麼呢？

在這段期間，新任的英國外交大臣安東尼．艾登一直都在提醒德國重整軍備可能造成的影響。哈利法克斯雖然在一九一八年曾經支持對德國實施嚴厲的懲罰，但是現在，在待過印度之後，他對於遭受凡爾賽與羅加諾條約制裁的德國卻表示了一定的同情。同時，就在英國為一九三六年的王室退位危機所席捲時——英王愛德華八世宣佈放棄他的王位——希特勒的坦克開進了萊茵蘭的非軍事區，明目張膽地違反了羅加諾與凡爾賽條約。

儘管艾登很早就對希特勒感到畏懼，一開始卻與哈利法克斯持有相同看法，認為萊茵蘭的佔領問題可以透過會談與協商來解決。但是當他們兩人於一九三六年三月十日在巴黎出席一場羅加諾條約的締約國會議時，卻很驚訝地發現，（用艾登的說法）「我們的立場是要對德國的行動做出譴責，然後採取有建設性的策略來重新促成歐洲的和解，但是並沒有被與會國接受的機會。」[8]在這裡，我們看到，哈利法克斯首度堅定地主張「歐洲和解」的理念：後來，即使在一切綏靖政策都宣告失敗、戰爭也爆發之後，他也從未放棄這個理念；而且在一九四〇年五月戰時內閣的會議上，他又強力地把這個主張提了出來。

英國政府忽略了德國軍備重整的警訊，繼續了溝通協商的路線，同時接受萊茵蘭的佔領為既成事實，認為沒有必要為此而開戰。當希特勒了解到，即使違反羅加諾的制裁也不會被各國阻擋，他就開始認真執行計劃，要把德國在一次大戰之後的失土全部奪回來。

在英國的觀感裡，蘇聯是遠比德國更大的威脅。更重要的是，英國貴族階層中有廣大的親德情感，包括不久前遜位並且剛剛受封爵位的溫莎公爵；他在遜位後不到一年就拜訪了希特勒。至於德國想要拿回住著德語人口的領土，就英國來說並不是非常迫切的憂慮，而且許多人相信希特勒的動機是正面的，因為他對法國提出一份互不侵犯條約的提議，試圖以此平息法國人的恐懼。在一九三七年一月的一次內閣會議裡，哈利法克斯曾說（如會議記錄所引述），他願意「改善我們與德國的聯繫」，以及，「他認為，德國看到我們國內對法國心懷好感，對德國卻充斥各種批評，某種程度上有理由感到憤恨。」[9]

包德溫於一九三七年五月退休，由張伯倫接任。他等這一天已經等很久了。他開始積極推動毫不遮掩的綏靖政策，試圖避免第二次世界大戰的發生。特別是哈利法克斯也已經與張伯倫建立了良好的關係，所以很快就被晉升為樞密院議長，並且迅速成為政治寵兒。

一九三七年十一月，哈利法克斯受邀前往德國參加獵狐活動，邀請者是蓋世太保*頭子赫爾曼．戈林，引起不小關注。但是當打獵之旅的行程被延長，並且加入了與希特勒的會面之後，哈利法克斯就陷入一個進退維谷的情境，因為首相與外交大臣的立場迥異，把他夾在中間。張伯倫相信這個會面不過是非正式的禮貌性行程，所以排在哈利法克斯旅程的最後；外交部則懷疑，首相是否已授權綏靖陣營某位人士就各個外交政策進行會談。儘管艾登強力反對，哈利法克斯仍獲准與希特勒會面。艾登則警告他話題「只能侷限在就奧地利與捷克斯洛伐克問題提出警告」，[10]這兩個希特勒顯然接下來就要圖謀的國家。然而，在哈利法克斯返抵英國時送到外交部的備忘錄上，艾登十分驚恐地讀到，他〔哈利法克斯〕已經討論了「隨著時間的進展，歐洲秩序可能注定要有哪些調整。其中包括但澤、奧地利與捷克斯洛伐克。」[11]†

與希特勒的會面以鬧劇開場：哈利法克斯一開始把納粹頭子誤以為是一名侍者，差點就把脫下來的大衣交給他。但是談話不久，哈利法克斯很快就深受希特勒吸引，「不只在個人情感上，而且也在政治立場上如此」。返回英國後，哈利法克斯在一封給導師史丹利．包德溫的信裡寫道：「民族主義與種族主義具有強大的力量，而且我不覺得那是反自然或不道德的！……就我來說，我無法懷疑那些傢伙痛恨共產主義的真心與此類想法相同的路線！而且我敢說，如果我們站在他們的立場，很可能也會有相同的感覺！」[12]

哈利法克斯的這些話讓人瞠目結舌：因為希特勒於一九三三年掌權後，就迅速推動了對猶太企業的全國性抵制行動，取消已歸化猶太人的德國國籍，並宣佈德猶通婚為非法行為。但是跟他個人當天在希特勒面前做出的諂媚演出比較起來，給包德溫的這封信只能算是平淡乏味。當他說「納粹體制裡確實有不少東西對英國輿論構成冒犯（像對待教會的方式；還有或許比較沒那麼嚴重的，像對猶太人、對工會的處置等）」，聽起來還有一絲模糊的反對之意；但是接下來三個小時的會談中，他的談話充滿了對希特勒的讚譽，因為希特勒——哈利法克斯如是說——「為德國做出了重大貢獻」；他還解釋，「如果英國的大眾輿論對德國採取批判的態度……部份原因毫無疑問是英國人民並不全然清楚」[13]希特勒帶來了何等令人讚嘆的改變。

雖然哈利法克斯的用意明顯是要避開一切可能引發衝突的話題，但是他主動挑起了外交部事先請他絕對不可碰觸的談話，再加上對希特勒本人極盡讚美之能事，這在在表示，他不止嚴重缺乏政治才能，而且與所處現實脫節到令人憂慮的地步。他在日記中寫道，希特勒「讓我感到非常真誠，也相信自己所說的一切」。[14]讓哈利法克斯感到更有

＊ 譯註：納粹的秘密警察機構。

† 譯註：根據《凡爾賽條約》，但澤處於國際聯盟的保護之下，與德國和波蘭保持分立，但非獨立國家。

魅力的是戈林：「他那種帶著矜持的人格特質十分迷人，就像個大孩子一樣……是多重身份的綜合體——電影明星、喜愛莊園的大地主、總理、*辦派對的高手、查茲沃斯的獵場總管。」[15]特別是戈林的「大地主」的身份直接召喚了哈利法克斯喜愛田園的情懷，完全遮蔽了他的判斷力，使他擺脫不了當天一直灌進他耳朵裡的日爾曼蜂蜜。

回到倫敦之後，一切都太遲了。他已經被精心安排的德國公關魔法給完全迷惑了。他對內閣報告，戰爭是「不可想像的」，以及，「德國人並無立即冒進的政策。他們太忙於建設自己的國家了。」[16]在報告的最後，哈利法克斯談到一個構想：交出幾塊殖民地，作為「歐洲全面和解方案」的一部分。後來在一九四〇年五月二十五日至二十八日火藥味最濃的戰時內閣會議中，這個構想還會再度被提出來，但是早在此時，這套想法就已經成為哈利法克斯與張伯倫積極推動綏靖政策的基礎。

一九三八年一月，哈利法克斯正式公佈他的殖民地綏靖政策；內閣政府開始評估歐洲有哪些土地可以拼湊起來一併交給德國。此一政策被政治圈與報紙公開嘲笑，而且這些輿論的批評甚至引起希特勒本人直接抱怨。令人瞠目結舌的是，哈利法克斯為了安撫希特勒而介入這件事；他阻止了英國廣播公司ＢＢＣ數個廣播節目的播放，因為節目中邀請了重要的反綏靖人士來說明他們對殖民地議題的反對立場。

一九三八年二月，出於抗議幾個配合希特勒在奧地利以及墨索里尼在地中海圖謀的綏靖政策，艾登辭職了，張伯倫便讓哈利法克斯接任外交大臣。

僅僅兩星期之後，一九三八年三月十一日，希特勒在一個他稱之為**合併**的快速行動中兼併了奧地利。在認識到此事即將成真之後，哈利法克斯並未進行多少干預，直到事態已無可挽回、德軍部隊開進了維也納。德國駐英國大使約阿希姆．馮．里賓特洛普日後甚至把**合併**完全怪罪在哈利法克斯頭上。戰後，在紐倫堡大審期間，他在看守所裡所寫的回憶錄中提到，哈利法克斯曾於一九三七年公開表示：「英國人民永遠不會只因為兩個德國國家想要彼此結合，就同意走上戰場。」[17]他認為實際上就是這句話給希特勒的入侵開了綠燈。

在**合併**奧地利之後，所有人就轉而關注捷克斯洛伐克境內的德語區蘇台德地區了。這次哈利法克斯對於希特勒的企圖會如何回應呢？

此時的哈利法克斯被形容為「一個沒有明確判斷且意見搖擺的人」，[18]就跟張伯倫以及那一群有爵位的綏靖派人士一樣——包括約翰．西蒙爵士、薩謬爾．霍爾爵士、金斯利．伍德爵士、湯馬斯．英斯基普爵士、雷吉納爾德．多爾曼－史密斯爵士、斯坦霍

＊ 譯註：戈林一九三三年被任命為普魯士總理。

普伯爵。馬丁．吉爾伯特在《綏靖政策的根源》一書中說，哈利法克斯「相信，儘管德國的軍備重整、合併奧地利以及反猶運動造成的風暴已席捲國際關係，但是從中挽救英德關係仍是有可能的」。[19]這些人最終認定，德國如果用武力兼併一塊其多數人口為德裔的區域，那麼英國不可能保證用軍事手段加以回應。

一九三八年夏天，眾多傳聞顯示，有大批德軍部隊正在捷克邊境上集結。當希特勒拒絕英法提出的解決方案之後，同年九月一場會議在慕尼黑召開。至此哈利法克斯（雖然對於希特勒潛在的理性仍未喪失信心）開始想兩面下注，便堅定支持在英國快速重整軍備的政策。但這個作為不只不夠，來得也太遲了。

安德魯．羅伯茲在他的哈利法克斯傳記《高貴的狐狸》中寫道：

〔哈利法克斯〕犯下一個非常不幸的錯誤，那就是，他試著把自己在印度時跟〔印度〕國會周旋的經驗橫向套用到歐洲的問題上。他沒能理解到一件事實：希特勒既不相信協商，也不信奉非暴力。〔他〕在印度所持有的每一個信念……比如百分之九十的問題都是心理問題……面對面的協商總是有效；短期的屈辱必須忍耐，才能期待全面性的和解；歷史的必然性並不站在他這一邊——所有這些信念在印度的情境下都行得通。但是當哈利法克斯把這些信條原封不動地套用到他與納粹德國的交涉裡，當中每一條都造成了災難。[20]

當張伯倫於九月三十日從慕尼黑返抵英國，手上揮舞著一小張白紙，並且宣佈「這是我們時代的和平！」時，哈利法克斯跟其他許多人一起為這個表面上的勝利額手稱慶。然而這些人慶祝時沒能認清，作為協議的一部分，蘇台德地區將被拱手送給希特勒（捷克斯洛伐克也只是時間問題）。

結果也真是如此。一九三八年十月一日，德軍一槍未響就大搖大擺地開進了蘇台德地區。

哈利法克斯不知道他該對希特勒採取何種立場。在這一點上，他的立場地翻來復去，顯示出他缺乏處理外交政策的能力。一九三八年十月十二日，距離他慶祝慕尼黑和談成功還不到兩星期，他在一場與美國大使約瑟夫·甘迺迪的會談中又違反了自己的政策，[*]正如甘迺迪對華盛頓的報告中所說：

> 這天下午我跟哈利法克斯聊了一個半小時。我們在他的壁爐前喝著下午茶，同時他對我大致描述了我相信是英國內閣政府接下來將採行的政策。首先，哈利法克斯不

* 譯註：即日後美國總統，小約翰·甘迺迪的父親。

相信希特勒想對大不列顛與戰，也不認為大不列顛對希特勒開戰有任何意義，除非德國直接侵犯英國的自治領。英國未來的政策，如他所構想，是要強化空中武力，而且「順帶一提，法國也該這麼做，」以確保沒有人能從空中進犯。在那之後，英國將讓希特勒在中歐繼續做他想做的事⋯⋯〔同時〕促進與自治領的聯繫，並與美國維持非常友善的關係；然後，在其他一切面向上，希特勒可以為他自己謀求最大利益。[21]

十一月九日到十日，德國各地發動了大規模針對猶太人的集體迫害——水晶之夜事件讓哈利法克斯立刻又改變立場。他召集外交政策委員會進行一次緊急會議，並且宣佈「過去幾天在德國發生的事，以及自從慕尼黑和談之後的一連串事件，讓我們的立場變得非常困難。」[22]如同他告知約瑟夫·甘迺迪他所想做的，他要求即刻提高戰機的生產，並建議實施強制性的國民兵役登記——但後者遭到張伯倫與財政大臣約翰·西蒙爵士的否決。

在一九三八年十二月十五日的內閣會議上，哈利法克斯公開表明了他對德國的反對，並鄭重指出「他希望能看到的最終結果，就是納粹的毀滅。只要納粹仍然存在一日，和平就無法確保。」[23]

從一九三九年新年這一天開始，支持哈利法克斯出任首相的呼聲就越來越高。張伯倫年老又疲憊不堪，還接連犯下非常難堪的失誤。他在沒有事先知會外交大臣的情況下，就對媒體發佈消息，稱德國的局勢「好一段時間以來」已經有所改善，[24]並且稱兩國正在洽談軍備裁減事宜。此舉使哈利法克斯難以置信。但是話說完不到兩個星期，德軍部隊就開進了捷克斯洛伐克首都布拉格，讓張伯倫灰頭土臉，而哈利法克斯則強烈主張，假使希特勒嘗試入侵波蘭，英國必需保證波蘭的安全。他這個主張頗有風險，但是讓外交大臣看起更有未來首相的架勢。當德國於一九三九年九月一日真的入侵波蘭時，哈利法克斯陷入了比張伯倫更難辭其咎的處境，因為輿論在為英國被捲入戰爭尋找罪魁禍首；但是他相信，他多年來持續追求和平的努力，可以證明他的決定並沒有錯。

哈利法克斯與邱吉爾兩人在生涯中，直到一九四〇年五月的內閣危機為止，無論是政治上還是就私交而言，都像油與水一樣互不相容。在這兩個最固守理念的人身上，長期的信念、意識形態以及道德觀更顯得難以改變。關於印度自治與綏靖政策，兩人的意見針鋒相對且互不諒解。然而他們都高度認為，自己的觀點才是英國正確的道路，沒有人比自己更有愛國熱忱，以及，在這個最危急的時刻上，歷史已經——幾乎是藉由聖經的權威——把保護這個國家的重責大任托付在自己身上。

日後在談到第二次大戰期間的英國時，哈利法克斯如此寫道：

在回家的路上，在陽光下，「我們」在一個能眺望約克平原遠景的地點上坐了半個小時。所有較近的地景都是我們熟悉的——那光景、聲音以及氣味；幾乎沒有一塊田地不喚起某種早被忘了一半的聯想；紅瓦屋頂的村舍與聚落圍繞在古老的玄武岩教堂四周，彷彿為了陪伴它；昔日必有許多像我們一樣的男男女女在教堂裡跪拜祈禱，而今日他們早已死去與消失。約克夏是屬於不朽英國的一塊片段，就像多佛的白堊懸崖，或者像我們國家的任何一塊為英國人所愛的地方。然後我心裡就浮現了一個問題：普魯士鐵蹄有可能強行闖進這樣一片鄉村風景裡，並且對之任意踐踏與蹂躪嗎？這件事，光只是想一下，就已經構成一種侮辱與冒犯；就好像有人被迫觀看他的母親、妻子或女兒被人強暴一樣。[25]

這樣情感強烈且真摯的話語，居然是來自一個常常十分冷酷與不動情感的人，也完全可能出自邱吉爾的筆下。他們兩人都熱愛英國，懷有深刻與始終不渝的愛國熱忱，然而他們的差別也是顯著的：溫斯頓相信，在面對衝突時，要迎頭展現自己的力量；哈利法克斯則相信，如果英國不去干涉其他人——印度、德國、義大利——，那麼他國追求的目標，不必然需要驚動英國或其文明的道路。羅伯茲稱哈利法克斯有一種「輝格式」的世界觀，意思是說，後者相信「一切問題都有理性的解決方案，而且，我們所需要做的，只是找出一種讓所有方面都感覺舒適的權宜之計……但是這樣的世界觀有一個必要的先決條件：必須有真心想要解決問題的國內政黨。」[26]

哈利法克斯對人類的理性本質不可動搖的信仰，在接下來的時日裡，將形塑他的行動與希望，以及最終將決定他政治遺產的面貌。

1940.05.11（六）

邱吉爾任命戰時內閣

德國的閃電戰重擊荷蘭與比利時

德軍部隊逼近法國邊境

第五章　偉大的「口授者」
The Great 'Dictator'

邱吉爾現在面臨一個有點為難的處境。他剛掌握大權，但是有個微妙的平衡點必須拿捏：他得讓這個新聯合內閣裡的雙方都滿意。首相的位子還沒坐暖，邱吉爾就已經面臨自家政黨的反對與干預了。如果張伯倫要下台的的話，英王喬治六世希望接替的人是哈利法克斯。喬治六世明顯對溫斯頓的施政方式感到恐懼。而且這還是一個有點保守的說法了。

由於前一日的興奮，大不列顛的新首相直到凌晨三點才上床。他也沒有在一頭栽進新工作之前，先給自己一點休息時間作為犒賞。在這個星期六，他醒來第一件事，就是再度給納維爾．張伯倫寫信，請「您與愛德華〔哈利法克斯勛爵〕中午十二點半到海軍部作戰室，讓我們就著地圖討論一下」。張伯倫回信同意，還加上「在您完成其他任命之前，我們三個將負責主導這場戰爭。」[1]

邱吉爾現在面臨一個有點為難的處境。他剛掌握大權，但是有個微妙的平衡點必須拿捏：他得讓這個新聯合內閣裡的雙方都滿意。一邊是實質上把邱吉爾扶上大位的人，克萊曼．艾德禮與亞瑟．格林伍德；他們不只拒絕加入以納維爾．張伯倫為首的內閣，而且還對溫斯頓挑明，不得把張伯倫納入戰時內閣或給予他高階的閣員職務，因為他們認為他執政持續失敗，不值得獎勵。在寫信給張伯倫與哈利法克斯請他們十二點半前來會面之後，溫斯頓就與艾德禮以及格林伍德進行一次「長長的訪談」，試著溝通他現在必須做的幾個決定，那就是：要不要把張伯倫與哈利法克斯納入戰時內閣與高階職務。當會談結束，兩位工黨人士相信，他們已經「顯著地動搖了溫斯頓」[2]，使溫斯頓同意了自己出任下議院領袖，張伯倫則將在他手下擔任副議長兼樞密院議長。

在達成第一個妥協之後，邱吉爾就到海軍部，與張伯倫和哈利法克斯進行他的「大臣會議」。一起出席的有陸軍少將哈斯廷斯．伊斯麥（外號「猛犬」），邱吉爾的重要顧問，也是首相與軍隊間的溝通管道；還有內閣秘書愛德華．布里吉斯爵士，以及各參謀長：空軍參謀長空軍元帥西瑞爾・尼華爾爵士；第一海務大臣兼海軍參謀長、海軍元帥杜德萊・龐德爵士；帝國參謀總長陸軍上將艾德蒙・艾侖賽爵士；以及帝國副參謀總長陸軍上將約翰・狄爾爵士。

這九人進行的討論包括把英國黃金從阿姆斯特丹撤離、在曼海姆進行中的鋪設地雷的行動、詢問英王是否願意向此時正住在荷蘭的前德皇提供庇護、*調派更多作戰師到法國、嘗試說服瑞典加入盟軍一起作戰、在可能的情況下給予警察武器以預防英國遭到入侵、以及在東南部與東部的營區裡關押四至五千名外國敵軍的議題。一般性的戰爭事務討論完畢後，他們同意當晚十點再開一次會。

有趣的是，哈利法克斯勛爵的日記對這場會議的陳述提到，溫斯頓告知各位大臣「工黨人士對納維爾領導下議院很有意見」[3]。多產的日記作者保守黨議員亨利・奇普斯・錢儂爵士對這一天的事也寫道：

> 一點左右我聽到消息，海軍部正進行一場不尋常的戰鬥：溫斯頓把納維爾與哈利法克斯找來開會；原因是，看起來，工黨領袖們……明白表示，他們不止不願意受張

＊譯註：一九一八年德國革命，德皇威廉二世於後遜位出走荷蘭。

伯倫領導，而且還不願與他共事。溫斯頓陷入了兩難，因為他昨晚向納維爾提供了一個職務，納維爾差不多也接受了，還在廣播演說中說了出來。現在溫斯頓可能得在工黨與納維爾之間二選一，並可能因此而組不了內閣。然而在奮戰一整天之後，他還是在最後關頭取得共識，隨後並公佈了內閣改組。[4]

為什麼這個「不尋常的戰鬥」沒有被納入會議記錄？說到這個，就得提到內閣秘書愛德華·布里吉斯爵士。在整個第二次世界大戰期間，戰時內閣會議裡討論到的所有相關訊息，主要都由他來負責加以詳細紀錄。作為英國文官之首*，他行事極其慎重；邱吉爾的一位電話總機露絲·艾夫曾說他「總是特別關注資料外洩與言行不當的問題」。[5]不幸的是，凡是可能被視為敏感的言論，他都用嚴格的態度加以處理，以至於一些必定十分激烈的辯論，在他筆下，往往只留下枯燥的敘述。所以在這裡，主要參與者的個人日記才讓我們更清楚、更真切地看到他們實際上使用了怎樣的語詞。

如果真要重構那些會議過程以及當中充滿怒氣的唇槍舌劍，還得面臨一個甚至更大的難處，那就是，當戰爭結束後，布里吉斯把所有沒有被整理進正式紀錄的筆記全部燒掉了。想像到那些討論的氣氛如此火爆，這些文件必定非常好燒。

隨著五月十一日下午的進展，保守黨人開始真正意識到讓邱吉爾當首相是怎麼一回事，也越來越急切地猜測誰能進新的聯合內閣。保守黨不只獲得了一個多數人不想要或不信賴的領導人，而且艾德禮與格林伍德必然進入戰時內閣，這一點也讓白廳大街上成排的各部會內部意見分歧。艾倫賽將軍相信「我們需要納入工黨席位的力量才能渡過難關」，[6]但是哈利法克斯的意見正好相反：他在日記裡寫道：「艾德禮與格林伍德取代了西蒙、薩謬爾．霍爾以及金斯利．伍德。這個內閣顯然不會比以前更聰明。」[7]張伯倫甚至寫信對邱吉爾解釋道：「關鍵在人格特質；雖然格林伍德算得上和藹可親，但是我不認為其他方面能有太多貢獻。」[8]首相的位子還沒坐暖，邱吉爾就已經面臨自家黨員的反對與干預了。

當防空氣球再度升到倫敦上方藍色天空裡時（作為一個不祥的訊號，預示著首都所面臨的危險），哈利法克斯勛爵偕妻子一起散步穿過白金漢宮的御花園（英王親自給了他一把鑰匙）走到外交部。根據他日記裡所記載，他們在途中「遇到了國王與王后」。

> 王后熱切地聊起下議院的動向。國王告訴我，他曾希望如果納維爾走人的話，他接下來需要合作的人可以是我。我則先是表達了適當的感激之意，但是也希望他認同，我不做此想的理由是適切的。整體來說他並不反對我的立場，儘管他明顯對溫

＊譯註：英國文官指由君主法人僱用的常任事務官員，非政治任用也不經選舉產生。內閣祕書是文官最高的職務。

斯頓的施政方式感到恐懼。[9]

對溫斯頓的方式感到恐懼——這是一個有點保守的說法。當他打算任命的人選的消息傳到各部會，白廳各處都傳出集體的哀嚎。英國廣播公司在晚間九點發佈了消息。在那之後，如運輸大臣約翰·雷斯爵士在他的日記裡所描述：「戰時內閣今晚公佈，邱吉爾除了是首相以外，還兼任國防大臣。老天爺救命啊。三個軍事部門分別歸辛克萊、艾登與亞歷山大。*這顯然是為了讓邱吉爾能夠或多或少忽略他們，並直接與參謀長們聯繫。太可怕了。」[10]所以不令人訝異地，第二天早晨約翰·雷斯爵士就收到邱吉爾的來信，信中邱吉爾向他抱歉，一來他被開除了，二來沒能事先給他預警。

當您收到這封信時，您將同時被告知您的職務已有了異動……我相信您一定會原諒我沒能事先通知您此項我認為必要的職務變更。在對我們國家極其關鍵的此刻，新政府的組成不能有最絲毫的延誤。[11]

五月十一日第二次「大臣會議」在最後一刻被延到晚間十點半進行，而且過了午夜都還無法結束——這件事讓哈利法克斯極為惱怒。他在日記裡寫著：「這種熬夜的生活對我很不好」。[12]他與其他大臣都不清楚，這正是邱吉爾的工作習慣，也是他在可預見的未來主導作戰的方式。五月十二日星期天舉行的會議也同樣惱人。哈利法克斯寫道：

溫斯頓預定下午六點半召開的會議被推遲到十點半；簡直令人無法忍受……我該告訴他，如果他想在半夜開會，他可以不用找我來。會中的討論既冗長又纏夾不清，讓我對溫斯頓的工作方式感到不安。上床時已是凌晨一點。夜間時刻對任何人都很糟糕，最慘的是幾位參謀長們。我要找納維爾就這個問題向他抗議。[13]

才第二天，哈利法克斯已經準備聯合張伯倫對邱吉爾進行反抗了。

也許在提供給首相們的水裡摻了某種成份？比如眾所皆知的，柴契爾夫人宣稱她一晚只睡四小時。邱吉爾對於晚睡至少還有個藉口：英國正在戰爭，這是國家的危難時刻。他知道，他沒有閒暇可在白金漢宮御花園中散步、並享受比尋常更暖和的五月天氣——如果每場會議都在討論入侵的威脅。然而，這位新首相不但沒有被推崇為工作倫理的典範，反而似乎引發了各式各樣的抱怨。當首相辦公室的幕僚正式移轉給邱吉爾時，首席私人秘書約翰．約克．柯爾維爾暱稱，日後邱吉爾最信任的幾位僱員之一，說唐寧街十

＊譯註：A.V.亞歷山大任第一海軍大臣，阿契伯德．辛克萊任空軍大臣，以及安東尼．艾登任陸軍大臣。

號官邸裡「彌漫著某種不滿的情緒」。很大原因是前首相的作息極為固定，溫斯頓的則相當紊亂，落差很大所致。我想我們得適應一下。但是想到以後常常得開會到半夜——凌晨兩點或更晚——還是會讓人感到沮喪。」[14]

儘管熬夜，邱吉爾相對而言是個早起的人，雖然他常常在床上就開始處理事務。作為一個從不堅持儀式禮儀的人，他會坐在床上，抽著雪茄，如陸軍部的作戰處長約翰·辛克萊爵士所回憶：「在早上（七點）那樣的時刻，他的煙味讓我反胃作嘔。我把地圖攤在他的肚子上，等到它停止晃動，然後向他報告英軍在戴爾河部署的狀況。」[15]這類行徑對於邱吉爾是司空見慣；他在查特威爾屋的幕僚對此更是再熟悉也不過了。

為了確保有精神工作到深夜，邱吉爾規律地睡兩個小時的午覺，晚上七點會洗一次熱水澡（當天第二次）。如克萊蒙蒂娜的傳記作者索妮亞·普內爾所描述，澡缸的水必須「放到三分之二滿，準確地加熱到華氏九十八度（攝氏三十六·七度），然後在他跳進澡缸之後，再加熱到華氏一〇四度（攝氏四十度）……他不喜歡浪費水，但又愛在澡缸裡翻滾——這種讓人擔心的動作總是讓水大量溢出澡缸，滲流到樓板下方，把衣帽間裡訪客的外套弄溼」。[16]他會一邊用刷子用力地擦洗身體，一邊口授演說稿與備忘錄，讓尷尬地等在浴室門外的秘書打字。一位前任秘書，奇普斯·格默爾回憶，*當她被叫到浴室門前時，會謹慎地咳嗽一聲表示她已經到了。邱吉爾會大叫「別進來！」——她便盡職地「站在門外，然後你會聽到美妙的洗澡聲，你能想像頭上的海綿被擠壓，水一直滴到下方。偶而他還會叫『別走開！』然後你會說『不，我還在這裡』然後洗澡的聲音還會繼續，而且有時候……並不真的需要一位秘書，他已經忘記本來想說什麼了。」[17]邱吉爾的傳記作者羅伊．詹金斯提到，他有一種幾乎「像海豚一樣的特質，意思是，他最熱衷的享樂，除了飲酒之外，位居第二的就是整個人浸在澡缸的熱水裡，或者泡在溫暖的海水裡。」[18]

當他結束喜愛的澡間活動，並從浴室走出來時，他會毫不介意地走上連接海軍大臣官邸與唐寧街十號的中央走廊，如他的女兒瑪莉．索姆斯所敘述的，「像一個羅馬皇帝那樣包著一條浴巾，從他的浴室一路滴著水，穿過主要通道，走到他的臥室」。[19]幕僚們應該感到慶幸，他還願意用一條浴巾。如果是在他的私宅，也就是在查特威爾屋，他常常是一絲不掛。如普內爾所描述的，「洗過澡後，溫斯頓的僕人會用毛巾把他擦乾，之後，他並不會穿上浴袍；如果他要去別的房間，會直接光著身子走過去。新來的幕僚會被驚嚇：一個膚色十分粉紅、十六英石（約一〇一．六公斤）重的裸體男人，駝著肩膀，小碎步朝他們跑來，口裡叫著『我要通過了，別看！』」[20]另一位秘書伊莉莎白．吉列特記得他另外一句話：「我要以自然狀態走出來了，妳們最好注意一下！」[21]秘書

＊譯註：原名塞西莉．格默爾（Cecily Gemmell）。Chips 作為暱稱意思是「像父親的孩子」。

們就會用她們的高跟鞋所允許的最高速度在走道上落荒而逃。

如果他終於決定要穿件衣服，就會在陸軍與海軍的供應部積欠高得離譜的帳單，因為溫斯頓以皮膚敏感為由，堅持只穿最柔細的淡粉紅色絲質內衣。約克．柯爾維爾，溫斯頓的私人秘書之一，記得那些內衣使他看起來「就像一頭相當可愛的豬」。[22]除了絲質西裝背心，他還穿豪華鋪張、有龍紋或飾花滾邊的絲質睡袍。他鋪張浪費的品味與古怪的生活習慣甚至傳到了柏林，如納粹宣傳部長約瑟夫．戈培爾在日記中寫道：「一本關於邱吉爾的書指出，他飲酒過量，又穿絲質內衣。他可以在澡缸裡或只穿著內褲口授文書——這樣嚇人的形象，元首一定會覺得非常好笑。」[23]

被納粹黨當成笑話，一定不會讓邱吉爾感到難過，因為被敵人低估並不是什麼壞事。然而認識他的人都堅稱，他不是個酒鬼。他的酒齡如此之長，以至於酒量十分驚人——他只偶然地出過一次紕漏。曾有人問他如何可以白天喝酒，他只簡單地回答「靠練習」。

那麼他實際上喝酒的情況如何呢？

首先，吃完早餐托盤上的培根與煎蛋後，大約過了一個小時，他就會先來一杯（調得很淡的）威士忌蘇打。戰爭期間，他對煉乳是如此厭惡，以至於他完全停止喝英式傳統早餐裡的紅茶，而換成一杯德國的甜白葡萄酒：所以已經不是一般的托盤早餐。午餐時他會喝一瓶保羅傑香檳，晚餐時喝第二瓶，凌晨時再追加一瓶上等的波特酒*或白蘭地餐後酒。在他漫長的一生中，他每天都維持這套飲酒的規則，很少例外。這樣一個人，如何能在這種狀態裡，領導國家走過最風雨飄搖的時刻？不只納粹黨疑惑，也許很多人都會產生這樣的疑問。

邱吉爾註冊商標的形象——一個嘴裡嚼著雪茄、手持一杯蘇格蘭威士忌的詩人——很大程度是他自己推廣開來的。這個形象今天看來也許很有趣，但是在一九四〇年五月十二日星期天這一天上，他充滿瑕疵的名聲並不是好笑的事。對保守黨的同事來說，他是另一種笑話——他在達達尼爾海峽的軍事行動以災難結束；他的身邊圍繞了一群從「放蕩不羈的世界裡」[24]找來的奉承諂媚的朋友。不管部大臣漢基勛爵對邱吉爾的印象就是如此。他寫信給同為綏靖派的薩謬爾．霍爾爵士，告訴他自己去海軍部時看到的景象：

> 今天早上我看到那裡一團混亂。在這個危急的時刻，沒有人在掌控這場戰爭。大口授家[†]〔邱吉爾〕並沒有在口授文書，而是忙於跟左派的政治人物為了較低階的職

* 譯註：葡萄牙產的葡萄酒。
† 「口授者」與「獨裁者」英文同為 dictator。

務進行骯髒的爭論。NC〔張伯倫〕對一切都很絕望。唯一的希望是在邱吉爾、張伯倫與哈利法克斯這一組堅實的核心裡，然而那兩頭明智的老象〔張伯倫與哈利法克斯〕究竟能不能攔住那頭流氓大象〔邱吉爾〕，我很懷疑。[25]

邱吉爾了解這些意見的危險性。他的每個動向正受到所有人詳細的檢視；如果他想保住首相的位置，他得找到辦法爭取這些異議者的支持。

輿論對他有非常強力的支持。報紙在幾乎一年之前，就開始鼓吹應該把他納入內閣；倫敦各處也開始有人貼出海報：「邱吉爾有希望嗎？」但是他要成功，只有國民的支持仍然不夠。前一天他在接任首相後立即寫給張伯倫與哈利法克斯的優雅書信，就是一種低姿態的政治拉攏。畢竟，張伯倫仍是保守黨黨魁，也兼任樞密院議長，儘管工黨對此表示反對。

邱吉爾對納維爾表示的另一個善意，就是邱吉爾決定不要立刻搬進唐寧街十號官邸，而是繼續在海軍部再多住一個月，好讓張伯倫夫婦可以慢慢搬出去。邱吉爾做了他能想到的一切來緩和難以處理的政黨關係，特別因為就在次日，在五月十三日，他被排定首度以首相的身份在下議院發表演說。

伊斯麥將軍回憶說：

在他成為首相二或三天之後，我跟他一起從唐寧街走到海軍部。有一群人等在專用入口處外對他熱烈歡呼：「祝你好運，溫尼。上帝保佑你。」他看上去甚為感動，而且當我們一進到建築裡，他就淚流滿面了。「可憐的人民」，他說道，「可憐的人民。他們信賴我，但我很長一段時間能給予給他們的只有災難，什麼別的也給不了。」[26]

隨著籌組內閣的任務已經處理完成，溫斯頓的思緒也轉向新的方向：不只是他能給政壇同僚提供什麼，而也包括，在這個最黑暗的時刻，他能給這個國家帶來什麼。

1940.05.13（一）

德軍部隊由阿登高地森林入侵法國

———

荷蘭女王威廉明娜出逃英國

———

第六章　鮮血、辛勞、眼淚與汗水

Blood, Toil, Tears and Sweat

正如同國內政壇天翻地覆，這個週末從戰場前線傳回的報導也顯示，荷蘭、比利時與法國的情勢正在不斷惡化。下議院此時的緊張與不安是明顯可見的。現在溫斯頓的任務，就是要試著用言語來緩和這種「困惑與焦慮」，並且解除議員們的疑懼。是的，就只靠一些言語。

溫斯頓・邱吉爾「親吻英王的手背」、接受首相之職後，才過了兩天。儘管必須指揮戰爭、籌組內閣，但他還有另一個關鍵的任務漸漸逼近。那就是以新任首相的身份對下議院發表首次演說。

儘管成功地贏得職位，但是在過去幾天中，溫斯頓看到他的基礎仍然不穩固。這場演說必須能夠把白廳內批評的聲音給壓制下來，並且贏得一些迫切需要的支持。簡單說，這場演說必須非常漂亮。

這一點他十分清楚。

自從五月九日的挪威辯論，以及次日德軍入侵荷比盧低地國事件之後，下議院就沒有再開過會。許多保守黨議員都對自己的行為深感後悔。那些對內閣投下不信任票的人當中，不少人是出於懊惱，只是想發洩他們的憤怒，並沒有清楚了解這將導致納維爾・張伯倫政府的倒台。而這一群容易後悔與猜疑的人，現在就懷著某種「買錯東西的心情」，懊悔地看著他們的新首相走進議場。他受到的歡呼非常有限。只有工黨與自由黨席位傳出幾聲稀疏的喝彩，保守黨人則甚少鼓掌，只表現出一片冷漠與沈寂。

下議院已經多日處在混亂的狀況中。奇普斯・錢儂在日記中如此描述了此時的氣氛：

情況既古怪又突然，而且非常像溫斯頓會做的事：首先，我們都是由議長簽署的電報召來的，還被要求不得對外提起這場會議。但是既然上下議院都被召集了，發出的電報必定超過一千三百封，看過電報的一定多達數千人之譜。

我在下午兩點十五分到達議場，現場的氣氛是困惑又焦慮。沒有人知道誰被留任、被解職或被改換職務。這是個「瘋狂的一週」。我加入一群困惑的大臣們……在聊天中，他們開著玩笑，感到擔心，對情況一無所知。

納維爾進到議事廳了，還是一貫地靦腆、不太與他人攀談、低調的模樣。議員們騷動了起來；他們叫喊著，歡呼，揮舞著議事程序單；他獲得了盛大的歡迎。[1]

正如同國內政壇天翻地覆，這個週末從戰場前線傳回的報告也顯示，荷蘭、比利時與法國的情勢正在不斷惡化。下議院此時的緊張與不安是明顯可見的。現在溫斯頓的任務，就是要試著用言語來緩和這種「困惑與焦慮」，並且解除議員們的疑懼。是的，就只靠一些言語。

這個時機太完美，邱吉爾自己來安排也不可能更好。而且某種程度來說，當然，他還真的做了更好的安排。

下午兩點五十四分，邱吉爾站了起來，走到發言箱前，開始發表演說：

我提請動議，

請本院歡迎一個新內閣政府的組成；這個政府將代表我們國家團結一致且不屈不撓的決心，與德國交戰，以達成勝利的結局。

到這裡還可以——有點囉唆，但毫無疑問非常莊嚴。他的發球已經成功，現在賽局開始了⋯⋯

上個星期五晚上，我接到國王陛下請我組成新政府的委託。依照國會與人民明確的意願與意志，新政府的組成應該立於儘可能廣大的基礎上，應該包括所有黨派，不只那些支持前政府的人，而且也包括在野的各黨派。就這個任務而言，我已經完成了當中最重要的部份。我們已經有一個由五名成員組成的戰時內閣，包括在野的自由黨在內，代表著全國的團結一致。三位政黨領袖已經同意加入，不論是進入戰時內閣，或者出任高階行政職務。三個作戰部會也已經完成指派。由於情勢極端迫切與嚴峻，這些工作必須在一天之內完成。一些其他職位，關鍵的職位，已在昨日被任命，而且我將在今晚向國王陛下提交進一步的名單。我希望能在明天之內完成主要職務的任命。其餘的大臣職務通常需要多一點時間，但是我相信，當國會下次開會，我這個部份的任務將已經結束，而且新政府的所有面向將已完備。

考慮到公眾利益，我建議議長在今天召開會議。議長先生表示同意，並依照下議院決議案所賦予他的職權，進行了必要的程序。在今天會議結束時，我們將提議休會到五月二十一日，星期二。當然，也會附上視需要提前開會的規定。該星期內需要考量的事項，將在最早可能的時間知會各位。現在我請求國會，依照以我之名提出的動議，以決議案批准我所採行的事項，並且聲明信任新政府。

要建立這等規模與複雜程度的政府，本身已是繁重的任務，但是我們必須記得，我們正處在一場歷史上最重大的戰爭之中，而且還只在它初步的階段上。我們的部隊正在挪威與荷蘭等其他許多地點上作戰；我們還得在地中海地區做好準備；空戰正在持續中；我們還有許多預備工作尚待在國內完成，正如坐在後座、我可敬的朋友所指出的那樣。* 值此危機之際，如果我今天在國會裡的演說不夠周詳，我希望各位可以原諒。我也希望我任何一位朋友與同事，或任何一位前同事，如果受到這次政治改組的波及，能夠體諒——充份地體諒——我在必要的禮儀上有任何缺失。我要對國會的各位說，就像我對入閣的大臣所說的那樣：「我沒有別的，只有熱血、

---

* 譯註：指當天在邱吉爾之前發言的自由黨議員亨德森．斯圖爾特（Henderson Stewart）。「坐在後座」（below the Gangway）指沒有密切參與決策的議員，也就是既沒有入閣，也不是反對黨。

辛勞、眼淚和汗水可以奉獻給各位。」

橫在我們眼前的是最嚴峻可怕的磨難。我們即將面對許多漫長時日的掙扎與苦痛。你們問，我們的政策是什麼？我可以說：作戰——在海上、陸上與空中作戰，盡我們所有的力量、盡上帝能賜予的一切力量去作戰，為打倒這個在黑暗可悲的人類罪惡史上空前殘酷的暴政而作戰。這就是我們的政策。你們問，我們的目標是什麼？我可以用一個字來回答：勝利，不計一切代價的勝利，即使經歷一切恐怖也要勝利，無論道路多麼漫長艱苦也一定要勝利；因為，沒有勝利，我們將無法存活。我們務必認識到，沒有勝利，大英帝國將無法存活，大英帝國所代表的一切將無法存活，多少世紀以來人類朝向目標前進所憑藉的動力與衝勁也將無法存活。但是我懷著樂觀的信心與希望承擔起我的任務。我感到十分確定，在眾人合作之下，我們的目標將不會遭到失敗的命運。在這個緊要關頭，我感到有資格號召所有人的協助，所以我要說，「那就來吧，讓我們團結齊心，攜手前進！」[2]

在發表僅僅七分鐘的演說後，邱吉爾便回到座位上。他在結尾處對團結齊心的呼籲，還不足以讓他的反對者群起前來支持。錢儂在日記裡說，這場演說——今天被廣泛視為政治人物曾經做過的最偉大演說之一——「並沒有獲得很好的反應」。[3]就在國會議員們仍不滿意的時候，勞合・喬治試著對新首相表達他的敬意：

在這個非常、非常關鍵與嚴重的時刻，我要就邱吉爾升任首相之事為這個國家感到慶幸。如果我可以冒昧直說的話，那麼我認為，我們的君主做出了一個明智的選擇。我們知道首相閣下耀眼的聰明稟賦，他無所畏懼的勇氣，他對戰爭深刻的研究，以及他在戰爭的運作與指揮上——也許還包括扭轉情勢上——的經驗……他正在履行他最高的職責，而且此刻局勢之嚴峻，此時處境之危險，歷史上從未有其他英國首相曾經面對過。[4]

受到一位曾經的戰時首相高度的推崇，讓邱吉爾感動落淚。根據議員哈洛德・尼古森的說法，他「用手帕擦了擦眼睛」，[5]但是在這個以及在下一個演說中，如錢儂所指出，「只有提到納維爾的時候才會引起熱烈的反應」[6]。

其他日記的敘述就寬厚一些。尼古森形容邱吉爾的演說「很短…但是說到重點」；[7]約克・柯爾維爾稱其為一場「出色的小演說」；[8]錢儂則說，「新首相說得很好，甚至激動人心…」[9]但是無人能信心十足地認識到，邱吉爾的政治修辭擁有真實的力量，其高超表現——如同今天許多人認為的那樣——足以與蓋茲堡演講相提並論。*

邱吉爾的失望可以理解。他在這篇演說上投注了相當心力，他知道歷史正在傾聽。他一再地修改正文，以詩人敏銳的感受力對語句、節奏與文辭反覆斟酌。他甚至在演說前的幾天中，在談話裡偷偷洩露那主要的句子——也就是這場演說在今天最著名的那句話——以測試效果如何。馬爾科姆．麥克唐納——演說當天稍早邱吉爾任命的大臣的其中之一，對此有如下回憶：

我前去見他。這位偉人正在房間裡大步地走來走去，肥厚的肩膀上，陷入深思的頭部向前探出，手抓著上衣的翻領，彷彿正在下議院裡發表演講。

他看了一下左右，見到了我，腳步還沒停下來，就用十足演說的語調對我說，「親愛的馬爾科姆，我很高興你來了。我沒有別的可以給你，只有……」他遲疑了一小片刻，尋思如何措辭。我感到失望，以為他已經沒有高階職務可以給我，只剩下郵政大臣或類似的低階職位而已。然後他接著說，「只有鮮血與辛勞，眼淚與汗水。」我大吃一驚，不確定他是不是新設了一個戰時部會，正要請我出任熱血、辛勞、眼淚與汗水大臣。

他匆匆看了我一眼，觀察我的反應，自己站住不動，然後忽然換成日常友善的語調，說，「我想請你在我的內閣裡擔任衛生大臣。」

〔利奧．〕艾默里在私人秘書辦公室裡等我⋯⋯然後問我，「他是不是也提供你熱血與汗水、辛勞與眼淚？」

我回答「對」；艾默里就說，他也得到同樣的提議。「他一定是在演練下午在國會的演說。」[10]

透過這段敘述，我們約略地看到邱吉爾作為演說家所採用的步驟與辦法——在房間裡來回踱步，雙手抓住上衣的翻領，一遍又一遍地試講他的演說。約克．柯爾維爾記得，「撰寫演說文稿的時候，邱吉爾並不喜歡節省時間或倉促完成。」[11]確實，據說他演說的每一分鐘，都需要一個小時的準備。在這篇演說的例子上，儘管過去四天的忙亂對邱吉爾的準備工作造成顯著的影響，但並沒有到不可挽回的地步，因為實際上，邱吉爾已經為這場演說準備了一輩子。

一八九六年在印度自我學習的期間，邱吉爾已經研究了大量偉大的思想家與歷史家，但是特別引起他關注的，是蘇格拉底、柏拉圖與亞理斯多德著作當中的一個主題：修辭的藝術。在次年一篇未發表的散論《修辭的框架》中，時年二十三歲的邱吉爾寫道：

＊譯註：美國林肯總統於一八六三年，南北戰爭期間，在蓋茲堡發表的演說。當中有「民有、民治、民享」等名句。

「修辭的威力既不是完全天生的，也不全是後天獲得的，而是培養出來的。演說者自己必須天生擁有特殊的性情與天賦，但是這些東西要通過練習才能得到發展。」[12]事實上，他已經練習了超過四十年。

關於「熱血、辛勞、眼淚與汗水」這個表達的源頭，我們最早可以追溯到西塞羅《論占卜》第二卷（作於西元前四十四年）以及李維的《羅馬史》（約寫於西元前二十九年）；在這裡，「汗水與鮮血」[13]首度被頻繁地連在一起使用。許多世紀之後，約翰．多恩在他一六一一年的詩《世界之解剖》中寫道：「對這世界，用你的淚、或汗、或血來加以濡潤或平撫，皆屬徒勞。」[14]一八二三年拜倫勛爵寫道：「年復一年，他們投票贊成一分一分地從血、汗與淚中榨取百萬錢財——為何？就為了租金！」[15]羅伯特．布朗寧一八八三年的詩《伊克西翁》中也有這樣的字句：「眼淚、汗水、鮮血——每一次的抽搐，儘管恐怖一時，卻是此刻的光榮。」[16]

政治家與軍事領袖的演說也影響著邱吉爾。一八四九年義大利革命家與愛國主義者朱塞佩．加里波第對他被圍困在羅馬的聖彼得廣場的士兵們發表了一場熱情洋溢的演說，其中一句話是：「我沒有薪餉、營舍或膳食可以提供；我提供的是飢餓、口渴、強行軍、戰鬥與死亡。」[17]將近五十年之後，一八九七年，老羅斯福在一次對海軍作戰學院發表的演講中說到，「靠著鮮血、汗水與眼淚，以及藉由勞動與苦痛，在那些如今已經消逝的年月裡，我們的先人成就了偉大的勝利。」[18]

「外行人用借的，行家直接用偷的」——如畢卡索或 T. S. 艾略特的名言所說（至於究竟是誰說的，取決於兩人中誰從另一位偷了這句話）。

一九〇〇年，當邱吉爾寫到他在波爾戰俘營度過的那段時光，他開始認真思索自己的版本。在《從倫敦經比勒托利亞到萊蒂史密斯》中，他充滿信心地預測，英國在南非戰爭中的勝利「不過是時間與費用的問題——其具體表達就是熱血與眼淚」。[19] 他顯然很喜歡這一組語詞，因為他在同一年為《週六晚間郵報》所寫的一篇報刊文章中又用了一次：「在承平時期這看起來或許相當悲哀與殘酷，但是當下一場戰爭來臨時，我們將少流一點鮮血與眼淚。」[20]

結果這「下一場戰爭」就是第一次世界大戰；邱吉爾在他五冊的《第一次世界大戰回憶錄》中對此做了記述。在出版於一九三一年的最後一冊裡，他描寫了東線上遭受的可怕毀滅；他指出，他這本書將「紀錄數百萬人的勞苦、危殆、苦難與激昂。他們的汗水，他們的眼淚，他們的熱血浸溼了無盡的原野。」[21] 兩年後，在他的馬爾伯勒公爵傳記中，他用了「鮮血與辛勞的愚行」這樣的語詞；[22] 在一九三九年的一篇關於佛朗哥將軍與西班牙內戰的文章中，他寫到「以鮮血、汗水與眼淚為代價建立了國民生活的許多新架構；這些架構並非彼此迥異，因此可以被統合起來」。[23]

不可否認地，這四個字詞，在長達四十年的時間裡，給邱吉爾留下了非常深刻的印象。在一八九七年那篇彷彿有先見之明的文章裡，年輕的溫斯頓寫道：「演說者是群眾熱情的化身。在他能給群眾灌注任何情緒之前，他自己必須先受群眾所支配。當他要煽起他們的義憤，他的心得先充滿憤怒。在他能讓他們落淚之前，他自己得先掉淚。要使他們確信的事，他自己得先相信。」[24]所以看起來，邱吉爾對於五月十三日在下議院獲得的冷淡反應，並非毫無準備；這甚至或許在他的意料之內，因為他不只是對政壇同僚說話，而是對全國國民、對全世界，事實上，還對歷史發表演說。

邱吉爾需要傳達兩件事：英國目前面臨的局勢極其嚴酷，以及，英國人民要信賴他能帶領他們平安度過危機，艱苦地走到最後。在說完官式的開場白後，他演說的主體運用了一種波段起伏、漸次升高的修辭模式：首先他明白地指出，這個情勢是多麼危險，但是接著立刻把自己呈現為他們的希望，表明自己將不孜不倦、無所畏懼地為他們工作。他把這個模式又重複兩次：他又對當前危險做了兩次更為嚴酷的評估，但是結尾都展現高度的勇氣與樂觀展望。這是古典的手法。溫斯頓希望他的聽眾深切體會眼前的新現實，但又不要感到害怕。他把自己呈現為一個不畏逆境的領導者，正俯首為他的國人效力。

在這裡，邱吉爾很有技巧地用到了兩個關鍵的修辭技術，兩者都源自於古典文學。

邱吉爾擅長對群眾發表演講，他把演講當成了他征服民眾的武器。（IWM）

一個是「訴求聽者意見」。[*]這個修辭格是指演說者請求聽者或反對者就討論中的主題表達他們的意見或判斷。邱吉爾用「你們問，我們的政策是什麼？」以及「你們問，我們的目標是什麼？」兩句話，把他的聽者帶進演說中的劇情裡。另一個修辭手段是「句首呼應」，也就是接連在兩個或更多子句、句子或詩行的開頭，[†]重複使用同一個字或同一組字詞。邱吉爾重複地說：「在海上、陸上與空中**作戰**⋯為打倒殘酷的暴政而**作戰**」以及「**勝利**，不計一切代價的**勝利**，即使經歷一切恐怖也要**勝利**，無論道路多麼漫長艱苦也一定要**勝利**；因為，沒有**勝利**，我們將無法存活。」

在《雄獅之吼》中，歷史家理察．托伊指出，「『勝利』一詞在同一個句子中出現五次，強烈表現了邱吉爾的專心致志與強大決心。他並未保證勝利，但是他保證勝利之前絕不退縮；這意味著，他雖對流血與恐怖提出警告，但也伴隨一種樂觀的意味」。[25]

以這樣的方式，邱吉爾訴求了英國人有悠久傳統的堅忍精神。他再度用到自己《修辭的框架》中的心得；他知道，偉大的演說是某種聰明的詭計與愚弄：「把一系列鮮活的形象展開在聽眾眼前，在他們能詳細檢視之前就換上新的，在他們能抨擊之前就使之

---

* 譯註：西方古代修辭格，來自古希臘文 *ἀνακοίνωσις*，字面的意思是當面告知聽者，以徵求其意見。動詞 *ἀνακοινόω* 本身是「溝通、告知」之意。

† 譯註：中譯文中會變成在句尾。

消失」。[26]

最後我們心裡剩下一種情緒，但或許不太確定這情緒是怎麼來的，可能也不想去了解原因何在。許多世紀以來，民眾就這樣輕易地被誘騙。

從結構上，我們可以看到，這些修辭技巧也在下議院裡被傳承下來。在《英語民族史》中，邱吉爾提到威廉．皮特在一八〇〇年的演說，當時下議院在辯論法國大革命期間英國與拿破崙的衝突：

〔福克斯先生〕點名我，要我用一句話講清楚這場戰爭的目的為何。我不知道我能不能用一句話辦到，但是我可以用一個字告訴他，那就是「安全」：我們追求安全，以免於這個在世界上僅見的最大禍害；我們追求安全，以免於這個過去任何時期中從未出現在社會上的禍害；我們追求安全，以免於這個無論在程度與範圍上都沒有前例的禍害；我們追求安全，以免於這個威脅到地球上所有民族國家的禍害；我們追求安全，以免於這個歐洲所有民族一直在抵禦的禍害，而且當中抵禦最成功的不是別國，就是我們國家，因為從來沒有另一個國家的抵禦是如此一致、如此全力以赴。[27]

希特勒的演說有極度自我中心的傾向，非常強調「我」這個字；邱吉爾的演說則構

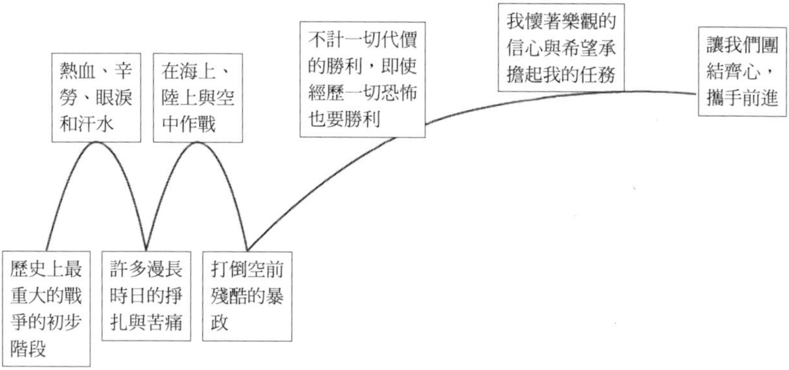

修辭學三級跳的概念圖

成強烈的對比：在多年的閱讀與研究中，他已經琢磨出一套對這個他刻正領導的國家非常深切的理解。當他要鼓舞英國民眾迎向一個如此令人恐懼的搏鬥時，他知道「我們」這個字具有何等的力量。如果這場演說所要呈現的考驗就是兩個帝國之間的決戰——一個是民主與善良的，另一個是極權與徹底邪惡的——那麼他很清楚，用「我們將」（We shall）的效果會遠比「我將」（Ich werde）好得多。這一組短小、簡單的盎格魯撒克遜語詞，是以複數人稱代名詞的連續炮轟的形式出現：「**我們看到：在我們面前**」、「用**我們**的力量」、「那就來吧，**讓我們團結齊心，攜手前進**」。他的任務是要奉承受到驚嚇的人民，把他們搬到偉大的世界舞台上，讓他們擔任領導的角色。而且我們知道，奉承能讓你無往不利。

在《修辭的框架》裡，邱吉爾寫道：「缺

乏思考的人常常以為，強大的演說的效果要用長一點的字詞才能達成。這個說法是錯的，我們能從過去的文獻裡清楚看出。語言中比較短的字通常也是比較古老的。這些字的意義往往更為根深蒂固地埋在民族性格裡，也對單純的理解力有更大的訴求力量⋯⋯」他也在演說中很確實地把這套辦法付諸實踐：「戰鬥」、「熱血、辛勞、眼淚與汗水」、「戰爭」、「勝利」、「恐怖」、「存活」、「號召」、「希望」以及「攜手」——全是英文的短詞。[28]

普魯塔克曾援引柏拉圖寫道，修辭學是「藉由文字對人心施加作用的藝術，其主要工作是對人類性

「我們全都追隨你，溫斯頓」

格與熱情的真實認知，也就是懂得撥動靈魂之弦的技術，需要非常精闢與細緻的手法。」[29]靠了這一場演說，邱吉爾達成了他的目標：他贏得了目標閱聽人——英國民眾——的認同；演講次日，各界對他的演說報以熱烈的迴響。跟議事廳內第一手的敘述正好相反，無論是《每日電報》還是《倫敦旗幟晚報》的報導都稱邱吉爾的演說「得到全場的歡呼」。[30]《倫敦旗幟晚報》刊出的一幅大衛．洛所繪的經典漫畫，很可以說明英國國民此時對新首相所懷抱的信心。

當報紙付印時，戰時內閣又在唐寧街十號開會，以討論歐洲大陸最新的情勢。邱吉爾對與會者說，「他覺得對德國實施空襲已不可避免。不論在法國的戰爭如何發展」，現在已經到了一個時刻，他必須親自把「局勢的嚴重性」[31]詳細地告訴一個人——而且他希望這個人已經聽到他立場強硬的演說——那就是美國總統富蘭克林．羅斯福。

1940.05.14（二）

荷蘭被優勢敵軍攻破，預計數日內落入德國手中

激戰兩日之後，德軍坦克跨過默茲河，進入法國

德國的戰略意圖不明，引發混亂

法國陸軍最高統帥莫瑞斯・甘末林將軍，
無視德國正在設下圈套的警告，繼續率軍進入低地國，
讓馬其諾防線疏於防守

第七章　局勢惡化
The Worsening Situation

戰爭的局勢正急遽惡化。三百萬德軍部隊快速挺進——是有史以來規模最大的入侵行動。在唐寧街這悶熱、煙霧繚繞的內閣會議室裡，張伯倫的額頭上一定正冒著豆大的汗珠。對會議桌上其他閣員來說，當他們看著邱吉爾絕望地收拾爛攤、以拯救英國免於步入歐洲的後塵時，一定對張伯倫的政治失誤感到切膚之痛。

五月十四日，英國民眾一早醒來，看到報紙頭版上邱吉爾在下議院的精彩表現，便也呼應著漫畫的說明文字：「我們全都追隨你，溫斯頓。」

然而戰爭的局勢正急遽惡化。三百萬德軍部隊快速挺進（另外兩百萬已在國內準備完畢隨時待命）——是有史以來規模最大的入侵行動，而且事態發展如此之快，以至於盟軍靠著他們落伍的戰地電話、電報以及滿身泥濘的摩托車傳令兵，一時難以掌握這恐怖事態的巨大規模，或者有效因應如此眾多的威脅。

香菸繚繞的戰時內閣繼續日常的運作。隨著片段不全的情報不斷浮現、整體情勢逐漸明朗，國防委員會與參謀長委員會也不斷地開會討論。各作戰指揮室是位於白廳*下方的地下碉堡，空間擁擠，是英國在二戰期間的作戰計劃中心。邱吉爾在其中的地圖室裡看著牆上西歐的大型掛圖；每次有新的電話報告進來，就用彩色大頭針釘上去作為標示，而代表德軍的綠色大頭針每次都朝西挺進。邱吉爾形容這頭幾天的生活「十分怪異」，因為「你整天都面對戰爭，所有思緒都圍繞著戰爭，可是你什麼也做不了」。[1]

戰時內閣於上午十一點半在唐寧街十號集合，聽取最新消息。這時西方戰線正遭到德軍主力攻擊，法國陸軍退到安特衛普，試著與比利時軍一起抵抗德國的機動裝甲師。最猛烈的攻擊發生在較南邊的那慕爾—色當戰線上（在比利時與法國交界處），德國士兵在此時已經跨過默茲河，進入法國境內了。這樣的消息讓戰時內閣震撼不已，因為默茲河從羅馬時代以來一直是天然地界，保護著法國、比利時與荷蘭的平原不受來自古代東方的入侵威脅。

荷蘭抵擋不了多久。哈利法克斯勛爵在當天稍早告知戰時內閣，法國大使已經與他接觸，並且說，他們收到荷蘭女王威廉明娜（此時被英王喬治六世安置在白金漢宮）的一個訊息，希望並對此表達嚴重關切。法方對她的意思的詮釋是，荷蘭正在考慮與德國進行和談。為了減輕法方的擔憂，哈利法克斯對法國大使說，他對女王這些話的詮釋正好相反，而且荷蘭政府並未動搖：他們對和談毫無興趣。

至於義大利揚言要加入戰爭並站在德國那一邊，哈利法克斯提請戰時內閣注意一封他從英國駐羅馬大使那裡收到的電報，電報中說，「我們最好不要對義大利的言語挑釁過度反應，或者因此覺得不得不（對義大利）宣戰⋯除非墨索里尼先生已經做成決定，不然他還有三到四個星期的時間可以就軍隊的表現，再考慮到底要不要加入戰爭。」[2] 墨索里尼的動向後來遠遠不用三或四個星期就成為關鍵議題，而且還導致哈利法克斯與邱吉爾這兩位戰時內閣裡主要人物不可化解的分歧。然而在那之前，就有更緊急的問題要面對。

邱吉爾在晚上六點出席了參謀長委員會與七點的戰時內閣會議，並且對兩邊的與會

---

* 譯註：既是英國政府主要機關所在的街道名，也泛指英國政府。

者公佈了法國總理保羅・雷諾通過電話表達的訊息：

德國預計將對巴黎進行致命一擊。德國陸軍已經突破我們在色當以南的堅固防線。原因是，我們無法抵擋重型坦克與轟炸機中隊的聯合攻擊。如果要趁現在還有可能的時候擋下德國陸軍的攻勢，並讓我們的反擊達成目的，那就一定得截斷掩護他們的德國坦克與轟炸機。要做到這一點，唯一辦法就是出動數量龐大的戰鬥機。你們非常好意地派來了四個中隊，比承諾的數量還多，但是如果我們要贏得這場戰役，而且這場戰役可能是整個戰爭的關鍵，就有必要立即——可能的話請在今天——再加派十個中隊。如果沒有這樣的火力支援，我們不確定能不能在色當與巴黎之間把前進中的德軍擋下來。在色當與巴黎之間已經沒有任何值得一提的強化工事了。馬其諾防線也需要不計代價地重新建立起來。

我非常相信，在這場危機中，英國的援軍不會讓我們失望。[3]

德軍如此輕易就跨過默茲河，讓法國非常震驚。要在這樣短的時間內跨過，艾侖賽將軍相信，他們一定擁有「法軍坦克火力也無法貫穿其裝甲的兩棲坦克」。又一次，「局勢過於不明朗」，使戰時內閣無法承諾向法國派出更多的部隊。相反地，他們認為「現在非常重要的是，必須在時間上儘可能早地獲得情報，不只關於已經發生的事件，而且也包括法國未來的意向」[4]，以及他們是否真有能力發動一場有效的反擊。

在早晨的戰時內閣會議開始之後，哈利法克斯勛爵又接到一位派駐在羅馬的英國海軍武官的確認，「義大利正在各港口集結商用船隻進行武裝化……也正在放置水雷與反潛水艇的攔截網」。[5]但是駐羅馬的英國大使傳回的報告卻與此矛盾：「來自法西斯政府最高層」的可靠消息稱「墨索里尼先生已經斷然宣佈，義大利將不會加入戰爭」。[6]內閣於是進行討論，是靜觀其變比較好，還是研究一下反制措施，比如封閉蘇伊士運河以阻斷義大利補給的通道。邱吉爾最後決定，「最明智的作法應該是再等一下，看義大利採取什麼行動，再視情況採取我們的決策」。[7]之後會議休會至次日；溫斯頓返回海軍部繼續工作。

邱吉爾請人在海軍大臣官邸的客廳裡佈置了一個私人專用的臨時「作戰室」。約克．柯爾維爾記得，在「古怪又難看、裝飾有海豚的傢俱之間」（因此邱吉爾把這個空間稱為「魚室」），還有可供一位私人秘書以及一位溫斯頓特別訓練的「夜間女性打字員」工作的位子。「他書桌旁邊有一張桌子，上面有成打的威士忌與其他酒瓶。書桌上則放了各式各樣的物件：牙籤、金牌（他當成紙鎮來用）、特殊的套袖（好讓外套的袖子不至變髒），還有數不清的藥丸與藥粉。」[8]

晚上大約十點半時，「來了一群各式身份的人」，有伊斯麥將軍，陸軍大臣安東尼．艾登，空軍大臣亞瑟．辛克萊爵士，保守黨首席黨鞭大衛．馬傑森（邱吉爾決定讓他留任），剛被派任飛機生產大臣的畢佛布魯克勛爵，還有美國大使約瑟夫．甘迺迪（小約翰．甘迺迪的父親）。柯爾維爾說他們「真是一群奇怪的床伴！」並且聆聽他們關於德軍進犯的討論——當中「甘迺迪先生的意見特別危言聳聽⋯⋯且不值得信賴」。[9]

邱吉爾再度工作到超過凌晨一點，但是五月十五日早上七點就起床，與法國總理通電話。消息非常糟糕。邱吉爾形容雷諾「情緒非常激動」；[10]前一天晚上法軍在色當以南的反擊失敗了，所以「通往巴黎的道路被打開了，戰役已告失敗。他甚至說到要放棄了。」[11]邱吉爾最不希望的就是英國最強大的盟國失去理性，認輸投降，留下英國單獨對抗納粹的野蠻力量。邱吉爾試圖用言談把雷諾從懸崖邊拉回來：

首相要他〔雷諾〕一定不要被這類陷入恐慌的訊息〔軍事通信〕誤導；首相還說，法軍只有一小部份部隊與德軍遭遇，而且突破防線的德軍必定處在容易被擊破的狀態。他也多次重申，無論法國做了什麼，英國都會奮戰到最後。

雷諾先生請我們加派部隊去協助他們。首相則指出，他〔雷諾〕自己也很清楚，這是不可能的。

首相詢問雷諾先生，是否可以與阿爾方斯．喬吉斯將軍〔法國在東北防線的總司令〕直接通話，並獲得雷諾許可。喬吉斯將軍的電話過一會兒就撥過來了，就在早上九點剛過不久。[12]

幸好，邱吉爾與將軍的談話氣氛遠比剛才平靜得多。接下來他在十點的參謀長委員會會議以及十一點的戰時內閣會議上都通知與會者，「局勢毫無疑問非常嚴重：德軍已經突破了相當大一段防線，但這個缺口現在已經堵起來了。」[13]

堵起來了？大家立刻抓住這個好消息，很快便傳了出去。

不過大家也欣慰不了多久。哈利法克斯勛爵報告了令人憂慮的消息。首先，在倫敦的荷蘭總理當天早晨向他致電，通知他荷蘭將「宣佈交出鹿特丹與烏德勒支，以避免更多性命無謂地喪生」。[14] 暱稱「達夫」* 的阿爾弗瑞德·庫珀，邱吉爾的新任新聞大臣，立刻就意識到這可能構成公關危機，萬一英國人民聽到荷蘭在媒體上如此聲明，將極度擔心荷蘭會就此退出戰爭。邱吉爾同意，「我們必須說得非常清楚，荷蘭所宣佈的……不外乎只是一個特定區域內的軍事投降」。[15]

哈利法克斯對戰時內閣報告的第二個壞消息牽涉到約瑟夫·甘迺迪的一份報告；後者從在羅馬的一位同事得知：

---

* 譯註：蘇格蘭語的暱稱，指頭髮很黑或皮膚黝黑的人。

局勢變得如此嚴重……現在他*相信，義大利有十比一的機率參戰並加入德國陣營……墨索里尼先生已經下了決心。他十分確信，希特勒先生提供給墨索里尼先生關於軍事行動方面的情報一直都是正確的；而這一天希特勒先生傳來的訊息是，德國在比利時與荷蘭獲得全面勝利。[16]

整個房間霎時被凝重的氣息淹沒。如果義大利加入戰爭，那麼法國，同時要在兩個方向面對兩個敵國，存活的機會就更小了。照這樣發展下來，英國或許很快就會成為唯一還在阻止希特勒全面宰制歐洲的國家。艾侖賽將軍在日記裡寫道：

戰爭越來越接近，讓人們憂心忡忡。我們生活在歷史的一個新階段，接下來的路徑無人可以預料。沒有人認為我們應該這麼快就投入戰爭，更不用說如果那是一場殊死決戰。我們毫無準備，就連軍備工業都還有待發展；現在我們追趕不上。已經太晚了。今年我們可能就會遭遇猛攻，但這無論如何無法讓我們擊敗德國，除非用經濟手段。[17]

哈利法克斯的態度越來越趨向於把義大利視為一線希望。他建議，「如果首相願意……送一封書信給墨索里尼先生，或許能發揮一點作用」。[18]邱吉爾當場表示同意，此外也概略說明，「他依據內閣決議應該寄給羅斯福總統、以告知當前局勢之嚴峻的私人信件上，將會有哪些要點」。[19]

在唐寧街這悶熱、煙霧繚繞的內閣會議室裡，張伯倫的額頭上一定正冒著豆大的汗珠。對會議桌上其他二十二名閣員來說，當他們看著邱吉爾絕望地收拾爛攤、以拯救英國免於步入歐洲的後塵時，一定對張伯倫的政治失誤感到切膚之痛。漫長的會議結束後，張伯倫到哈利法克斯的房間裡談話。哈利法克斯在日記裡形容，前首相「由於新的政治局勢而深受打擊……他告訴我，之前他一直覺得自己承擔不了當一名戰時首相的工作，但是當戰爭來臨時，他還是扛下來了。不過現在戰爭局勢越來越緊急，他無法不感到鬆了一口氣，這最終責任不在他身上了。」[20]

現在，肩膀上扛下這個重責大任的邱吉爾，坐下來開始給羅斯福總統寫信。與哈利法克斯不同，他相信，最能保護英國對抗納粹的國家是美國。

邱吉爾在擔任第一海軍大臣期間曾與羅斯福建立了深厚的關係，所以現在在信上開始就十分直接：

---

* 譯註：指約瑟夫・甘迺迪。他屬於綏靖派；他的評估是，義大利將參加戰爭以及加入德國陣營，而英國將無力對抗這個局勢，求和將是英國唯一的選擇。就此，邱吉爾不喜歡這位美國大使，認為他「危言聳聽」、「不值得信賴」。

儘管我換了新職務，但是我確信您一定不希望中斷我們親近與私下的通信。如同您必定已經注意到的，局勢已經快速兇險了起來。敵人在空中擁有顯著的優勢力量，而且他們新的軍事技術正讓法國震撼不已。我個人認為，陸地上的戰爭還只是個開頭，我預料將會有大量的地面部隊加入。直到目前為止，希特勒所使用的都是專精於空中與裝甲作戰的精英部隊。小國們一個一個被直接打爛了，像被砸碎的木片。我們也得注意——儘管這一點仍未確定——墨索里尼很快將加入德國劫掠文明的行列。我們預期不久的將來，本國將遭受攻擊，包括空襲、傘兵以及其他空運來的部隊，我們也正在為此準備。如果有必要，我們將獨自繼續作戰，對此我們並無畏懼。但是我相信您了解，總統先生，美國的聲援與武力如果遲到太久，也將無濟於事。屆時您將看到歐洲在驚人的速度下被完全制伏與被納粹化，其後果可能超過我們所能承受。現在我只請求您宣佈美國為非交戰國家，意思是，排除真正派出武裝部隊之外，您將給予我們所有其他協助……[21]

然後他概略說明了六個立即需要請美國支援的項目，從租借四十或五十艘一戰時期的舊型美國驅逐艦，數百架「最新型飛機」與防空設備，到購買美國鋼鐵與其他原物料。所有這些，邱吉爾解釋，「我們將在還有能力的時候以美元支付，但是我希望我能在某種程度上獲得肯定，就算當我們已經付不起時，您還是會提供我們這一切」[22]。

邱吉爾也要求「一個美國陸軍航空中隊到愛爾蘭的港口訪問」，以嚇阻德國借道愛爾蘭入侵英國。最後他請求總統「讓那隻日本狗在太平洋安靜一點；新加坡*您可以任意使用」。在署名並「獻上一切祝福與敬意」之後[23]，他所能做的，就只是靜待羅斯福總統的回應了。

自從希特勒於一九三三年在浩大聲勢中掌權以來，美國一直維持堅定中立的立場；羅斯福曾公開宣佈，他的國家將不會參與在歐洲的任何衝突。確實，在一九三〇年代晚期，美國國會通過好幾個中立法案，以禁止與參戰國家的貿易往來或金融借貸。當戰爭終於在一九三九年爆發

* 譯註：新加坡此時是英屬殖民地，英國在此建有大型軍港。

羅斯福總統與邱吉爾有多年的情誼，遇到危急時刻，邱吉爾當然向他求援。（US Navy）

時，這些條款被修訂了，現在以「付現自取」為基礎的出口被合法化（軍火除外），使美國得以對英國與法國提供非正式援助；在美國看來，英法也是唯二能夠以「現金」付款而且「自己」把貨物運回去的國家了。

在邱吉爾提筆給羅斯福寫信的兩個星期之前，英國已經簽訂了合約，要為皇家空軍購買三百二十四架寇蒂斯P-40戰鷹式戰鬥機，為皇家海軍購買八十一架格魯曼F4F野貓式戰鬥機。照官方的說法，這些飛機「是在美國國內為了美國的需要而生產的」。[24]英國請求美國同意，由英國派遣一艘航空母艦到美國港口來接收這批飛機，但是為羅斯福所拒絕，因為與中立法案的條款有所抵觸。然而他建議，「我們（美方）可以安排讓飛機飛到加拿大邊境，把飛機推過邊界，飛機再飛到博特伍德（紐芬蘭）」。[25]把飛機用人力推過邊界？是的。中立法案的條款禁止任何機動車輛的協助。但是羅斯福這個權宜、複雜、幾乎像鬧劇般的建議，正好清楚地展現了他要規避他自己的中立法案的決心。羅斯福在一九三六年壓倒性的勝選，是立基於一個強烈的反戰立場上，而且邱吉爾也知道，儘管美國民意對同盟國的立場有強大的支持，但是在這個節骨眼上，要美國公然涉入戰爭仍有其困難。

正如在給總統的信上所說的，邱吉爾預期義大利法西斯黨將會參戰，並加入希特勒的陣營。五月十六日早晨，邱吉爾寄了一封簡短、有些表演性質的信到羅馬，給即將成為他敵人的墨索里尼。語氣當然不再像寫給羅斯福那樣親近友好。

由於我已就任首相及國防大臣，我回顧我們過去在羅馬的會談，並且感到很希望對您——作為義大利元首——表達善意，儘管我們之間的鴻溝似乎正在快速擴大。現在要阻止在英國與義大利人民之間血流成河，是否已經太遲了呢？我們無疑都能給對方施加沈痛的損害，能對彼此殘酷地進行打擊，能讓地中海因為我們的爭端而愁雲慘霧。如果您真下達如此命令，則這些事必定發生。但是我在這裡明白宣示，我從來不曾敵視義大利的偉大，在內心深處也從不是義大利立法者的敵人。在重大戰爭正於歐洲肆虐的此刻，預測未來會如何發展只是徒然。但是我非常確定，無論歐陸上發生什麼事，英國都會走到最後，就算十分孤立也一樣，正如我們從前做過的那樣，而且我某種程度可以確信，我們將得到美國越來越多的援助；事實上，所有美國人都將幫助我們。

我懇請您，請相信我絕非出於軟弱或恐懼，才作此公開、正式且嚴肅的呼籲：從歷史的深處傳來的呼喊當中，最慨切的那一聲是告誡我們，拉丁文明與基督教文明共同的後代絕對不可彼此做殊死的鬥爭。我以最高的尊重與敬意請求您，請聆聽這道聲音，在那可怕的號令被下達之前。我方絕不會是先下達的那一方。[26]

看起來，為舊日積怨憤恨不已的不只希特勒，也包括墨索里尼。兩天後，在給邱吉爾的回信上，墨索里尼把這種情緒清楚地表達了出來：

我在此回覆您寄來的訊息：您一定知道，我們兩個國家之所以成為敵對陣營，有著歷史與偶發性質的重大因素。無需追溯太久以前的事，我只需提醒您，貴國政府於一九三五年在日內瓦倡議對義大利實施制裁，然而義大利只不過是在非洲的太陽底下為自己確保一小塊土地，對貴國利益與領土以及其他國家沒有絲毫的損害。*我也要提醒您，義大利在自己的海域上名副其實地處在被奴役的狀態。如果貴國政府是為了守住條約的尊嚴而對德國宣戰，那麼您一定就能了解，義德同盟協約也要求相同程度的尊嚴以及對條約的信守。義大利的政策將秉持這樣的精神，在今天與未來，對無論任何事件都將勇往直前。[27]

在向美國乞求協助、對義大利做出嚴正呼籲之後，溫斯頓直接前往戰時內閣會議；此時是五月十六日上午十一點半。又一次，最新消息十分嚴峻。

艾侖賽將軍對與會者報告，德軍已經出其不意地突破馬其諾防線，「情況無疑非常危急……甘末林將軍計劃發動逆襲作戰，現在一切都取決於法軍是否仍有足夠的戰力。」[28]法國嚴重低估了德軍坦克突破防線最脆弱部位的能力，也就是在阿登高地森林，因為法方評估這個地形將使坦克難以穿越。他們之前認為，這條八十五英哩（約一百三十七公里）長、由一系列碉堡與要塞構成的防線幾乎是不可突破的。當一九三五年這條防線建造完成時，耗費了令人不可置信的七十億法郎，但是在法國與比利時之間留下一段二百五十英哩（約四百〇二公里）寬的國界沒有設防。所以，碉堡與圍牆雖然建造精良，後門卻是敞開的。

由於知道法國總理保羅・雷諾已經亂了陣腳，邱吉爾同意在當天下午動身前往巴黎之前——去參加盟軍的最高戰爭委員會在巴黎奧塞碼頭（即法國外交部所在地）召開的緊急會議——，先派四個戰鬥機中隊到法國去。他研判有必要鼓舞這位英國的老友，請他要進行英勇的抵抗。

在伊斯麥將軍與帝國副參謀總長約翰・狄爾爵士的陪同下，邱吉爾搭乘他可靠的DH95專機飛越了英吉利海峽，†並由兩架颶風式戰鬥機護衛。在飛機上他繼續擦亮他的外交武器——演說稿，而且決定給法國人增加一點災難——他決定直接講法文。（溫斯頓曾發明像「paintatious」這類新字，來形容那些令人很想畫下來的風景；同樣地，他也常故意說「英式法語」（franglais），創造出令人印象深刻的詞句，比如一九四三年

---

* 譯註：指一九三五年阿比西尼亞危機，義大利軍隊入侵衣索比亞（舊稱阿比西尼亞），英國國際聯盟事務大臣（Minister for League of Nations Affairs）安東尼・艾登在日內瓦發起對義大利進行制裁的動議。

† 譯註：英國德哈維蘭公司生產的DH95型雙引擎單翼飛機。

一月，在一次與戴高樂將軍激烈的爭辯中，邱吉爾說，「如果你擋我的路，我就會消滅你！」（Si vous m'obstaclerez, je vous liquiderai!）*

伊斯麥在回憶錄中對這次旅程有如下描述：

從我們在布傑機場落地開始，就能清楚地感受到一種沮喪的氛圍……當我們乘車經過街道，人們看起來無精打采、意志消沈，絲毫沒有先前戰鬥中那種熱情反抗的模樣，曾經響徹巴黎的口號：「絕不讓敵人通過」也已不復見。他們對我們護衛森嚴的車隊毫無興趣，也沒有歡呼的群眾前來迎接邱吉爾……法國外交部……的氣氛甚至更消沈。雷諾先生，達拉第先生〔法國國防部長以及前總理〕還有甘末林將軍在一間非常大的廳房中等我們到來。這座廳房面朝一座花園，我們上次來訪時還看到這花園如此可愛、維護良好，現在卻處處火堆，已經面目全非。因為法國人已經在花園裡焚燒檔案。[29]

邱吉爾進入大廳時懷著一種主導一切的心情。法國的士氣已降至谷底，他需要儘快行動，以防止法國全面投降。他給戰時內閣發了一封電報，告知他們巴黎人心惶惶的情況，並「再度強調了現在正是極度關鍵的時刻」。他建議，「我們應該在明天派出法方所要求的戰鬥機中隊（也就是再加派六個中隊）」，[30]並且要求他們當天晚上十一點在他缺席的情況下，再開會一次討論此一建議，然後請戰時內閣午夜時把決議傳過來。加派戰機的策略在這之前一直遭到拒絕，因為這將嚴重削弱英國的防務，但是巴黎幾乎已經完全失去防衛能力，現在已無其他選項。三十分鐘之後，戰時內閣回電表示同意。伊斯麥回憶說：

〔邱吉爾〕非常高興戰時內閣如此迅速地認可了他的建議。我們想，他應該會立刻打電話給雷諾先生，告知他這個好消息。但是並沒有。他堅持要當面告訴他。這很像他會做的事。我們都知道，當我們收到朋友禮物時，看到我們打開包裹那一刻的表情，會給他們——特別是較年輕的朋友們——帶來多麼大的快樂。這就是邱吉爾先生此刻的動機。他即將送給雷諾先生一顆無價的珍珠，而且他想親自看到雷諾先生收到禮物那一刻的表情。[31]

半夜裡，邱吉爾與伊斯麥儘快地趕去告知雷諾這個決定。他們將於早上七點（五月十七日）搭機返回倫敦。但是雷諾不在辦公室裡，也不在自己家中與太太在一起，而是

＊ 譯註：其中 obstaclerez 與 liquiderai 兩個字是英文動詞加上法文動詞字尾所組成。

到情婦家去了：在海倫・狄・波特斯女伯爵夫人位於波旁宮廣場邊上一間不起眼的公寓裡。他們找到他時，他身穿浴袍，正在縱情享樂。溫斯頓顯然並不感到氣餒；他希望不要只有雷諾一人接到這個消息，堅持請雷諾通知國防部長達拉第一起前來。然而達拉第也不是與太太在一起。接電話的是珍妮・狄・卡魯莎女侯爵夫人；她轉告她的情夫達拉第，說邱吉爾先生有一件較緊急的事情，想請他講電話。

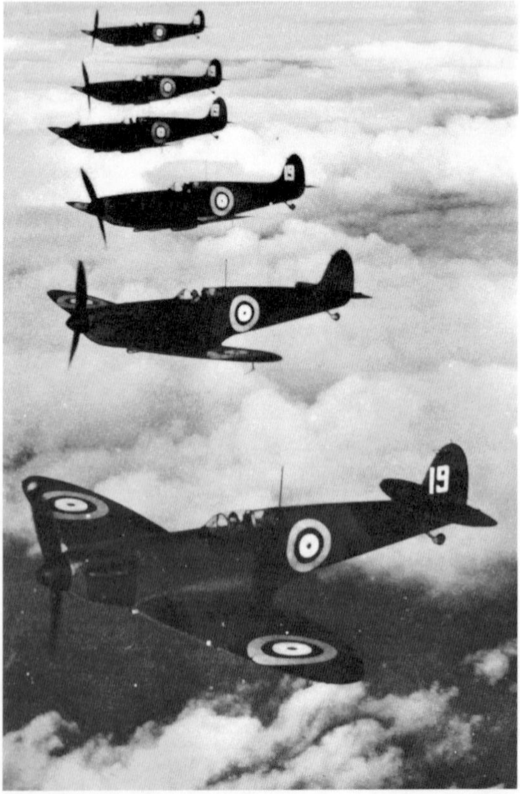

英國把珍貴的戰鬥機投入法國戰役，這些飛機都是「英國的命脈」。（UK National Archives）

邱吉爾提供更多的飛機，換來了一些寬慰與感激的言語表示以及熱切的握手，但是三位先生全都懷疑此舉能改變多大的局勢。溫斯頓此刻最大的憂慮是，法國將很快選擇與希特勒和談。屆時抵抗納粹的重擔，將全部落在英國與大英帝國屬地的頭上。

回到唐寧街之後，首相在早上十點召集戰時內閣，以告知這次走訪法國的過程。邱吉爾說，他很遺憾地讓戰時內閣「昨夜必須做出一個任何內閣從未面臨過的重大決定」，但是戰時內閣的回覆「很顯著地強化了〔法國的〕決心」。[32]

巴黎的會談並不容易。考慮到只剩下三十九個中隊可以保護英國，[*]承諾派出六個戰鬥機中隊是極度慷慨的舉動。[†]邱吉爾對法方表示，這些飛機是「英國的命脈」，並且說明應該如何讓這些飛機不要折損，因為在默茲河的防衛上，英國已經損失了三十六架飛機。[‡]法方回應，他們「戰爭開始時有六百五十架戰鬥機，現在只剩下一百五十架」。[33][§]對此邱吉爾回答，「我們轟炸了一切我們被分派到的目標，而且我們極力只攻擊那些關鍵的、比如能讓敵人在日間停止攻擊的目標。要皇家空軍去對付德國的裝甲戰車是不合理的。這些應該交給地面部隊去處理。」[34]說完最高戰爭委員會會議的事情，邱吉爾拿出剛收到的羅斯福總統的回信，開始朗讀。

＊ 譯註：空軍大臣辛克萊爵士評估，英國的防衛需要六十個戰鬥機中隊。

† 譯註：在一九四〇年，皇家空軍一個戰鬥機中隊約有十六架戰鬥機的編制。通常是維持十二架為妥善機，二架為後備機，二架為待修機。飛官至少十五人，至多不超過二十人。升空作戰時以十二架分成A、B兩個分隊作戰。六個中隊，相當於七十二架飛機的戰力。

‡ 譯註：在德軍發動攻擊後的前十天，英國已經損失了二百五十架颶風式戰鬥機，平均每天損失二十五架現代化戰鬥機，而工廠每天僅能提供四架戰鬥機替補。

§ 譯註：之後當甘末林被逼問，為何在前線極需戰機的時候有那麼多戰機卻備而不用。他的回答是：「我承認……我實在不清楚。」法國空軍參謀長約瑟夫・維樂明將軍（Joseph Vuillemin）自己也承認，撇開損毀的戰機不談，法軍在一個月之後投降時所擁有的戰機比開戰之前還要多。

可嘆的是，這並非他所希望的救命公報。羅斯福說，他「當然對您來信中提到的建議做了一切可能的考慮」，但是對盟軍提供任何協助，都「需要時間」。[35]

然而西歐幾乎已經不能再等了。戰時內閣同意，在當前的情況下，應該對英國人民發佈一個「最高緊急狀態」的公告。此事已經不容許任何拖延。張伯倫「邀請首相於次日在廣播上發表聲明」。[36]

五月十九日星期天的早晨，克萊蒙蒂娜．邱吉爾提早從倫敦市中心的聖馬田教堂的禮拜回來了——當牧師開始做反戰的講道時，她就離開了教堂。溫斯頓對她說，「妳那時應該大喊『可恥，用謊言褻瀆了上帝的居所！』」[37]在這樣的時刻，反戰思想正好是這個國家最不需要聽到的，也與邱吉爾正準備昭告全國的話完全相反。當日稍晚，柯爾維爾有如下紀錄：由於深感挫折，以及「經歷了精疲力竭的一週之後，〔邱吉爾〕返回查特威爾屋……待了幾個小時」，享受陽光，餵一下他僅剩的黑天鵝作為消遣（其他都被狐狸吃掉了）」。[38]然而他幾乎立刻又被召回唐寧街，出席戰時內閣下午四點半的會議。

法國仍未發動任何像樣的逆襲作戰。隨著德國陸軍快速地向海岸挺進，軍方開始討論是否應該把將近四十萬兵力的英國遠征軍從靠近北法的比利時邊境撤退到敦克爾克港。這項提議在內閣裡引發了一陣不小的驚恐；溫斯頓相信，如果英國遠征軍真的被迫走到這一步，他們「將陷入被密集轟炸的絕境，全員喪生只是時間問題……我們必須面對一件事實：比利時陸軍有可能全軍覆沒，但是我們不應該犧牲我們全部陸軍的同時還無濟於事。」[39]

戰時內閣會議結束後，下午六點，邱吉爾終於開始寫他的演說。

他一個人坐在海軍部的辦公室裡，手拿著筆，面對著整疊的空白信箋。再一次，他面臨了挑戰：要用什麼言詞，以怎樣的順序？要強調什麼，又要避開什麼？

他必定以飛快的速度書寫與想像，因為僅僅在三個小時之後，他就坐在英國廣播公司的麥克風前，看著密密麻麻、標著註記的講稿，再度試著讓緊張不安的國人振奮起來，並給予支持。

邱吉爾講這場廣播演說，在一個大眾聞所未聞的方面鬧了個笑話。如他的傳記作者威廉·曼徹斯特所述：「經過了下議院四十年的生涯，邱吉爾〔在演說時〕會本能地把頭從左向右晃。但這在英國國家廣播公司的廣播節目上是不行的，所以當他坐在一個小房間的桌子前演說時，老維克〔皇家維多利亞劇院〕的提隆·加斯里就站在他後面，牢牢抓住〔溫斯頓的〕耳朵，讓他的嘴巴正對著麥克風……」[40]

抓住他的耳朵？所以當我們看到英國國家廣播公司牆上的鐘顯示晚上九點時，請記住邱吉爾的這副模樣，並聽他如何在廣播室開了錄音燈之後，開始對著麥克風發表如下演說：

在我們國家、我們大英帝國、我們的盟友，以及最重要的是，我們對自由的追求遭逢重大危機的此刻，我第一次以首相的身份對各位說話。法國與佛蘭德斯地區正如火如荼地進行著一場重大的戰鬥。德國藉由空中轟炸與重裝甲坦克的優勢組合，已經突破了法國在馬其諾防線以北的防禦，他們強大的裝甲車輛縱隊正在無險可守的平原上肆意破壞，頭一兩天甚至沒有遭遇抵抗。他們已經深入了盟國境內，並且沿路散播了恐慌與混亂。在他們後方，已經出現了搭乘卡車的步兵，然後在更後方，大規模的部隊已在前進。將法國陸軍重新整編，以迎面打擊先頭部隊的行動已經進行了數日；皇家空軍提供了很大程度的協助，表現也非常出色。

我們一定不能因為在我們防線後方、在我們意料之外的位置上有這些裝甲車輛就被嚇倒。如果他們在我們防線後方，那法軍也在許多地點上正積極地從後方攻擊他們。所以，兩邊都處在極其危險的情境中。如果法軍以及我軍的調動得宜——我相信他們一定做得到；如果法國能繼續發揮他們恢復戰力與逆襲作戰的天才——法國人一直以此聞名於世；而且如果英國陸軍能展現堅決的耐力與精實的戰力——過去他們曾經如此多次成為楷模，那麼，這個戰場也可能突然發生逆轉。

然而，為此刻的嚴重性粉飾太平是愚蠢的。因此失心喪膽，或者以為三、四百萬名訓練良好、裝備精良的部隊可以在短短幾個星期或甚至幾個月的時間內被一支機械化部隊——無論多麼難纏——輕易用奇襲擊倒，那就是更加愚蠢。我們有一定的信心，法國的前線會趨於穩定，大規模的部隊將會交戰，法國與英國士兵的素質將有機會正面與他們的敵軍一較長短。就我來說，我對法國陸軍與其將領有不可磨滅的信心。精良的法軍當中，曾與敵軍激烈交戰的至今還只有很小一部分；法國至今被入侵的領土也只有很小一部分。而我們有相當的證據顯示，敵軍投入作戰的專業化與機械化部隊基本上已經是他們的全部了；而且我們知道，他們已經遭受非常沈重的損失。任何一名軍官或士兵，任何一個步兵旅或重裝師，不論在哪裡遭遇，只要與敵軍近距離搏鬥過，無不給敵軍的總傷亡數字添加了值得一提的貢獻。陸軍必須放棄躲在混凝土工事或自然障礙物後方抵抗敵軍的念頭，也必須了解到，唯有透過猛烈與毫不留情的攻擊，才能重新取得戰場優勢。而且不只最高指揮部必須貫徹這種精神，每一名作戰的士兵也都要受這種精神鼓舞。

在空戰方面，儘管常常在數量上屈居下風，常常處在過去被認為壓倒性的劣勢之中，但是我們能夠每擊落三到四架敵機我方才折損一架；現在英國與德國空軍的戰力平衡已經比開戰一開始時顯著地對我方更為有利。在擊落德國轟炸機時，我們不只為自己戰鬥，還惠及法國的戰鬥。看到已發生的以及正在發生的激烈遭遇戰，我越來越有信心，我們有能力與德國空軍一路戰鬥到底。同時我們的重轟炸機正在對德國機械化部隊的主力進行夜間打擊，也已經給煉油廠造成嚴重的破壞；這些正是納粹黨人想要宰制世界所直接依賴的。

我們勢必得預期，只要西方戰線一趨於穩定，納粹醜惡的侵略機器的主力，這股在短短數天之內就衝垮與奴役荷蘭的力量，就將轉頭對付我們。面對這股力量，當我說，我們已經準備好面對它，承受它，而且將在戰爭不成文的法則允許的範圍內盡全力反擊它時，我確信這能代表大家的心聲。當嚴酷的考驗來臨時——是的，這考驗必將到來——這個島上將有許多男人與許多女人會感到寬慰，或甚至驕傲，因為他們正在為前線上我們的小伙子們——陸軍士兵、海軍水兵以及空軍飛行員，願上帝保佑他們——分擔危難，也正在引開至少一部分他們本來必須承受的襲擊。這不就是那被指定的時刻嗎？此刻所有人都要在能力範圍之內做最大限度的努力。如果我們要贏得這場戰爭，就必須給我們的士兵提供越來越多他們所需的武器與彈藥。我們必須有更多飛機，更多坦克，更多砲彈與更多機槍，而且要快。這些關鍵的武器裝備我們都迫切地需要。它們能讓我們更有力量對抗武裝強大的敵人。這些軍火也取代過去僵化肉搏的人員浪費；而既然知道人員浪費的戰法將很快被淘汰，我們就能更容易地徵召預備部隊投入戰場，因為現在一切都如此重要。

我們的任務不只是贏得這場戰役，而是要贏得這場戰爭。當在法國的戰役緩和下來之後，針對我們島嶼的戰鬥就會來到——針對整個不列顛，也針對不列顛所代表的一切。那將是最關鍵的鬥爭。在那最高的緊急狀態中，我們將毫不遲疑地呼喚我們的人民，請他們奉獻出能力內最後一點力氣與最後一分努力。財產的利息，勞動的工時，都成了微不足道的小事，因為此時要為生命與榮譽、為正義與自由這些我們誓言守護的東西而奮鬥。

我已經得到法蘭西共和國的首長們，特別是從勇敢堅定的總理雷諾先生最神聖的保證，無論發生任何事情，他們都會戰鬥到底，不論結局是痛苦或光榮。不，如果我們戰鬥到底，結局只能是光榮的。

在得到英王陛下的委任後，我已經組成了一個政府，當中包含所有政黨與幾乎所有觀點的先生與女士。我們過去曾經意見分歧與彼此爭吵；但是現在有一個共同點將我們連結起來——我們要進行戰爭一直到取得勝利為止，永遠不向奴役與恥辱低頭，不計任何代價與多大的痛苦。在法國與英國悠久的歷史上，這是最讓人感到敬畏的時期之一。毫無疑問，這也是最崇高的一個時期。肩並著肩，除了廣大自治領的親朋好友、除了旗號下廣闊的帝國屬民之外，他們再無其他援手；肩並著肩，英國與法國人民已經挺身而出，不只為了拯救歐洲，而且更為了拯救人類免受那最醜惡、最泯滅人性的暴政荼毒；歷史的書頁從未蒙受如此陰暗與污穢。在他們背後——也就是在我們背後——在英國與法國的陸軍部隊與海軍艦隊的背後——聚集了一群被擊垮的國家與受重擊的民族：有捷克人、波蘭人、挪威人、丹麥人、荷蘭人與比利時人——蠻族的長夜將降臨在他們頭上，看不到那怕是一顆希望之星，除非我們擊敗敵人；是的，我們必須擊敗敵人，我們也將擊敗敵人。

今天是三一節。[*]在許多世紀以前，有人寫下了這樣一番話，[†]來召喚與鼓舞那些衷心致力於真理與正義的人：「你們要武裝起來，要做英勇的戰士，要為衝突做好準備；因為我們寧願在戰場上殞落，也勝過旁觀我們的國家與聖壇蒙受暴行。正如上帝的旨意在天上實現，願在地上也同樣實現。」[41]

正如六天前所做過的那樣，邱吉爾再度證明他是修辭學的大師，能在最關鍵的片刻上召喚人們起來支持他的大業。

這一次，政壇同儕給出了壓倒性的正面評價。安東尼．艾登當天晚上寫信給他，「你從來沒有一次演說像今天這場這麼美妙、這麼出色。感謝你，也為你感謝上帝。」[42]戰時內閣秘書處的克勞德．柏克利上校在日記裡寫道，「首相昨晚做了一次極其漂亮的廣播演說，終於把真正的處境攤開在民眾眼前。他每一步都『高瞻遠矚』，不過四天前才從懸崖邊上阻止了巴黎嚴重崩潰，現在又在此激勵所有人振作起來。」[43]前首相史丹利．包德溫寫信給邱吉爾說，「昨晚我聽著您那家喻戶曉的聲音，真希望能立刻與您握一下手，而且打從內心深處告訴您，我祝您一切安好，包括心靈與身體的健康與強壯，因為現在這不可忍受的重擔落在您的肩膀上了。」[44]

此刻的邱吉爾比他自己想像的更需要這些給予支持的文字，因為德國坦克已經抵達在法國海岸上的阿布維爾，其乘員正眺望著海峽對岸不過五十英哩（約八十公里）之遙的英國。

* 譯註：聖靈降臨節後的第一個星期日，西方基督教教會敬拜三位一體的節日。

† 譯註：括號內文字引自《經外書》〈馬加比一書〉（1 Maccabees）3:58-60。

1940.05.20（一）

法國陸軍第九軍團全面潰敗，粉碎了一切反擊的希望

英國遠征軍已無其他選擇，只能且戰且走，朝海岸各港區的方向撤退……特別是往敦克爾克

邱吉爾提出構想，命海軍部準備一支由民用船隻組成的大規模船隊，以因應從法國港口疏散人員之需

第八章　源自內部的恐懼、懷疑與壓力
Fear, Doubts and Pressures from Within

邱吉爾意識到，納粹很可能不久之後也將入侵英國。隨著法國的局勢日漸惡化，英國直接面臨的危險越來越高。對保守黨內的和平主義者來說，與墨索里尼尋求接觸，請他提出義大利不參戰的條件、以及在未來居中安排與希特勒的和談，是一個可行、受歡迎且完全合理的規劃。真的是如此嗎？

當德軍於十天前入侵低地國時，法國的陷落仍是不可想像的。然而此事現在正漸漸成為現實。邱吉爾一直苦於缺乏堅固、可靠的情報，現在後果也開始浮現。伊斯麥將軍回憶說：

當戰鬥快速進展時，要獲得準確情報總是困難的。如果你必須在戰場遠方等待情報，你唯一能做的就是耐住性子，而且你得記住，戰場上的指揮官深陷於眼前的戰況，常常既沒有空檔也沒有能力來回報戰場上的細節。這本來是不言自明的事，但是我這位脾氣衝動的長官從來不曾完全接受這一點。他也並不總能考慮到一件事實：在戰爭的迷霧中，指揮官本人並非時時刻刻都知道廣闊的前線上每一個角落是什麼狀況。1

邱吉爾派艾侖賽將軍到法國，希望他作為帝國參謀總長，能夠確實弄清楚法國、比利時與英國陸軍面對怎樣的處境。同時，戰時內閣在五月二十日上午十一點開會，再度討論對英國盟友的軍事支援還有哪些選項。

邱吉爾意識到，納粹很可能不久之後也將入侵英國。他同意戰時內閣的看法，英國「在對法國的空軍支援方面已經來到了所能承受的最大限度；如果繼續增援，我們將無法保衛聯合王國、海軍艦隊、海上貿易、飛機工業以及國內所有核心要地，而我們必須依賴這一切，才能保有繼續作戰能力。」[2]這當然是個合理的結論，但這也揭示一個非常現實的前景：法國陸軍如果接下來幾天之內得不到更多支援，「很可能將放棄抵抗」。[3]

如果美國能同意提供英國所要求的飛機，或許就可以暫時阻止法國的投降。邱吉爾前一天晚上已經寄了「一封電報給那些該死的美國佬」，[4]此時正在等待總統的回覆，但是十一個小時過去了，還是等不到救援，這位英國首相便拋開他常用的「和緩討好的語言」，[5]而對羅斯福直接表示：

> 不論狀況如何演變，我們都絕對不會投降。如果現在這個政府的成員被消滅了，其他人進到廢墟之中來和談，您一定不能不注意到一項事實，那就是我們唯一優於德國的力量只有海上艦隊，而且，如果美國讓這個國家獨自走向其命運，那麼將沒有人有資格譴責其主事者，如果他們為了居民的生存與敵人達成了最佳可能的協議。總統先生，請原諒我把這個噩夢如此直白地陳述出來。很明顯地，我無法對我的繼任者負責；他們很可能得在全然的絕望與無助中，順應德國人的一切要求。[6]

艾侖賽將軍於五月二十一日早上從法國返回；在加萊時，一顆德軍炸彈命中了他下榻的旅館，他差一點沒能逃出來。早上十一點半他直接到戰時內閣進行報告。內容全是壞消息。他發現法國的最高指揮部「處在無法決策的狀態」，[7]由於通訊不良而難以理解戰況。艾侖賽在日記裡寫道，他「氣到失控，抓住比洛特〔法國北部陸軍的總司令〕制服的衣領搖晃他。這個人已經完全不知所措了。」[8]

他也報告，「數十萬從比利時與法國北部城鎮逃出來的難民」[9]塞滿了道路，嚴重遲滯了盟軍部隊的移動。突進的德軍已經到達海岸城鎮布倫，這意味著駐紮在法國北部的英國與比利時部隊的後路幾乎被完全截斷，無法與法國陸軍以及所有後勤基地取得聯繫。在失去資源與指揮管道之後，任何把盟軍作戰部隊重新連結起來的希望每分每秒都在消逝。

整個情況是一片混亂。

邱吉爾判斷，唯一辦法是次日（五月二十二日）一大早返回巴黎，當著魏剛將軍和雷諾的面，試著穩住他們的狀況。他對於情報的匱乏非常憤怒。「在所有的戰爭史上，我從未見過這樣低劣的戰場經營」，[10]他對約克．柯爾維爾如此說。後者在日記裡寫道，他「從未見過邱吉爾如此沮喪」，[11]而且彷彿事情還不夠糟糕，當凌晨一點半打算就寢時，邱吉爾又接到消息，稱比洛特將軍捲入了一場高速行駛中發生的車禍，進而讓法軍司令部陷入更大的混亂。

在此刻，英國遠征軍的處境是前所未有的糟糕，而往海峽港口撤退的計劃，將不得不在缺乏必要的彈藥與糧食補給的條件下進行。即便部隊終於能夠抵達海邊，該如何撤退三十萬人的部隊，連同他們數量可觀的裝備，也仍是難解的問題。制空權在德國空軍的手中，海灘也絕非安全的避難所。

當邱吉爾於五月二十二日抵達巴黎，他很高興看到，新任的法國最高指揮官魏剛將軍帶來了一股新的活力。七十三歲，「儘管連夜趕路，身體勞累……整個人看起來卻很有朝氣，有信心，而且有決斷力。他給所有人帶來極好的印象」，而且著手介紹「他的作戰計劃」。[12]

英國已經派出能力所及的現役陸軍單位到歐陸上，只保留防衛本國所需的部隊。這些單位當天稍早已在布倫登陸，此時正在加萊與敦克爾克等法國港口佈防。會議中，魏剛向邱吉爾確認，「在加萊有三個法國步兵營，在敦克爾克的指揮官是一位特別強悍的海軍將領，手上的部

法國士氣已經崩潰，未能力挽狂瀾。（左一）魏剛將軍、（左三）總理雷諾、（左四）貝當元帥。

隊足以保護城鎮」，[13]而且，在親自評估過前線戰況後，他（魏剛）的結論是，「完全沒有必要讓在北部的英法比三國總共超過四十個師的部隊，只為了試著與法國陸軍主力會合而向南撤退。這樣的行動一定會失敗，部隊本身必定會遭受災難性的打擊。」[14]邱吉爾表示同意，但是仍對法國總理與魏剛將軍表示，他知道比洛特將軍與高特勛爵（英國遠征軍總司令）兩人的關係「不是完全令人滿意」，[15]所以盟軍部隊——不論是位於突進的德軍之北還是之南——還有一些工作要做，以重建彼此間必要的溝通管道。

剛過一個小時，盟軍的最高戰爭委員會會議就在一種「有節制的樂觀氣氛」[16]中結束，如伊斯麥回憶；隨後他也與邱吉爾一起返回倫敦。

艾侖賽在日記裡記載，在晚上七點半的戰時內閣會議中，他有點詫異首相「幾乎是充滿信心的神情，因為魏剛讓他懷有很高的期望」。[17]房間裡其他人並沒有他這種振奮的心情。這時局勢已經很明顯，英國遠征軍已經「錯失了抽身的機會，此刻非常欠缺食物與彈藥」。[18]再者，伊斯麥將軍因為只掌握戰場情報，而不知道法國軍方的預估，所以更加感覺到前途凶險。他對約克．柯爾維爾表示，他「真的非常擔心」，可以預見法國很快將放棄這場戰爭。柯爾維爾則是沾染了一點溫斯頓的樂觀情緒，認為伊斯麥「沒有必要這樣自己嚇自己，我不認為法國人會放棄尊嚴到如此程度」[19]。

戰時內閣被告知，在法國的盟軍最高戰爭委員會已經同意，將在次日（五月二十三日）發動聯合攻擊，由英國與法國陸軍向西南方進擊，法國所屬集團軍則朝北發動攻勢。

但是艾侖賽「注意到，直到當天中午，在可觀察的範圍內，部隊並沒有準備進攻的跡象」；他認為這場進攻「還需要一些時間才能啟動」。[20]安東尼．艾登也表達憂慮；他在當天下午五點接到一通電話，得到高特勛爵傳來的訊息，說法國人「並沒有作戰準備，也沒有任何打算這麼做的跡象」。[21]日後艾登在日記裡寫道，「情勢越來越混亂，而我們既無權指揮，也無法派後備隊去補救。高特勛爵的訊息聽起來就像一句死亡評論。我們唯一的希望是南北兩邊進行聯合攻擊，如果他們還有足夠的意志與資源來進行此事的話。」[22]

但是次日上午十一點三十分，當戰時內閣於再度開會時，僅存的樂觀期待很快就煙消雲散。前線終於傳來一份扼要的報告。邱吉爾告知內閣同事們，「德軍已經成功地穿過盟軍的缺口，部隊規模遠比原先我們預計的要大得許多」。艾侖賽將軍已經被指示留在陸軍部，而不是前來參加內閣會議，因為情勢已經「如此危急」。[23]

情報的匱乏，以及法軍沒有像樣的反應，再度摧毀了盟軍存活的希望。首相表示，「我們與法方商定的計劃能否成功，完全仰賴法軍能發動攻擊。目前看來，他們一點也不像打算這麼做。」[24]

布倫此刻遭到德軍密集的轟炸，敵軍已經快要完成包圍城鎮，即將完全切斷盟軍的支援。加萊的情況也同樣不好；對戰時內閣的報告稱「城裡滿是法國部隊與難民，所有人看起來完全喪失了士氣」。[25]補給的船隻已經被派往加萊、敦克爾克與布倫等海峽港口，但是在德國空軍的威脅下，船隻不可能進行卸載。

張伯倫在過去幾天的會議中一直相對安靜，但是現在，由於許多人指望他根據豐富的經驗貢獻一點意見，於是他表示，與其反擊德軍，英國還是盡速撤退比較好。他擔心，萬一錯過安全撤回英國遠征軍的機會，英國將落到完全任由德軍宰割的地步。他說，英國「有兩頭落空的危險：既無法有效執行與魏剛將軍協同的計劃，也無法用我們的部隊盡力保住我們對海峽各港口的控制」。[26]

哈利法克斯向來支持張伯倫，現在也不例外。他對戰時內閣朗讀了一封英國駐羅馬大使發來的電報，進一步支持了張伯倫的憂慮有理。大使的電報大致是懷疑「墨索里尼只等德軍一在海峽港口站穩，就會宣佈參戰。」[27]哈利法克斯很顯然認為，在西歐局勢接下來的發展中，義大利會扮演一個關鍵的角色。他並不把義大利看做即將成為的敵人，而是希望利用墨索里尼加入戰爭前的這一小段機會窗口，把事情扭轉到另一個方向：和平。

同時，邱吉爾需要正式對下議院報告最新狀況。英國陸軍無助的全面敗退、法國的崩潰、以及義大利新加入敵軍陣營，這些事態的嚴重性讓他必須召開國會。

下午三點，首相發言對議員同儕報告，阿布維爾已經落入敵人手中，布倫很快也將步入後塵。同為保守黨議員的格尼・布雷斯維特詢問邱吉爾，政府「是否繼續與重申原先的立場，即，除非在與法蘭西共和國達成協議與共同合作情況下，否則絕不與敵人締結和平」，邱吉爾則簡單俐落地回答，「是的，議員先生」。[28]

於是，與納粹德國和談的建議首度被公開提出。即便只有在法國的參與下才能進行，仍然不減損這個提議的份量。有別於他五月十三日的演說，現在邱吉爾不提「不計一切也要勝利」，不主張「沒有勝利將無法存活」。如果要用一個字來總結這段對話，那麼這個字不是勝利，而是挫敗。

儘管先前已經獲得確認，魏剛的作戰計劃將於當天早上即刻執行，但是當邱吉爾返回唐寧街官邸時，最新消息卻讓他完全震驚：「德軍已經前進到布倫，高特對阿拉斯的南向攻擊毫無進展，英國遠征軍由於缺乏補給不得不配糧減半，以及，魏剛的北向進攻作戰根本還沒有開始」。[29]

邱吉爾便給雷諾打電話，最後在下午六點也撥給魏剛本人。魏剛向首相保證，他的作戰計劃已經開始了，他的部隊已經成功奪回三座法國城鎮。今天我們知道這些訊息是假的，但是正如柯爾維爾日後所寫道，「當時他們並無理由懷疑魏剛的報告，所以氣氛從陰鬱轉為雀躍」。[30]如邱吉爾的傳記作者馬丁・吉爾伯特所指出，「對於五月二十三日危機的當事人或其見證者來說，魏剛為什麼要欺騙做假，成了一件關係重大的事。柯爾維爾（當日他整天都在唐寧街）日後回憶說：『魏剛堅決地相信，如果英國遠征軍不能南下〔前來援助法國部隊〕，那麼，如果他們因此完蛋，我們也該一起死。』」[31]

雀躍的氣氛一定很快就結束。當邱吉爾於晚上七點出席戰時內閣會議時，他承認——在經過許多他自己感到難以抉擇的可貴片刻之後——他已經對張伯倫在他們前次開會時所提出的顧慮「做了進一步的考量」。他同意，現在也許已經到了「讓英國遠征軍退到海峽港口」的時候，而且應該試著把部隊撤回來。布倫的情況被描述為「可怕的災難」，但是「魏剛將軍要求，行動應該繼續下去」。艾侖賽將軍同意，高特勳爵的南向進攻應該依照法方的請求持續進行，因為「如果英國遠征軍要從海峽港口撤離，很可能只有一小部份人能成功逃出」。邱吉爾的結論是，「他還沒有足夠的理由來信賴法國人。然而他覺得，在這件事上，我們除了盡力配合魏剛將軍的計劃之外，別無其他選擇。」[32]

溫斯頓與英國面對的抉擇是非此即彼且無法迴避的：要麼繼續執行一個失敗的計劃，要麼嘗試進行風險極高的人員撤退行動，英國遠征軍也許有一小部份的人能夠獲救。懷著低落的情緒，首相前往白金漢宮，向國王稟報當前情勢。

在日記中，英王喬治六世寫道：

首相在晚上十點半過來。他告訴我，如果魏剛提出的法軍作戰計劃沒有發生，他就得下令把遠征軍撤回英國。這項行動意味著，我們將得把所有槍砲、坦克、彈藥以及所有補給留在法國。問題在於我們能不能把部隊從加萊與敦克爾克運回來。光是想到必須下這種命令，就令人顫慄，因為人命的傷亡可能非常巨大。[33]

邱吉爾日後將開玩笑說，「戰爭通常是由一整串愚蠢的錯誤組成的，這場戰爭也不例外」，但是在事件當時，當他返回海軍部聽取最新消息、得知魏剛本已混亂的計劃情況比之前還要糟糕時，他完全沒有說笑話的心情。他立刻傳訊息給魏剛將軍與保羅・雷諾，警告他們，比利時總部仍然「沒有接到作戰命令」，[34]而且高特勛爵已經「沒有彈藥——我重複，沒有彈藥可發動正式的攻擊」。[35]邱吉爾直白地表達了他的惱怒：「我們這邊就連你們自己的作戰命令都沒看到，也不知道你們北向攻擊行動的任何細節。能不能拜託您透過法國駐倫敦代表團在最快的時間內傳過來呢？」[36]他還強調，「時間非常緊要，因為補給已經短缺」。[37]

隨著半夜的進展，一千名英國士兵在德國毫不容情的攻擊下從布倫成功撤出，但是有兩百名被留在後面。

就在布倫往北約二十英哩（約三十二公里）的海岸上，派駐在加萊的准將克勞德・尼科森與他的駐防部隊正持續接到互相衝突的命令。目前的情況已經很清楚，如果布倫被攻下，那麼守住加萊就非常關鍵；如此才能阻止德軍前進到敦克爾克。現在出城的各道路都被封鎖，加萊已經被全面包圍。隨著士兵們的目光往東方朝敦克爾克看去，德軍第一裝甲師的士兵已經堆起了火堆，為正在前來的德國空軍飛機做出訊號。

次日，五月二十四日，在戰時內閣的會議上，哈利法克斯勛爵開始有所動作。他規劃了一條路線，或許靠外交手段還能讓義大利至少留在戰局之外。

他抓到一個機會，覺得可以把他的和平計劃的一個側面微妙地突顯出來（作為他達成全歐洲和平協議的宏大擘劃的第一步）。他朗讀一封英國駐巴黎大使發來的電報，電報上簡要地說明了法國政府的一項請求：

> 應該請羅斯福總統與墨索里尼先生再接洽一次……詢問他，義大利走到參戰邊緣上、預計對盟軍作戰的理由為何。如果墨索里尼先生舉出他認為不公的事項，那麼美國駐羅馬大使可以回答他，總統有意願替義大利向盟軍政府交涉這些事項，或者做出其他至少有拖延效果的回答。

哈利法克斯的意見是，這不會有太大的效果，但是英國應該：

> 回覆法方，我們完全贊同請羅斯福總統再度接洽的建議……如果可以事先確認以下這幾點的話：羅斯福總統的行動要由他自己負責……同盟國願意在戰爭結束後合理考量義大利提出的事項，也願意歡迎義大利以跟其他交戰國平等的身份參與和平會

議；以及，只要義大利與美利堅合眾國沒有加入戰爭成為敵對的兩方，美國願意保證同盟國履行這些約定。[38]

哈利法克斯鋪陳他的論點時是如此自信，以至於戰時內閣未經討論就同意「我們應該照這個思路給法方回覆」。[39]

哈利法克斯贏了第一步。

隨著法國的局勢日漸惡化，英國直接面臨的危險越來越高，首相身上的壓力開始讓他的身體難以承受。中午時，他依照醫生的建議躺回床上。但是他沒辦法當一個聽話的病人。他在床上接到消息，伊斯麥將軍已經提議要從加萊撤退。尼科森准將於凌晨兩點發來的電報證實了此事。儘管此項提議在被提出後三個小時就被取消，邱吉爾（仍然為了這個建議氣得睡不著）寫信給伊斯麥抱怨：「從加萊撤退唯一的效果，就是讓現在正圍困加萊的敵軍轉而攻打敦克爾克。加萊必須守住有很多原因，特別是因為要把敵人牽制在他們的戰線上。」[40]

儘管病倒在床上，邱吉爾仍持續在腦裡籌畫一個絕地救援計劃的最初輪廓——而且讓加萊的駐軍戰鬥到死、吸引敵軍的砲火、把敵人的注意力從敦克爾克引開，正成為這個計劃關鍵的一點。唯一的問題是：加萊還能發揮這個功能到什麼時候？

當天稍晚，當國防委員會於下午五點開會，艾侖賽將軍報告，「德軍坦克已經突破加萊西側的要塞，進入了介於加萊與海邊之間的位置」。[41]儘管有這個消息，加萊的部隊仍需守住陣地，擊退進犯的德軍，以便為在敦克爾克的盟軍爭取一點時間。

尼科森仍然希望能夠撤出，而且在不知道上級決定的情況下，仍英勇地試著守住這座城鎮，不過他的士兵已經被迫撤退到舊城城牆內的城堡裡。他於晚上七點〇五分從最後防線上發出一份電報：「迫切需求增援，否則整個駐防部隊將被徹底擊潰。」[42]他於晚上十一點二十三分收到回覆，告知上級仍未下令撤退。「為了盟軍的團結，你必須服從命令。所以你的任務是撐下去……沒有增援部隊……你得選一個最佳的位置繼續戰鬥。」[43]艾侖賽將軍另外寄了一份通知告訴尼科森，上級禁止從加萊撤退，而且他的部隊「全是正規部隊，別的話不用我多說」。[44]

我們只知道，尼科森在接到這份通訊之後，立刻叫幕僚把僅剩的坦克予以焚毀。

當邱吉爾得知這些通訊，感到非常憤怒。照他看來，要鼓勵別人做出最後的犧牲，不能用這樣的語言。次日他寫信給安東尼．艾登與艾侖賽將軍：「請兩位找出……我今天早上看到的這封冷酷無情的電報是誰寫的，就是裡面提到『為了盟軍的團結』那一封。這不是鼓勵軍人戰鬥到底的方式。」[45]由於知道不能再推遲最終的決定，邱吉爾草擬了一份回應，由艾登在下午一點五十分（五月二十五日）發出：

致尼科森准將：

將加萊堅守到最後，對我們國家來說具有至高無上的重要性，也象徵著我們與法國持續的協同作戰。大英帝國的雙眼正看著加萊的守軍，而且英王陛下的政府深信，你跟你勇敢弟兄們所做的英雄壯舉，將無愧於大英之名。[46]

這才是應有的表達方式——沒有「服從命令」或「請撐下去」這樣的陳腔濫調。而是讓這些在劫難逃的士兵注意到，此刻他們有機會名流青史，或者套莎士比亞的說法，他們的名字有機會在不列顛人民的口中變得像日常語彙一樣熟悉。

在倫敦，邱吉爾已經接到保羅·雷諾一封電報，通知他英國陸軍已不再配合魏剛將軍的計劃，且已朝海峽各港口的方向撤退。既然英軍已不再朝南進攻，通往敦克爾克的道路已是門戶大開。全面退卻與人員撤離看來已經成為定局，於是哈利法克斯勛爵（準備好要給溫斯頓增加壓力）便回到法方建議的路線上，即對墨索里尼就前面提出的事項進行交涉。

對保守黨內的和平主義者來說——而且這些人不在少數，事實上還與日俱增，因為他們非常希望保住祖傳的鄉間莊園與英國的自治，即使最終的代價是中歐與西歐大陸的淪陷——對這些人來說，與墨索里尼尋求接觸，請他提出義大利不參戰的條件、以及在未來居中安排與希特勒的和談，是一個可行、受歡迎且完全合理的規劃。這絕對比繼續戰爭要有意義得多，因為現在看起來，繼續戰爭很可能讓英國陸軍喪失幾乎所有的正規部隊。

懷著這樣的想法，也確信自己的提議將獲得廣泛的支持，哈利法克斯於五月二十五日對戰時內閣報告時表示，義大利駐倫敦大使館裡進行過的一次會談，其情況如下：

一位義大利外交官說（但也表示他的談話並未經過授權），義大利仍有相當多重量級人士很希望看到地中海的問題能和平解決。如果英王陛下的政府能找到辦法與義大利政府洽談，以尋求友善解決爭議的可能性，那麼英方無需擔心遭到斷然的回絕。[47]

哈利法克斯再度表達了他的觀點：「這很可能不會產生什麼結果。儘管如此，就算只是爭取到一點時間，也是非常寶貴的。法方一定很高興看到英王陛下的政府進行這類接洽，因為這符合他們自己的政策。」[48]

一個星期之前，墨索里尼在給邱吉爾的回信裡曾完全否決了與同盟國進行和平協商的提議：「如果貴國政府是為了守住條約的尊嚴而對德國宣戰，那麼您一定就能了解，義德同盟協約也要求相同程度的尊嚴以及對條約的信守。義大利的政策將秉持這樣的精神，在今天與未來，對無論任何事件都將勇往直前。」[49]由於法國此時已在崩潰邊緣，英國又急於將遠征軍撤出，所以邱吉爾一方面同意「依照所建議的性質進行聯繫」，但是強調，「當然，此事對外絕不能有半點宣揚，因為那將等於承認我方的軟弱」。[50]他仍然對義大利領袖懷有很深的疑慮；他認為「墨索里尼先生很有可能在任何時刻對法國施加強大壓力，以迫使他們做出讓步。法國把在義大利邊界上的部隊都調開了，這讓他們處在非常不利的談判地位上。」[51]

英國人民如果知道，他們的領導者正在試探與一位法西斯獨裁者和談的機會，也許會感到十分驚愕。但是事實是，他們幾乎完全沒有被告知這場戰爭慘烈的現況。如哈利法克斯在外交部的得力助手凱德肯爵士在日記裡所說的：「民眾對戰局毫無所悉」。[52]這段時間的報紙能概略說明，在報導內容與戰場現實之間有多大的鴻溝。比如五月二十五日的《曼徹斯特衛報》刊出一份週末到法國首都度假的廣告：

住在巴黎：近歌劇院與林蔭大道：同盟國國民享專屬折扣[53]

五月二十六日，布倫陷落後兩天，《世界新聞報》仍刊出：

同盟國在海峽沿岸重擊德軍——法國說「布倫仍在我們手中」；加萊有強大的防衛

力量[54]

同一天，《週日快報》：

法軍擄獲十五名敵軍將領——公報稱「我們宰制了敵人」[55]

《人物》也說：

納粹宣稱盟軍地面部隊在佛蘭德斯被包圍，但巴黎報導稱奪回了亞眠，敵軍死傷慘重[56]

五月二十七日，加萊淪陷的次日，《每日郵報》說：

海軍開始行動，對布倫各處的德國部隊進行砲轟——堡壘陷入街頭巷戰——加萊與敦克爾克牢牢地握在盟軍手中

固守加萊：海軍砲擊敵人[57]

《晚間標準報》稱：

梅南激戰，德軍遭受「巨大」損失——加萊至今仍被固守[58]

《每日快報》：

加萊發生巷戰——海軍砲擊粉碎德國裝甲師[59]

五月二十六日天一亮，來自法國的消息佔滿了邱吉爾的思緒，也讓他的顧問與幕僚忙得不可開交。通往敦克爾克的道路已經對英軍與德軍完全敞開。如邱吉爾自己所形容的，「走向海洋的大行軍」[60]已經開始。保羅．雷諾踏上了前往倫敦的旅程，以與邱吉爾進行危機會談。早上九點，邱吉爾在戰時內閣的會議上表示，

雷諾先生在當天的面談中可能會說法國已無法繼續作戰，內閣對此應有所準備。他〔邱吉爾〕會盡一切努力促使雷諾先生堅持下去；他會指出，法方最起碼仍有支援英國遠征軍安全撤出的道德義務，這至少是法方還能辦得到的範圍內。[61]

哈利法克斯勛爵再也無法保持沈默。由於對自己的意見越來越有自信，他毫不迂迴地對內閣表示，「我們必須面對一項事實，現在的問題已經不是我們能不能讓德國被徹底擊敗，而是能不能保住我們自己帝國的獨立存在」。[62]繼續邱吉爾「不計一切代價也要勝利」的十字軍東征情懷現在看起來太可笑了。哈利法克斯傳達的訊息非常直白：我們正在輸掉這場戰爭，而如果還有機會阻止更多年輕人喪失生命，我們怎麼可以不把握？

於是他抓住這個時機對內閣表示，他前一天晚上已經會晤過義大利大使朱塞佩・巴斯蒂亞尼尼，並且被告知，「墨索里尼的主要願望是確保歐洲的和平」。[63]哈利法克斯則回答他，這也是英國亟想達成的目標，而且「對於任何可能達成此一目標的提議，我們自然也應該有意願予以考量，前提是我們的自由與獨立可以被確保」[64]。把英國政府對義大利的立場做如此呈現，甚至已經遠遠超過邱吉爾對於與希特勒和談曾經表達過的最正面的態度。此刻，哈利法克斯的思維與所使用的語言顯然都牢牢地嵌在他兩個構想裡：較小的構想是讓義大利不要參戰，較大的構想則是讓希特勒放下武器。從這時起，對哈利法克斯來說，一切對義大利的交涉都直接被等同於他（對巴斯蒂亞尼尼）稱之為「歐洲全面和解」的解決方案；照這個構想，義大利如果不加入這個更大的協議，將什麼也得不到。

至此邱吉爾也瞭解了，他只要同意對義大利做任何正式交涉，都意味著把英國推下一個煞不住車的斜坡，只能一路往下、往下再往下地滑到與柏林進行和平談判。他於是回答哈利法克斯，「和平與安全一樣能在歐洲被德國宰制的情況下達成。這是我們絕不能接受的。我們必須確保我們享有完全的自由與獨立。任何協商如果可能導致我們的權利與權力受到損害，我通通反對。」[65]

哈利法克斯反覆重申說，並不存在遭受損害的問題；他還補充，如果法國與英國在這樣的協商中組成一個聯合陣線，就將「構成一個強大的槓桿，可以獲得或許對我們很有利的優惠條件：如果法國有意參與和平談判，那麼他們有一張很強的牌可以打：他們可以對希特勒表明，絕不個別進行和談。」[66]

溫斯頓——他相信德國更可能要求分別和談——回答說，「德國人將對法國開出儘可能有吸引力的和談條件，同時強調，與他們有爭端的實際上並非法國，而是英國。」[67]

參謀長們已經準備了一份文件，概略描述了如果法國真的投降，會產生哪些結果。文件讀來令人覺得前景暗淡。哈利法克斯指出，文件顯示，「我們若要單槍匹馬對德國繼續作戰，最主要的前提是能夠對德軍建立並保持空中優勢」。然而，如果德軍現在已經控制了法國陸軍，他們就無需把所有資源投入歐陸的地面戰鬥，「而是將有餘裕把絕大部分的力量用於建設空軍」。這個想法非常可怕，是支持立即求和者很有力量的一個論點。德國空軍現在就已有顯著的空中優勢。如果讓他們繼續增強，皇家空軍將無力抵抗。哈利法克斯建議，無論和談與否，「作為最後手段，我們應該請法國讓他們的（飛機）工廠無法運轉。」[68]

內閣最終沒能就這個議題做出真正的決議。邱吉爾身上的壓力越來越大；現在就連他這個不可救藥的樂觀主義者也已經看清楚，他只能完全聽憑法國的擺佈。他幾乎所有選項都已喪失。

當戰時內閣於下午兩點（五月二十六日）再度開會時，討論重點成為：巴黎的淪陷已經迫在眉睫。

邱吉爾報告，雷諾已經告訴他「雖然他（雷諾）會遵守命令，會依照被交付的任務奮鬥下去，也願意為法蘭西國旗的尊嚴戰鬥到死，但是他不認為在德軍堅決的猛攻之下，法國的抵抗還能維持太長的時間」。法國有五十個師，卻要抵抗德軍一百五十個師，「這場戰爭很明顯無法在陸地上打贏」。雷諾問邱吉爾，「所以法國能在哪裡尋找救贖呢？有人建議我們應該進一步與義大利進行接洽。」雷諾猜測，作為和平的代價，義大利會索取「直布羅陀與蘇伊士運河的中立，馬爾他的非軍事化以及在地中海海域限制海軍活動」[69]——這些是法國相信，如果要讓義大利不加入戰爭，起碼應該提出的價碼。

邱吉爾拼命地鼓舞雷諾的士氣，因為他需要法國繼續戰鬥，英國遠征軍才有機會脫身。他對總理說：「我們不準備在任何情況下投降。我們寧願戰死也好過被德國奴役。

但是不論如何，我們相信，我們很有機會在德國的攻擊中存活下來。只是法國一定得留在戰場上。」[70]

邱吉爾現在建議，應該找個人離開內閣會議，去海軍部與雷諾本人會晤。他指派了哈利法克斯，這位主張和談的人來做這件事。實際上，儘管自己對雷諾的談話一貫強硬，他卻挑了最熱切的和談派去繼續這場關鍵的英法會談。邱吉爾在這裡是否舉棋不定？

在對戰時內閣談話時，溫斯頓是更為實際的：他仍然相信，英國有些微的機會可以從這場危機中全身而退，但前提是法國能「再多堅持三個月：屆時局勢將完全改觀」。[71]這裡我們再度看到，他實際上對英國存活機率的評估是多麼地不樂觀。

哈利法克斯遲遲不離開會議室，而是趁他的領導者難得一次面對現實之際，再度敦促他，**對義大利的交涉**——連同其所意指的一切事項——已經勢在必行。他堅稱「墨索里尼先生最不願意見到的，就是讓希特勒先生宰制歐洲。所以他應該會——在他辦得到的範圍內——勸希特勒先生採取一個更為合理的態度。」如果用西洋劍決鬥來形容他與哈利法克斯長期的爭論，那麼此刻邱吉爾已經被逼到角落了。最後首相說，「他懷疑對義大利交涉能否產生任何結果」，但也承認，「這是戰時內閣必須考量的事項之一」。[72]他這個讓步，以及接下來一系列令人詫異的退讓，挑戰了今天我們對邱吉爾形象的認知。

哈利法克斯終於得了一分。在短短數天之內，從一個原先不允許自己或任何其他人考慮和談或投降的人，溫斯頓已經做了多麼大的調整啊。但這是雪崩一般的壞消息與同事間的壓力累積而成的結果，讓他一開始懷抱的所有希望都逐步破滅了。

哈利法克斯勛爵適時離開了內閣會議，在海軍部見了雷諾。等到法國總理離開之後，戰時內閣又到海軍部來與哈利法克斯會合，繼續開會。

出於命運的偶然，內閣秘書布里吉斯在這場會議的前十五分鐘並不在場，以至於這段時間的會議沒有留下直接的紀錄。然而很明顯的是，極端的緊張狀態對邱吉爾的影響正在顯現。有跡象表示，溫斯頓很可能就在這段缺了紀錄的時間裡，就和談問題作出了他到目前為止最令人詫異的表現。這個線索就藏在次日戰時內閣的會議記錄中，以及在張伯倫日記中關於這一天的敘述裡。

凱德肯爵士下午五點時已經在場。他形容邱吉爾「說話時過於沒有頭緒、浪漫、感性、以及

如今已經改成博物館的邱吉爾地下作戰室。戰爭不光發生在前線，戰火在這裡也是異常激烈。（Frankemann）

容易激動」。[73]我們不免好奇，他為何會如此？

從張伯倫的日記我們可以推斷，在這一天，而且最有可能就在這個時刻裡，邱吉爾在對德國和談問題的態度走到了一個重大的轉捩點。日記中提到邱吉爾說「他不相信希特勒會同意任何我們能接受的條件——不過，如果我們只需要放棄馬爾他、直布羅陀以及某些非洲殖民地就能從這場泥沼裡脫身的話，那麼他〔溫斯頓〕會欣然接受」。[74]

在次日（五月二十七日）戰時內閣的會議記錄，哈利法克斯所說的話也證實了這一點：

在前一日（五月二十六日）的討論中，他〔哈利法克斯〕已經詢問過首相，如果攸關我國獨立的核心事項都不受影響且首相能滿意於此前提的話，那麼他就可以著手洽談條件。首相說，如果我們最關鍵與本質的核心力量得以確保，那麼他將很感激能以這類條件從我們當前的困難中脫身，即便得以犧牲某些領土為代價。[75]

我們有理由猜測，在布里吉斯抵達內閣會議、執起歷史之筆之前，在那「消失的十五分鐘」裡，邱吉爾確實說了這些話。因為這樣一個顯著的讓步（有另外的兩個來源確認此事），竟然沒有資格被納入戰時內閣當天的會議記錄，是不可想像的。如果不是哈利法克斯次日（五月二十七日）重提了邱吉爾的這個妥協，而且被正式紀錄了下來，那麼此事就將只被保留在張伯倫未出版的日記裡了；今天的讀者可在伯明罕大學的檔案室裡讀到這份日記。

這是有陰謀的遮掩行為嗎？如果邱吉爾真的說過，希特勒若能提一個合理的和談條件，他將十分感激，那麼這是一個能動搖邱吉爾經典形象的事件。但是邱吉爾的官方傳記作者馬丁．吉爾伯特完全沒有提到這一點。

當布里吉斯重新寫起會議記錄之後，溫斯頓的氣勢又大了起來，跟往常一樣——也許他害怕自己真正的想法通過紀錄而為大眾所知。

所以，會議紀錄上最先出現的，是溫斯頓又唱起老調。他指出，不相信希特勒能對英國提出任何體面的和平條件。他還說，「如果德國能為所欲為，對我們所提出的條件一定是無止無盡的」。[76]他顯然希望法國能撐下去，但「同時我們必須小心，我們絕不能在脅迫下變得軟弱，因而去找墨索里尼先生，請他去求希特勒先生對我們好一點。在遭遇任何真正的戰鬥之前，我們一定不能被束縛在那種立場裡。」[77]

或許被這種反覆的表現所激怒，哈利法克斯勛爵嚴厲反駁邱吉爾，強力但冷靜地重申，「讓法國去嘗試歐洲勢力平衡的各種可能性，是很值得期待的，但或許首相並不像他這般重視此事」。他也補充，他「並不十分確信首相的評估是否正確；他不認為希特勒先生堅持提出蠻橫的條件是符合自身的利益」。作為英國人，哈利法克斯當然不會同意「任何會侵害我們國家獨立的條件」，但是如果，如他所猜測的，「墨索里尼先生對希特勒先生的崛起頗為疑懼（而且我們覺得他必定如此），也有意願從勢力均衡的觀點來面對問題，那麼我們或許可以考量義大利的要求。無論如何，他〔哈利法克斯〕認為嘗試一下並沒有損害。」[78]

這兩個本來應該齊心合作的人，彼此間卻有如此根深蒂固的歧見，在這個時刻，實在是一件危險的事。房間裡其他人很少介入他們激烈的辯論，但這場辯論關係重大，牽涉到英國、歐洲與全世界的未來。

根本來說，兩人的立場分別是這樣：讓希特勒控制西歐，但是英國藉由和平協定確保自治，這是哈利法克斯可以接受，現在甚至主動歡迎的方案。在這個立場上，他覺得自己代表黨內一大部份人的意志，代表大眾，更甚者，代表任何對戰場現實能冷靜評估的人。至於在溫斯頓這邊，他開始接受和談可能是一條出路——事實上，如果條件有利，他會為能夠找到這樣的出路而非常感激。但是有個最關鍵的問題還沒解決：**何時才是出手談判的最佳時機？現在，還是再晚一點？**

工黨大臣亞瑟．格林伍德並不相信墨索里尼能幫上什麼忙。他在戰時內閣會議上表示，他懷疑墨索里尼有沒有實力「獨立於希特勒先生採取自己的路線」。張伯倫說，他相信墨索里尼「只有在希特勒先生也有意順從的時候，才能獨立採取自己的路線」；此外，為了讓會議氣氛和緩下來，他還補充：「這是個非常困難的問題；從不同觀點把話講清楚是很好的。」[79]

這些猜測無法產生任何結果；邱吉爾說，他「認為最好先不要決定任何事，直到我們知道，我們能把多少部隊從法國運回來。這項行動有可能是一場重大失敗。但是話說回來，我們的部隊也有可能作戰順利，而我們或許可以把很大一部分的遠征軍救回來。」[80]

哈利法克斯熱切推動的和平談判，是以地圖上部份地域作為籌碼；這個路線如果走下去，在邱吉爾看來，只會讓德國得到好處。德國將能獲得一些英國的殖民地，在地中海區域獲得特許權，然而「我方並沒有這類選項可選。比如說，〔德國〕提出的條件一定會禁止我們完成軍備重整。」哈利法克斯試著向他保證，如果真是這樣的話，那麼英國當然會拒絕這種協議；然而邱吉爾堅決認為「希特勒先生相信自己已經控制了局面。我們剩下唯一能做的事，就是讓他明白，他不能征服我們這個國家。」如果邱吉爾對雷諾的預期成真，法國再也無法繼續作戰，那麼「我們〔英法兩國〕就要分道揚鑣了」。[81]

在戰時內閣的會議室裡，也有好幾個人多年以來都稱邱吉爾為戰爭販子。完全禁止對和談可能性的探討，這樣的作法只會讓這個標籤更加鞏固，讓他跟像哈利法克斯與張伯倫這樣的人漸行漸遠，然而此刻邱吉爾又迫切需要他們的支持。在考量他為數不多的選擇後，邱吉爾讓步了：「同時……如果對墨索里尼先生進行某種接洽，我不會提出異議。」[82]

所以，溫斯頓的語言與心思逐漸地轉移，從像「絕不」這類語詞轉變成像「考慮一下」這樣的表達，也同意對和平談判的初步接洽「不提出異議」——這一步的主要目標是確認，義大利會索求怎樣的代價，才願意居中促成德國與英國間的和平談判；而且根據預測，屆時法國很可能已經出局。

格林伍德與張伯倫都相信，義大利領導人會抓住這個機會，不只要求馬爾他、直布羅陀與蘇伊士運河，而且還會索取索馬利亞、肯亞與烏干達。他們很有可能是對的。在五月十八日寫給邱吉爾以回絕同盟國訴求的那封信上，墨索里尼就列舉了英國在非洲對義大利的粗暴對待。格林伍德也補充，在法國局勢隨時都在惡化之際，「如果巴黎很可能在短時間內被攻陷，這時協商難道真的還有任何成功的機會嗎？」[83]哈利法克斯警告內閣，如果他們「看到，我們能取得不至摧毀我們獨立地位的和談條件，但又拒絕這樣的和談，那將是非常愚蠢的」。[84]他無法表達得更清楚了。對他來說，在此刻，在英國可以維持獨立的前提下，只有一個非常「愚蠢的」人才會不考慮跟德國人談條件。

溫斯頓沒有立即反駁；毫無疑問，此時他的中指一定在座椅的漆皮木製扶手上不停地敲著（二戰結束後有人發現，經過了六年必須進行艱苦思索與決斷的首相生涯，他焦慮不安的敲手指的習慣已經把扶手上的漆磨掉了好幾層）。他會怎麼說呢？他又該怎麼做？

會議記錄說出了答案。

這場會議持續了四個多小時，在其間，實力強勁的對手秉持著各自最深層的目的與最堅持的原則，以出色的技巧與論據互相爭鬥。最後在會議結束時，溫斯頓同意哈利法克斯可以草擬一份草稿，也就是一份備忘錄，簡述他對與義大利交涉的建議，以供次日討論。

哈利法克斯勝利了。

他必定感到鬆了一大口氣。他一定覺得和平已經不再遙不可及，外交的齒輪終於被啟動了。他離開內閣會議室，著手草擬一份備忘錄，期待這份備忘錄可以真正——是的，真正——讓破碎的歐洲恢復到一個實際和平的狀態。

然而，在事件發展與政治壓力下，邱吉爾被迫做出可觀的退讓。他從來就不是一個習慣後退的人。當哈利法克斯忙於撰寫他的草稿時，溫斯頓把重心放回自己支持的逃脫策略。

這個策略根本說來，就是拯救陸軍。沒有陸軍，英國甚至無法堅持像樣的和平條件，更不可能改日再戰。英國將陷入法國現在所處的悲慘境地，無論德國喜歡開出什麼條件，都別無選擇地必須接受。關鍵在於英國遠征軍從敦克爾克撤出的行動一定要成功。但是該怎麼做呢？

羅斯福曾如此形容邱吉爾：「他一天能想出一百個點子。當中四個很好，另外九十六個簡直太危險。」[85]

他六天之前（五月二十日）想出的一個好點子，套用當時的流行話來說，就是「最佳範例」（a belter）。溫斯頓的好點子的所有特色，它一應俱全：令人訝異，宏大，危險但是可行，可能造成重大人命損失，而且乍看之下不是普通的古怪。

在五月二十日早晨的戰時內閣會議上，陸軍的狀況再度被討論；此時部隊正在前往敦克爾克的途中。三十萬人的部隊即將到達港口，但是該港已被焚燒中的英國船艦給堵塞。英國皇家海軍無法靠得夠近海岸來進行解救，因為德國空軍會進行猛烈的空中攻擊。根據艾侖賽所做的最樂觀的估計，如果能活著救出百分之十的部隊就算幸運了。

會議記錄中邱吉爾做了如下回應：「首相認為，海軍部應該採取預備措施，即召集大量的〔民用〕小型船隻，準備前往法國海岸上的各港口與海灣。」[86]

小型船隻？溫斯頓的妙計是（就我所知，還沒有人說過這是他的妙計，而且令人訝異地，沒有一部傳記或任何新聞報導曾指出過這一點），要求廣大民眾，或者至少那些能出得起可用船隻的民眾，組成一支規模浩大（即使難免散亂）的民間船隊，駛過英吉利海峽，去拯救被困在海灘上的英國軍人。

很少人注意到，不論是一般民眾或甚至歷史家，這個風險極高的點子，這個被稱為「小船搶救行動」的計劃，正是出自邱吉爾本人之手。

在溫斯頓的妙計被提出來之後，不到幾個小時，海軍中將伯特藍．雷姆賽——位於多佛的艦隊司令，也是一位在邱吉爾的要求下從退休狀態中復出的老戰友——就接到命令，負責籌組一支民用船隻的船隊，以便前往海峽港口，將遠征軍撤回英國。

所以，在六天之後，也就是當哈利法克斯求和的牙齒間還夾著咬到的那口肉、正尋思著如何以精巧的語言對一位發狂的獨裁者求饒的同時，溫斯頓正急忙趕往海軍部。他拼了命想找出哈利法克斯的和談計劃之外的替代辦法；戰爭內閣祕書處的克勞德・柏克利上校如此形容這個時刻的邱吉爾：「他衝來衝去，無預警地往另一邊的唐寧街官邸跑去，讓他的幕僚陷入徹底的混亂，同時嘴裡喊著『我們絕不會認輸！』」[87]也是在這個時候，從多佛城堡下方的海軍指揮部內，雷姆賽已經設法在英國國家廣播電台上發出了徵募船隻的公告，而且至此已經集結了超過八百艘所謂的小型船隻，準備參加這次戰爭中最大膽的一次行動。

於是，一九四〇年五月二十六日，下午六點五十七分，邱吉爾下達命令：「『發電機行動』正式啟動。」[88]

這是拿平民生命作重大賭注，但是溫斯頓覺得（而且不無道理）如果他手上有一支軍隊，可以作戰或者作為談判籌碼，那麼英國還可以從災難中被搶救回來。

當發電機行動正式開始，同一時間，邱吉爾也發了另一封電報到加萊的駐防部隊給尼科森准將，正式通知他們，加萊部隊將不會被撤出，他們必須「堅持作戰到最後一刻」[89]。

尼科森跟他的部隊服從了命令。他們拒絕投降，繼續奮戰到底，直到納粹旗被升到加萊市政府建築的鐘塔上為止。在他們終於被擊潰之後，尼科森的弟兄們雙手放在頭上，一個接著一個被德軍領出碉堡，帶到廣場上。他們在機槍前面排成一列。這些加萊的勇敢士兵成了戰俘。他們被送進戰俘營，運氣好的能活到戰爭結束，運氣差的就死在裡面。准將尼科森於三年後死在被關押的戰俘營裡；他是從一個窗口跌了下來，可能是自殺。

安東尼．艾登在回憶錄裡說，不撤出加萊駐軍的決定是「戰爭中最讓人痛苦的一個決策」。[90]邱吉爾比大多數人都更深切地感受到這種痛苦，因為是他下令犧牲兩千多人，以換取其他數十萬人得救的機會。當他與艾登、伊斯麥與艾侖賽一起返回海軍大臣官邸時，據伊斯麥回憶，他是「在當天晚餐時出乎尋常地沈默，用餐與喝酒時明顯毫無興致」。[91]

他在想些什麼呢？加萊，當然；哈利法克斯，一定也有；希特勒，這他從來不忘；發電機行動，這支正穿越海峽朝敦克爾克前進的平民船隊，想必也是；他自己的領導能力，或許。自我懷疑、罪惡感、懊悔、心力交瘁，這些一定也都是影響因素。

當大家從餐桌上站起身來時，邱吉爾的臉上顯現一種非常悲傷的表情，並且對他們說，「我覺得我生病了」。[92]他的病也許是來自於讓英勇弟兄遭受可怕命運的罪惡感，也許是因為擔心失去所有陸軍，或者是由於害怕除了接受敵人殘酷的條件之外別無出路。這是他最低落的時刻，但是第二天只會給他帶來更多壓力，以及戰時內閣不可修補的分裂。

1940.05.27（一）

邱吉爾接到消息，比利時國王正考慮對德國投降

哈利法克斯勛爵在思考對德國的和平協議，也已完成他的備忘錄，標題為《與義大利交涉之建議》

納粹武裝黨衛軍在法國帕拉狄斯附近，俘虜了九十七名英國士兵並予以殺害

第九章　內閣危機與領導地位

Cabinet Crisis and Leadership

邱吉爾注意到風向已經轉成對他有利的方向，便做出強硬的回答，「當其他國家都已被納粹的暴力征服，為他們奮戰而倒下」。

哈利法克斯：歐洲已經輸掉了！輸掉了。在我們的部隊被全面殲滅之前，現在是進行協商、取得最好條件的時刻。堅持太過分的條款對希特勒並沒有好處。他一定知道自己也有弱點。他會講道理的。

溫斯頓：什麼時候我們才會學到教訓？我們還要討好、綏靖多少個獨裁者─老天爺，甚至給予他們龐大特權─我們才能學到教訓：當你的頭已經進了老虎的嘴裡，這時候你不能跟牠講道理！

在前一天晚上下達發電機行動開始的命令之後，五月二十七日早晨七點十五分，邱吉爾收到的第一個消息並不是好兆頭。多佛的海軍基地通知他，「加萊與敦克爾克之間發生了一個糟糕的狀況。敵軍已經前進到基夫蘭斯〔位於加萊與敦克爾克之間的一座小城〕並架設了四十門砲，正對著接近敦克爾克的船隻實施砲擊……」[1]如果船隻連進港載運士兵都辦不到，英國部隊很快就會被全面包圍，沒有逃脫的機會。

前一天晚上，當哈利法克斯勛爵正絞盡腦汁構想和平談判時，比利時駐倫敦大使館參事前來拜訪，並告知他，「比利時國王似乎傾向認為這場戰爭已經失敗，現在正考慮與德國簽訂個別的和約」。[2]比利時內閣「已經出走到外國土地〔法國〕以繼續抗爭」，[3]但是國王利奧波德三世，英王喬治六世的表親，則跟所率領的軍隊仍然留在比利時。在上午十一點半舉行的戰時內閣會議上，哈利法克斯轉達了這個消息。他「認為比利時國王的行動形同分裂國家，再把國家置於希特勒先生的保護之下」。[4]邱吉爾立刻發電報給海軍上將羅傑・凱斯爵士，比利時國王利奧波德三世的聯絡官，請他「務必告知國王，他這個選擇將給同盟國以及比利時帶來災難性的後果」。[5]比利時陸軍大多集中在法國以北，與英國遠征軍並肩作戰；他們還沒有被知會遠征軍要撤出的決定。邱吉爾了解他所要求於比利時人的是何等重大的事情，但是他也深知，如果比利時人在這個節骨眼上投降，將使盟軍左邊的側翼完全暴露，因此將危及英軍向海岸撤退的行動。在另外一封傳給英國遠征軍總司令高特勛爵的訊息裡，首相承認，「我們確實是在要求他們為了我們而犧牲自己。」[6]

眼看有更多盟軍將要投降，眾人再度把念頭轉往美國的方向。英國駐華盛頓大使在給哈利法克斯的電報上建議，「我們應該把我們在新大陸裡一些資產讓渡給美國，以支付我們戰爭債款的一部分。」[7]因為「我們如果做出這樣的提議，能讓美國對我們更加重視，有助於我們的安全」。[8]哈利法克斯相信這是另一個有趣的替代方案，應該研究一下，但是邱吉爾再度表示反對。他說，「美國在這場戰爭中實際上不曾給過我們任何幫助，現在又看到情勢已經這麼危險，所以他們會把一切本來可以用於幫助我們的裝備，通通留下來防衛自己。」[9]由於這些反覆被提出的和談建議讓首相疲憊不堪，所以他在戰時內閣會議結束時說，他要「發出禁令，限制大臣們只能使用對於戰勝有信心的語言。他確信英國大多數的民眾拒絕接受戰敗的可能性。」[10]接著邱吉爾命令伊斯麥要求各參謀長，在下一次會議開始之前，再度檢討「我們單獨對德國——或者再加上義大利——繼續作戰的展望如

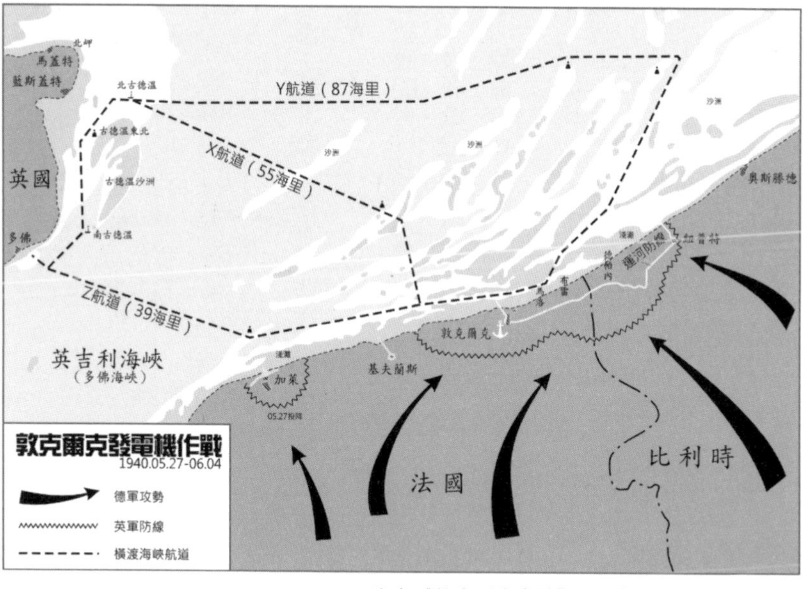

取自《敦克爾克奇蹟》，八旗文化，林書豪繪圖

何」。[11]

當五月二十七日下午四點半的戰時內閣會議開始時，就位的並不是那例行的二十位閣員，討論的也不是議事程序上無止盡的事項。這次會議的出席者只有邱吉爾、哈利法克斯、張伯倫、艾德禮、格林伍德、凱德肯爵士[12]、阿契伯德．辛克萊爵士[13]以及愛德華．布里吉斯爵士[14]。議題只有一個：對墨索里尼交涉的議案。

自由黨領袖辛克萊長期批判綏靖政策，也是邱吉爾的老朋友；邱吉爾違背規章把他納入陣容，明顯是在找幫手，因為戰場上的現實削弱了他的立場。

在接下來的討論中，哈利法克斯以及他的支持者——代表執政的保守黨中一個很大的部份——終於與他們黨內的一員，溫斯頓，正面衝撞了起來。後者頑強地堅持英國要單獨繼續作戰，看在哈利法克斯的眼裡，等於對理性論述與確切證據無動於衷，也違背這個國家的最佳利益。

順著法國總理保羅．雷諾前一天的建議——英國與法國政府應該直接與墨索里尼接洽並試著讓他不要介入戰爭——哈利法克斯勛爵已經在開會之前派發了一份備忘錄，以利可能選項的討論。

如果墨索里尼先生願意與我們合作，以達成一份和平協議……我們將承諾秉持著尋

> 求解決方案的精神，立即就墨索里尼先生主要關切的事項進行討論。我們了解，他希望地中海的一些問題能獲得解決：如果他能秘密地將這些事項陳述出來，法國與大不列顛將立刻盡全力滿足這些願望。[15]

哈利法克斯也對戰時內閣報告，「羅斯福總統已經依照備忘錄設定的方針進行了一次接洽。」[16]這是英國不久之前所要求的；當時英國相信這個交涉應該會獲得正面回應。但是現在，由於法國已在崩潰邊緣，張伯倫確信，此時再交涉已經太晚了；他相信義大利已經在打量德國勝利時可以分到哪些好處，只等法國戰敗，就會帶著貪婪的要求撲上來。

至於法國請求英方允許他們在「英法同盟條約」下自行與義大利進行接洽，邱吉爾的看法是，「這樣的交涉不會有任何結果，但是〔允許法方去交涉〕是值得一試的，那可以改善我們與一個搖搖欲墜的盟友的關係」。[17]

大臣們接著輪流表達自己的意見。阿契伯德．辛克萊爵士——邱吉爾在會議桌上的秘密武器——這時開始發揮功能。他說，他強烈感受到，英國如果涉入對義大利的任何接洽，都會顯示出英國的衰弱，並「讓德國人與義大利人得寸進尺」；英國應該盡一切能力「增強法國的力量」。兩位工黨大臣都強烈反對寄出這封信給義大利：克萊曼．艾德禮表示，「這個交涉的提議不會有什麼實效，反而將對我方造成很大的損害。事實上，外交部提議的這個交涉將使我們不得不請求墨索里尼先生〔在德國與英國間〕居中調停，並替我們談判和平條款。」[18]

艾德禮正確地看到，這個議案根本的主題其實是：英國是否應該與柏林進行和平談判。

亞瑟．格林伍德也看到這一點。他接著艾德禮的話繼續說：「如果消息外洩，讓外界知道我們以出讓英國領土為代價尋求〔和平〕協議，後果將非常可怕……首相與雷諾先生已經對義大利進行過交涉了，對方的反應並不好。如果朝交涉的方向再多走幾步，我們將會遭遇到大災難。」[19]

邱吉爾注意到風向已經轉成對他有利的方向，便做出強硬的回答。情況已經很清楚，一開始本來只是雷諾請求英法聯合對義大利交涉，請義大利不要加入戰爭，但這件事很快就變質為就和平談判進行討論，變成哈利法克斯想與希特勒進行的「歐洲和解方案」。

內閣秘書的會議報告對邱吉爾的回應有如下紀錄：

〔首相〕越來越失去耐性，他相信與墨索里尼先生進行接洽是毫無用處的，後者一定也只會用鄙夷的態度看待這種接洽。進行接洽只會給雷諾先生帶來壞處，遠遠比不上如果他堅定自己的立場那麼好。再者，進行接洽將讓我們在國內採取的作戰到

> 底的立場信用破產……至於法國是否真的像雷諾先生所形容的那樣如此想要放棄努力，他〔首相〕個人表示懷疑。無論如何，讓我們不要被法國一起拉下去。如果法國不打算繼續戰鬥，那就讓他們放棄好了，雖然他懷疑他們是否真的會這麼做。如果我們被擊敗，法國就成為一個附庸國了；但是如果我們打贏了，我們或許還能解救他們。我們能給予雷諾先生最好的協助，就是讓他感到，不論法國發生什麼狀況，我們都會堅決地戰鬥到最後。
>
> 當前，我們在歐洲的聲望非常低落。我們唯一能贏回聲望的辦法，就是讓全世界看到，德國並沒有擊敗我們。如果在兩個或三個月之後，我們還能夠屹立不搖，那麼我們的聲望將會回來。就算我們被擊敗了，情況也不會比現在就放棄戰鬥更糟糕。所以，讓我們避免被法國拖著一路滑到谷底。這一整套操作，目的是讓我們深深地被捆綁在協商裡，以至於再也無法回頭。我們在與義大利的接洽上已經走了一段很長的路，但是我們不能讓雷諾先生把我們帶進一個混亂的處境。這個交涉的提案不只是徒勞無用，而且還使我們蒙受致命的危險……在最壞的情況下，當其他國家都已被納粹的暴力征服，我們國家如果在為他們奮戰中倒下，也不算是一件壞事。[20]

他這番有強烈情緒的發言立刻在會議廳裡造成了分歧。那條從一九三〇年代中期起就把溫斯頓與綏靖派劃分開來的戰略與意識形態的分界線，立即被清楚揭露了。

為了支持突然被孤立起來的哈利法克斯，張伯倫撤回原先對於交涉提案的反對立場，並且替外交大臣辯護：「儘管他〔張伯倫〕同意這個交涉提案不會有任何實質的結果，但是他認為，我們應該更進一步進行交涉，以免引起法國的惱怒。他認為，我們不應該用全盤拒絕來回覆法國。」[21]

內閣秘書布里吉斯此時紀錄，接下來引發了一陣討論。但是他沒有詳細記下所有發言，只說「與會者普遍同意，最好的作法是依照上述方針做一個合理的回覆」[22]。

儘管有張伯倫的緩頰，哈利法克斯對邱吉爾的耐性還是到達了邊界。他在日記裡描述這場會議時說，「明明應該冷靜與合理思考的時刻，他〔邱吉爾〕卻放縱自己的情緒與衝動，這真的會讓一個人陷入絕望。」[23]

邱吉爾所說的，「當其他國家都已被納粹的暴力征服，為他們奮戰而倒下」才是更好，這句話已超過哈利法克斯能容忍的極限，特別是他真心相信，可以和平解決的辦法仍然存在，英國也可以避免犧牲如此多年輕的生命。此外，邱吉爾這算是態度大逆轉。不過就在昨天，他冷靜地批准了這份備忘錄的草擬，還說，如果和平談判可以提供一條從這場危機中脫身的路，他會「非常感激」。現在他卻把這份備忘錄，以及哈利法克斯的觀點，或許還包括哈利法克斯本人，都形容為「致命的危險」。

哈利法克斯知道邱吉爾把他晾在一個很難堪的位子上給在場所有人看，而他對此頗為在意。一開始當邱吉爾登上大位時，他與其他綏靖派所害怕的，就是他這種情緒與意見的反覆無常。現在他們看到他們所害怕的事情成真了。他自認為十分合理與愛國的提案，卻被說成是可怕與對國家有害的，這讓哈利法克斯非常生氣，所以他決定把他的「觀點的深刻差異」[24]完全攤開來，並且讓這些話被載入正式官方紀錄。他準備為自己的理念及其良好判斷與道德正當性奮鬥，而且他不希望任何人對此有絲毫懷疑。他說：

在他所提議的行動，跟首相所做的提示——我們這是在求和，而且正走在一條通往災難的道路上——之間，他看不出有任何相似之處。[25]

接著，在提到首相前一天的意見之後——邱吉爾當時表示，他「有意願」討論和平條件，而且如果交出一些領土給德國就能和平解決問題，他甚至將「很感激」——哈利法克斯繼續說：

然而在現在這個會議上，首相的意思似乎是，除了戰鬥到底一途以外，我們不會在任何條件下考慮任何其他的行動。這個議題或許是理論空談，因為很可能我們能得到的不管何種提案，都會直接衝撞到對我們來說是很關鍵的根本條件。然而，如果有可能獲得一種解決方案，而且不會損及那些根本條件的話，那麼，就個人來說，他「哈利法克斯」會懷疑自己是否能接受首相上面所提出的觀點。首相曾經說過，只要再撐兩到三個月，我們就知道能不能擋住德國的空中攻擊。這意味著，我們國家的未來就取決於敵人的炸彈是否剛好擊中我們的飛機工廠。如果是為了保護我們國家的獨立性，那麼他（哈利法克斯）也願意面對這個風險。但如果我們的獨立性並不會受到危害，那麼他會認為，接受一個能夠讓國家免於災難的和談方案，才是正確的事。[26]

前一天的關鍵談話，也就是首相提到「如果能擺脫目前困境他會非常感激」的那段話，並沒有被收在任何官方紀錄裡。所以看起來，這些話是在布里吉斯抵達「戰時內閣大臣非正式會議」[27]之前的十五分鐘裡說的。

張伯倫的日記也證實，「WC（邱吉爾）說我們會試著找出某種方案來與墨索（里尼）進行接洽，但是我必須有時間好好考慮。這樣R（雷諾）也應該要滿意……」[28]此外，張伯倫也紀錄了邱吉爾清楚說出放棄馬爾他、直布羅陀以及部份非洲殖民地的立場。

他這是欣然接受希特勒的和平協議嗎？

看起來，我們可以有把握地說，這確實是邱吉爾前一天的心情與立場。當然，這也可以解釋哈利法克斯的憤怒，因為邱吉爾原先看似對於和談如此開放、如此歡迎、如此熱衷的立場，才過了一天就又變卦了。

邱吉爾在打什麼牌呢？他前一天的說法只是緩兵之計嗎？還是他真的曾在那段黑暗

的日子裡，對和平談判有認真的考慮過呢？

即便他從一九三三年起做過如此多呼籲，發表過如此多演說，使用過大量關於勝利的修辭，但是我們看到，在五月二十六日的這一場會議上，溫斯頓還是把與希特勒的和談視為一種可能，甚至還表示歡迎。只要看一下是哪些壓力逼他出此下策就好。發電機行動已經開始，但是前景非常嚴峻。英國陸軍差不多要全軍覆沒的情況看似很有可能發生。在這個關頭，溫斯頓同意，協商出一個和平解決方案是值得一試的，前提是英國的主權不會受到損害。所以當溫斯頓在不到二十四小時之內又食言反悔，哈利法克斯當然感到十分惱怒。正如哈利法克斯的傳記作者安德魯·羅伯茲所寫的：

> 為了理念而戰、各國傾全國之力與冒著本國敗亡的危險而努力將敵人消滅，這種事情完全與哈利法克斯的本性相互抵觸。希特勒明顯已經贏得第一回合，戰爭再打下去可能要十年以上。對哈利法克斯來說，這時最符合常識的作法，就是比照類似亞眠條約的精神（讓拿破崙戰爭暫停十四個月），試著至少去爭取一段喘息的時間。如果這能拯救英國遠征軍以及法國的大部份，那就更好。[29]

輪到邱吉爾回答了。

哈利法克斯的激憤顯然削弱了首相的氣勢，也因為張伯倫展現了與哈利法克斯團結一致的態度。或許溫斯頓在開口之前感到遲疑，因為那歷史之筆——此刻正握在布里吉斯手裡——將把他的話紀錄下來。這些話將表示他的立場再度有了重大的轉變，一方面跟他剛剛才表達的觀點有所不同，也與我們一般對他的認識有所差異。他說：

如果希特勒先生和談的條件是恢復德國殖民地以及成為中歐的霸主，這是一回事……[30]

讓我們在這裡按一下暫停鍵。

這是**某種讓步**。在這裡，溫斯頓願意說（且願意納入官方紀錄），他可以接受英國與一個在歐陸上獲得勝利的納粹德國進行和談，而且這份和約將允許希特勒成為中歐的**霸主**。如果你把他昨天說過的話加進來，包括「感激」以及「欣然接受」等字眼，不管是原字詞還是改換過的說法，這或多或少都讓歷史學家們長期抱持的看法成為泡影——他們認為溫斯頓從不動搖，從未把和平談判的構想當一回事，也從未採取任何實質的步驟去推動和談。

然而，以一種典型邱吉爾的風格，他在對歷史與對哈利法克斯做出這項重大讓步之後，又加了一句但書：「希特勒看起來不太可能願意進行這類和談。」[31]但是哈利法克斯決心在這裡讓邱吉爾止步，要阻止他再度從昨天已經做過的承諾裡掙脫出去，也要把這封義大利交涉信永遠地連結到一個全面的歐洲和平策略上。內閣會議記錄顯示，哈利法克斯接著做了如下發言：

外交大臣說，他想要提出下面這個問題。假設法國陸軍崩潰了，而且希特勒先生表示願意和談。假設法國政府說，「我們不能處理單獨對法國提出的和談請求，貴國必須與同盟國集體進行和談。」再假設希特勒先生，由於知道自己內部的虛弱，積極地想結束戰爭，所以對法國與英國一起提出和談要求。這樣的話，請問首相先生是否願意予以討論？[32]

哈利法克斯勛爵提出的這個質問極具挑釁的意味，特別是如果你考慮到他的話還被布里吉斯的筆過濾了一次。事實上，哈利法克斯在日記裡還說：「我認為溫斯頓說了令人極其厭惡的廢話，還有格林伍德也是，所以在忍受了一些時間之後，我把我對他們的想法完全說了出來，而且還說，如果那真的是他們的觀點，而且如果真到了決定的時刻，那我們就分道揚鑣。」[33]

如果當初布里吉斯能更忠實地跟隨歷史，我們現在會得到怎樣一段對話呢？儘管原話已無法考究，但是我們可以猜想這一段唇槍舌劍是怎麼進行的。

溫斯頓：哈利法克斯子爵，就像我昨天說過的，您提議的交涉不只毫無用處，還讓我們陷入致命的危險。

哈利法克斯：你那個戰鬥到底的浪漫幻想才是真正致命的危險！！！所謂「到底」難道不就是所有人的毀滅？戰鬥到死一點都不英雄，如果那本來可以避免；在失敗機率很大的時候孤注一擲，更是跟愛國扯不上最絲毫的關係；讓一場我們明顯正在輸掉的戰爭提早結束，並沒有可恥之處！

溫斯頓：歐洲還沒——

哈利法克斯（打斷他的話）：歐洲已經輸掉了！輸掉了。在我們的部隊被全面殲滅之前，現在是進行協商、取得最好條件的時刻。堅持太過分的條款對希特勒並沒有好處。他一定知道自己也有弱點。他會講道理的。

溫斯頓（無法忍受這種說法）：什麼時候我們才會學到教訓？我們還要討好、綏靖多少個獨裁者——老天爺，甚至給予他們龐大特權——我們才能學到教訓：當你的頭已經進了老虎的嘴裡，這時候你不能跟牠講道理！

哈利法克斯：首相，我想，我必須鄭重表示，如果您能預想的一切就是戰鬥到底，而且就算希特勒願意提出和談條件您也不打算予以討論，那麼您需要知道，我想我們必須分道揚鑣。

分道揚鑣？

邱吉爾非常清楚，哈利法克斯在這時候辭職將會造成災難。如果失去哈利法克斯冷靜的諮詢，這位仍被許多人視為自走砲的首相幾乎一定會在下議院遭遇不信任投票。而且幾乎一定會輸。整個保守黨會分裂成支持和談與反對和談兩派。所以在這一刻，他面對的不只是一個理由充份的主張（一個跟他自己的立場同樣有力的愛國主張），而且也是一個能讓自己的首相寶座不保的決策。

哈利法克斯在他的日記裡寫說，邱吉爾「感到訝異，而且和緩了下來」；[34]他說「他不會加入法國一起要求和談，但是如果有人能告訴他對方提出了什麼條件，那他願意予以考慮」。[35]

這大概是哈利法克斯權力與影響力的巔峰，因為他已經把一位領導者從「不計一切代價也要勝利」這種幾乎是戲劇表演的修辭拉了回來，讓他不情願地採納和平談判的構想，讓他考慮**何時**，而非**是否**，要進行這樣的談判。

隨著溫斯頓對哈利法克斯投降，戰時內閣很快就決議對法國做出回覆，同意法方進行某種接洽，好讓他們「不至惱怒」，也因為「我們已經獲知，羅斯福總統也已經依照上述方針進行了一次接洽。如果我們現在自己又打斷這個過程，只會把問題複雜化，也可能損害我們從羅斯福總統那裡得到正面回覆的機會。」[36]

當會議一結束，獲得勝利但仍然怒氣未消的哈利法克斯勛爵，要求與邱吉爾在唐寧街十號的花園裡進行私下晤談。在走出內閣會議廳時，他對凱德肯吐露，「我再也無法跟溫斯頓一起工作了。」[37]對此凱德肯回答，「別鬧了；他狂妄的言談讓你覺得不耐的程度大概跟對我差不多，但是不要因為這種心理負擔而做出任何傻事。」[38]

羅伯茲在《高貴的狐狸》中寫道：

〔邱吉爾〕激昂的修辭，在一九四〇年雖然如此振奮了民眾的士氣，但是對哈利法克斯來說，那卻是誇張的戲劇表演，最好只用於對大眾廣播。在整個政治生涯裡，邱吉爾這種話他已經聽得太多，他覺得那只是虛矯與危險的裝腔作勢，充份彰顯了邱吉爾出了名的判斷力薄弱……哈利法克斯深切意識到，即將來臨的猛烈攻擊或許將為大不列顛的帝國與生活方式劃下休止符；而且他（或許錯誤地）相信，這一切也許可以避免。[39]

當在花園裡與邱吉爾會談時，他再度威脅要辭職，但卻發現溫斯頓對他「充份表達了抱歉與善意」。[40]

他的威脅達到了預期的結果，至少暫時是如此。之後哈利法克斯回到外交部。在喝茶時，他對凱德肯講述會面的經過；凱德肯對他說，「希望他〔哈利法克斯〕不要被這些惱人的事情擊敗；我們全都跟他一樣深受其擾。還有，在他做任何決定之前，應該先問一下納維爾的意見」。哈利法克斯說他會照辦，而且向凱德肯保證，「他不是一個會倉促決定事情的人」。[41]

在唐寧街這裡，關於這場會議充滿火藥味的消息很快就傳開了。約克・柯爾維爾在日記中寫道：「我們在當前狀況下單獨繼續作戰的能力引發了內閣激烈的辯論。有跡象顯示哈利法克斯持失敗主義的觀點。他說我們的目標已不再是擊敗德國，而是要保存我們自己國家的完整與獨立。」[42]

國防委員會於晚上七點開會，討論法國的最新消息。邱吉爾表示，英國遠征軍現在面臨的處境「比先前更絕望；他們唯一的選擇是，一面往岸邊撤退，同時在路上給予敵人儘可能重大的損害」。[43]這個當前的危險，邱吉爾補充，不應該怪罪在英國的頭上；英國已經盡力做了一切努力來支持盟國。他詳細指出了法國軍事將領未履行的事項，以及比利時軍的疲弱，這些「現在正在讓英軍付出代價」，也促成了「我們的部隊現在正面臨的災難」。[44]

當會議結束時，邱吉爾又接獲一個新的壞消息。陸軍少將愛德華・史皮爾斯爵士證實，比利時國王已經「發電報給他的參謀長，請他派一位全權代表去跟德國人確認，在何種條件下可以安排停戰協定，並且建議於今天午夜，也就是五月二十七日至二十八日的半夜『停火』」。[45]國防委員會決議，「英國與法國政府要立刻表明，我方與比利時的停戰協定沒有關聯」，[46]以及，戰時內閣當晚十點再開會一次。

邱吉爾向戰時內閣報告這項最新消息，並確認英國與法國部隊已被命令要繼續作戰。閣員們對利奧波德三世深感同情，即便他選擇投降；首相並且強調：「確保國王安全十分重要……對比利時任何能有的譴責之處，都是其戰爭爆發之初的作為，而非最後這段時間。」戰爭爆發時，比利時先是堅持中立，然後拒絕盟軍進入國境，使盟軍錯失關鍵機會，無法趁「德軍主力仍在波蘭作戰時」，在比利時西方邊境上先行部署重兵。這一點讓英國遠征軍陷入「最嚴重的險境」，因為「高特勛爵沒有足夠的部隊可填上這個缺口，以阻止德軍從這裡穿越並前進到敦克爾克」。[47]

新聞大臣達夫．庫珀建議，政府應該依照這個新的情勢「發佈消息，說明英國部隊如何英勇地進行抵抗……大眾也應該多少得知英國遠征軍此刻所處的嚴峻處境」。他特別指出，英國報紙所報導的法國官方公報仍有著「歡樂的語調」，以及，「很顯然民眾在此刻對於戰場的真實狀況毫無準備，一旦得知必定倍感驚嚇」。邱吉爾同意「目前處境的嚴重性應該被強調，但是他希望不要試著對戰役的結果有任何詳盡的陳述或評估，這必須等到局勢進一步明朗化之後。比利時停戰協議的公佈就已經足夠讓大眾對壞消息有心理準備了。」庫珀覺得這樣還不夠，他認為，如果突然公佈的消息跟民眾一直以來在報上讀到的情況如此徹底相反，那才會產生真正的危險。他建議「最好也提醒大眾，德國正持續努力在英法兩國人民之間製造分裂。同時也要請報刊編輯們修正一下報導法國公報時的樂觀語調。」邱吉爾在會議結束時表示，「他或有必要對國會做一個完整的報告，不過這可能要再等一個星期，等局勢足夠明朗之後，他才能這麼做」。[48]

他與約克．柯爾維爾返回海軍大臣官邸，而且「午夜時分，在讀過一點報紙之後，他說：『給我倒一杯威士忌蘇打，要很淡，有個乖孩子要喝』，然後就躺到床上去了」。[49]

真希望我們有辦法知道他此刻在想什麼，有辦法知道當他躺在單人床上、努力讓睡眠把他帶走時，他的恐懼與自我懷疑有多麼深。哈利法克斯是對的嗎？他自己是否弄錯了？他做了正確的決策嗎？還是他與英國人民將會後悔他決定讓外交大臣繼續執行和談的計劃？

哈利法克斯勛爵形容五月二十八日星期二為「非常黑暗的一日」。[50]在比利時陸軍停火之後，海軍上將羅傑．凱斯爵士於當天凌晨四點回到倫敦。邱吉爾請他到十一點三十分召開的戰時內閣做簡報。

凱斯明白表示，他也相信「比利時政府要為這場混亂負完全責任……在過去四天裡，全靠國王的人格感召，比利時軍隊才不至潰散。如果國王在三天前真的依照內閣政府迫切的請求而離開的話，那麼陸軍的士氣一定會立即崩潰。」[51]邱吉爾朗讀了德國與比利時簽訂的停戰協議：

一、所有比利時部隊就地停留。比利時部隊必須在路邊排成一列，等待命令。他們必須用白色號誌、白色旗子來標示自己。
二、比利時需明令禁止毀壞戰爭物資與糧食儲備。
三、德國部隊必須被允許前往海岸地區。
四、通往奧斯滕德*的道路必須保持暢通，不得毀壞。
五、一切抵抗作為將被壓制。[52]

如果英國想先嚐嚐看德國會做什麼要求，這裡就是個好例子。「相當數量」的英國部隊已開始抵達敦克爾克。第一海務大臣轉發了一份來自駐守在多佛的海軍中將雷姆賽的報告，稱「一萬一千四百名士兵已於昨夜抵達；另外有兩千五百人正在橫渡海峽」。最早有訊息稱，等待後撤的士兵排出的隊伍長得嚇人，現在也得到證實：敦克爾克的「海灘上有兩千名士兵，沙丘上有七千人；敦克爾克已被一團煙塵所籠罩」。然而內閣也獲知，戰鬥機司令部司令空軍上將休．道丁爵士已發來一封訊息，表示皇家空軍在敦克爾克海灘上執行保護英國遠征軍的任務時遭受相當損失，他對此「深感憂慮；我們戰機的防衛能力幾乎到達無法負擔的邊緣」。他強調「如果這種特殊任務接下來還要在敦克爾克上空反覆執行，我們將面臨嚴重的困難」。[53]

達夫．庫珀又一次強調，「政府需要立即坦誠地公佈英國遠征軍面臨的艱困處境」；他擔心「如果沒有把情況傳達出去，大眾的信心將大為動搖；政府若再保證我們有機會獲得最終勝利，一般民眾也將不願意相信」。他建議首相於下午一點在英國國家廣播電台發表一篇「簡短的聲明」。[54] 邱吉爾表示同意，而且明確表示他也將在下午對下議院就相同主題發表聲明。

邱吉爾對下議院的聲明雖然並非即時廣播，但也是一項對國民的公開聲明，所以他需要能夠同時讓公眾做好心理準備，但是又要提振他們的士氣。他的演說簡短但滿懷希望，而且顯示出他對於和平談判的問題——這個問題如此困擾戰時內閣的部份成員——已經開始在腦裡形成初步的答案。

> 英國與法國陸軍現在正進行著非常嚴酷的戰鬥，被從三個方向以及空中包圍，情況很顯然是極端

---

* 譯註：比利時西北部港市。

邱吉爾除了上廣播演說提振士氣，面對攝影師他也比出代表「勝利」的招牌手勢。（IWM）

嚴峻。比利時軍隊在這種情況下投降，又讓盟軍艱苦的逆境更加惡化。然而部隊們並未喪失勇氣，仍然秉持最高的紀律與韌性繼續戰鬥……此刻戰鬥仍在激烈進行中；當結果可被確認與評估時，我將對下議院就原則性的立場發表一份聲明……在這段期間，下議院要對艱難與沈重的訊息有所準備。我只需補充一句話：在這場戰役中不論發生任何事，也絕不能免除我們捍衛世界使命的職責；那是我們所誓言守護的。正如歷史上的前人一樣，我們將能度過災難與痛苦，擊敗敵人並走向最終的勝利；這樣的信心絕不會被摧毀。[55]

下議院對邱吉爾流露的抗敵精神做出正面的回應，議員們站起來對他祝賀，說「這個國家的決心還沒有受到絲毫損耗」，[56]以及「首相鄭重的聲明反映的不只是整個下議院的，而且是所有國民的感受」。[57]懷著受到鼓舞的心情，邱吉爾離開議事廳，前往他在下議院的辦公室，以進行下午四點的戰時內閣會議。

在目睹了首相與外交大臣前一日火爆的對抗之後，這同一群人再度開會討論義大利的議題。照羅伯茲的描述來說，「房間裡瀰漫著厄運即將到來的氣息」。[58]

哈利法克斯勛爵第一個發言。在早晨的會議中，他已經通知內閣，羅斯福總統已從墨索里尼那裡收到「全然負面的回覆」。[59]在那之後，外交部又收到法國政府的通知，要求英法兩國共同與義大利直接聯繫。現在，他（哈利法克斯）重複他的提議，「我們應該表明，我們樂意見到義大利居中協調」，[60]但是邱吉爾——仍為了剛才下議院的氣氛而深受鼓舞——說，他覺得「很明顯，法國的目的就是要請墨索里尼出面在我方與希特勒之間擔任中間人」，而且「他堅決反對掉進那樣的處境」。[61]哈利法克斯（看到邱吉爾再度改口，他一定會想「他又來了！」）表達了強烈的反對；他說，雷諾提議的是「我們應該說我們準備為英國的獨立而戰鬥到死，但是，假如獨立不受損害的話，那麼我們願意對義大利做出一定的讓步」。[62]就雷諾的提議來說，這個說法並沒有錯，但是哈利法克斯沒有明言的是，他實際上要透過義大利達成更大的歐洲和解方案。此外，他同樣略而不提的是，這個構想是他在五月二十五日與義大利大使朱塞佩·巴斯蒂亞尼尼的會談中形成的，而不是來自法國；法國單純只想讓義大利不要攻擊他們。

邱吉爾接著說，他相信「法國人想要拖著我們一路往下滑」。又來了，「一路往下滑」，他又使用了這組幾乎注定要激怒哈利法克斯的語詞。然後他揭露了一個全新的立場：「當德國嘗試入侵我國且失敗之後，情勢就會完全不一樣」。[63]即便已經同意考慮和平協議，溫斯頓現在是不是正在加上一個但書：只有在德國嘗試入侵英國且失敗之後，他才願意考慮呢？

邱吉爾這是在主張，英國即使沒有陸軍（像現在看起來這樣）也足以打退德國的入侵（看起來很可能發生）嗎？這個設想如此荒謬，哈利法克斯連提都不想提。

他再度發言，這次也願意排除法國的提議，認為不太可能產生任何結果，但是把焦點放在他主要關心的事情上：他關於歐洲和解方案的構想，或者說「就更廣泛的面向」進行會談。在重提這個主調時，他認為其中牽涉到一個「更廣大的議題」：「假設墨索里尼先生希望扮演中間人的角色，假設他能提出不影響我們獨立性的條件，那麼他〔哈利法克斯〕認為，我們應該表示願意考慮這樣的條件。」[64]哈利法克斯駁斥邱吉爾的主張——邱吉爾認為英國再撐幾個月，在德國嘗試入侵且失敗之後，將能獲得更好的條件。他〔哈利法克斯〕則認為結果正好相反，並且表示「我們不能忽略一件事實：在法國被踢出戰爭之前，以及在我們的飛機工廠遭到轟炸之前，我們應該可以獲得比三個月後更好的條件」。[65]

辯論繼續進行。邱吉爾表示：

> 如果墨索里尼先生擔任中間人，一定會對我們漫天開價。希特勒先生會笨到讓我們繼續完成軍備重整嗎？那是不可想像的。實際上，他的和談條件一定會讓我們完全受他宰制。如果我們繼續戰鬥，就算戰敗，拿到的條件也不會比現在的更差。[66]

可以想像，哈利法克斯現在真的氣炸了。他想不出邱吉爾到底覺得居中調停的提議是錯在哪裡。張伯倫注意到他十分惱怒，就發言支持他，說：「全世界都知道我們已經被逼到困境；我們應該明白表示，雖然我們會為了維護獨立而戰鬥到底，但是如果有合理的和平條件，我們也願意予以考量；至少他〔張伯倫〕看不出來，我們這麼做能有任何損失。」[67]

由於見到張伯倫又支持哈利法克斯，邱吉爾又回歸他修辭大師的本色。他指出：「那些在戰鬥中倒下的民族將會再起，但那些聽話投降的民族將就此結束。」格林伍德表示贊同，並表示：「他不覺得現在是全面投降的時刻」。這句話也讓哈利法克斯怒不可遏；他一定覺得自己的每句話都被故意扭曲。他回答道：「他的提議裡沒有任何一點可以被描述為全面投降，甚至連一點邊都沾不上。」[68]

艾德禮擔心，如果民眾得知英法對德和談的任何消息，不知道會有怎樣的反應，因此做出警告：「我們有必要注意國內的公眾輿論……如果大眾得知真相，他們會非常地錯愕。他們將非常難以維持士氣，而且，如果我們照著法國的要求去做，就會面臨一個重大的危險：我們將再也無法號召民心。」[69]

為了緩解會議上僵持的氣氛，以及多少凝聚一點共識，張伯倫做了最後一次嘗試。他試著保留和平談判的活路，同時承認法國此舉用處不大。他贊同外交部的兩個觀點：如果英國能成功談出「雖然痛苦但是並不威脅我國獨立的條件，那麼，我們考慮這樣的條件應該是正確的」，然後又加上一句：法國與墨索里尼的接洽「在這個時間點」[70]無法達成這個目的。

下午六點十五分，休會。在張伯倫的協助之下，哈利法克斯保住了和平談判的可能性，至少到此時為止。這次邱吉爾是請哈利法克斯與張伯倫兩人留下來草擬一封給法國的信，內容大致上是：謝謝，但是不了，謝謝。

邱吉爾還有一個行程。這個行程他需要好好準備。他的傳記作者馬丁・吉爾伯特稱之為「這場戰爭中最不尋常的一幕」。[71]

當天稍早，邱吉爾已經對戰時內閣以外的二十五名閣員發出開會通知，要向他們就英國當前局勢作詳細的簡報。從出任首相起，他一直還沒有機會與他們溝通，而這是他早該做的事。但是在下午六點十五分時，或至少在這之前，他對這場談話的目的有了不同的打算。

在安然度過哈利法克斯威脅辭職的風暴後，邱吉爾知道，不論他最後如何決定——如果英國遠征軍被殲滅在敦克爾克的海灘上，便求和，或者如果他保住了戰鬥的武力，便作戰到底——他都需要外交大臣或者內閣全體的支持。假使外交大臣辭職的話，後者的支持尤為重要。

現在他想要爭取全體閣員的信賴。這是他此刻的目標。

這群大臣，如我們所知，對邱吉爾並不特別欣賞。他無論生涯紀錄或行事風格都給人危險與不可靠的印象，他曾跳槽到自由黨然後又跳回保守黨，他笨拙的軍事行動造成重大的人命傷亡，這些都讓眾人對他的態度是忍耐多於重視，疑懼多於喜愛。但是他們依約前來了。他們一個一個走進了溫斯頓的辦公室，擔心著他們會聽到什麼樣的消息。明天的局勢會如何呢？遠征軍真的已經沒救了嗎？英國被入侵是否已經無法避免？現在他們已經無力阻止他們的房屋、家人與生活方式被摧毀了嗎？

接下來，這場戰爭中一個最具決定性的場景，就要在這下議院的首相辦公室裡發生。邱吉爾是怎麼走到這裡來的呢？*我們並沒有紀錄可查。作為一段用輕快的步伐只要十分鐘的路程，而且考慮到他腦裡還有大量的工作需要完成，我們可以設想他一路走著，像平常一樣古怪地穿著愛德華時代†風格的禮服，配上黑色西裝背心，黃金錶鏈外露的懷錶，嘴裡吞吐著他的「朗費羅牌」雪茄，‡揮動著他的手杖，略小的腦袋上戴著他數不清的帽子的其中一頂，腦袋裡則裝著一部發動機，快速轉動著各式點子、論據、立場以及其可能後果。一個領導人的成功與失敗就取決於這種關鍵時刻。他論述的力量

* 譯註：作者沒有說明邱吉爾是從哪裡走到這裡。之前他在「下議院首相房間」裡開戰時內閣會議到下午六點十五分。之後戰時內閣會議於下午七點繼續開會，對大臣的演說就在這中間四十五分鐘的休息時間進行。
† 譯註：指英王愛德華七世在位時期，即一九〇一年至一九一〇年。款式與一九四〇年有三十年的落差。
‡ 譯註：一個古巴牌子的雪茄。

可以輕易地讓數百萬人陷入悲傷與苦難，就跟帶給他們救贖一樣簡單。那麼，他要對內閣的同僚說些什麼呢？他應該順從他們，還是指揮他們？如果聽從他的代價就是付出他們自己的鮮血，那麼要達成這樣的說服需要多大的力量？

我們並不確定，他是否完全清楚自己要對他們說些什麼。但是一面走著，他開始有了一個想法。他必須告知他們，有些人在倡議與希特勒做和平協議，事實上已進入研議階段。這些義大利人的和談接洽甚至有可能是希特勒在背後推動的，以便用一個微妙的訊息讓我們知道他有意談判。最重要的是，他（邱吉爾）必須在公開表明自己的意向之前，先認清大臣們的心意。如果他能察覺這些人——包括站在他們身後的英國人民——準備一戰，那麼他就會把談話往一個方向做結束；但如果他注意到大臣們厭倦戰鬥、只想退出，那麼他可以把談話往另一個方向總結。

進入下議院時，他快步走向樓梯。到了二樓，他在走廊上一路小奔跑地走到了他的辦公室。同事們已經在那裡等待。嵌著橡木板的房間裡擠滿了人；空氣裡彌漫著雪茄的煙霧。溫斯頓面對他們，等人聲安靜下來，並直視他們的眼睛：沒有這些人的支持，他幾乎當不成首相。在一連多日的不確定、遲疑、痛苦搖擺，憂慮與折磨之後，現在是做出總結的時候了；上任以來三個星期，他已經從所吸收的一切當中綜合出一個新的視野，現在是拿出來測試的時候了。這不是一場他有預作準備的演說。但是他的未來將取決於這次演說的結果。

溫斯頓這次談話並沒有被秘書保存在官方紀錄裡，但是休．達爾頓，工黨的經濟作戰大臣，對當天邱吉爾的演說做了非常生動的描述：

> 下午時，所有大臣都接到與首相會面的通知。他真是太棒了——這個在此刻出面領導，同時也是我們僅有的領導人。他對法國的情況做了一場完整、坦白而且完全冷靜的陳述……
>
> 他決心要讓大眾輿論對壞消息有所準備，當然也包括讓大家知道——而且某種程度也是事實——現在正在法國北部發生的，是幾百年來英國軍隊曾遭受過、最慘重的失敗。我們現在必須做好準備，敵軍隨時可能突然襲擊這個島嶼，歐洲大陸上也可能發生其他嚴重的事件。至於有人認為法國或許很快就要崩潰，對這個看法，我們不應該公開予以任何認可，但我們也一定不能因為任何狀況而亂了陣腳。事實上我們可以說，光只是在防衛這個島嶼，比起防禦這個島嶼再加上法國是更為容易的；而且如果全世界都看到我們只是防禦自己的島嶼，甚至還可能對我們產生廣大的同情，特別是在美國：這個到目前為止還不曾對我們提供多少援助的國家，甚至可能因此加入戰爭。但是這一切全屬猜想。敵軍必定會嘗試入侵我們，但是他們一定會碰到巨大的困難。我們會在所有的海岸上埋下地雷；我們的海軍無比強大；我們的空軍從本島調動指揮要比在海峽對岸容易得多；我們的食物、燃油等供給非常豐沛；我

們在島上有精良的部隊，其他部隊也正在乘船前來的路上，不只從較遠駐地前來的英國軍隊，而且還有精銳的自治領部隊；再者，說到飛機，我們已經超額補上了已損失的架數，德軍則還沒趕上。在過去幾天裡，我很仔細地思考過，跟那個傢伙〔希特勒〕進行和談是不是我的職責內應該考慮的事。然而，去猜想我們現在和談能跟德國要到的條件，會不會比如果我們繼續作戰且戰鬥到底更好，那是毫無意義的。德國人會以「軍備裁減」之名拿走我們的艦隊，拿走我們的海軍基地，以及其他許多東西。我們將變成一個奴隸國家，雖然一個聽命於希特勒的傀儡英國政府將會成立，「由莫斯利〔奧斯華．莫斯利爵士，英國法西斯領袖〕或這類人物掌控」。那麼在所有這些條件實現之後，我們還有立足之地嗎？但是另一方面，我們有龐大的後備部隊與各種優勢。而且我確信，如果我考慮求和或投降，那怕只是一小片刻，你們每一個人都會立刻站起來，把我從首相的位子踢下去。因此，他〔邱吉爾〕說，「我們將繼續戰鬥，我們將作戰到底，不論在這裡或在別處，而且，如果我們這個島嶼的悠久歷史終於要結束，那麼在那之前，先讓我們每一個人都倒在地上、嗆死在自己的鮮血裡。」72

再一次地，就在被擊敗的邊緣上，邱吉爾施展出口袋裡所有的技巧，從內心裡發聲，完成了一次精采絕倫的修辭學表演。我們很難不認為，這篇演說是在這位演說家的腦海裡，在表達出來之前的轉瞬即逝的片刻中成型，已無修訂的餘地。

這場演說所傳達的意思是：他已經做出決斷。他決定不再當牆頭草。他決定先發制止哈利法克斯為了支持他的「歐洲和解方案」所可能發起的任何行動。他決定干冒外交大臣辭職、以及可能隨之而來的不信任投票的風險。他認為，就整體來說，繼續作戰是更好的選項，儘管有各種能令人信服且強大的理由反對他這麼做。他這是回到自己原先的立場，但是對不高的勝算，對橫在眼前的危險、代價與可能的犧牲有了更全面的了解。他的國人，包括男女老幼，必須冒死亡的危險，必須準備嗆死在自己的鮮血裡。

他不需要等很久才知道他的演說是否正中紅心。聆聽者當場就做出反應。在他的第二次世界大戰回憶錄《最光輝的時刻》裡，邱吉爾對於大臣們的反應所做的描述，比其他人日記裡的說法要更熱烈一些：

考慮到這場集會的性質——二十五名老經驗的政治人物與資深國會議員，在戰爭開始前各自抱持著五花八門的觀點，不論對錯——他們的群起歡呼完全出乎我的意料之外。好幾位簡直從桌上跳起來，往我的位子衝過來，大聲叫著，並且一直拍我的背。毫無疑問地，在這個緊要關頭上，如果我領導國家時哪怕只有一丁點退縮，我早就已經被趕下這個位子了。我相當確定，每一位大臣都寧願很快被殺死，寧願讓他所有的家庭與財產被摧毀而不願投降。在這一點上，他們代表著下議院的意志，也幾乎代表所有國民的意志。[73]

當戰時內閣於下午七點繼續開會時，邱吉爾報告了他與大臣們的這場會面。他一定有很強烈的解脫與滿足之感。這些敘述幾乎一定是針對哈利法克斯的：「他們（內閣大臣們）對法國的情勢並未感到驚慌，而且當他（邱吉爾）告訴他們，我們絕對不會放棄努力時，他們反而表達出最大的欣慰。他不記得曾經在任何政壇高層人士聚會的場合上，見過這些人如此強烈地表達他們的心聲。」[74]

哈利法克斯與張伯倫感到大禍臨頭。現在就算他們聯手辭職，也已無法動搖邱吉爾首相的地位了；在他贏得大臣們的支持後，此事已經不再可能。大臣們集體願意奮戰下去的心情是出乎他們意料之外的。

邱吉爾已經制服了他的對手，取得全面的勝利。官方紀錄上從此再也沒有綏靖派提議倫敦與柏林和談的記載——哈利法克斯不曾，張伯倫也不曾。

哈利法克斯勛爵，作為一位高傲的人，默默地接受了他的失敗。他在日記裡完全不提邱吉爾與內閣大臣會議的事（大多數歷史學家都相信，他寫日記是為了給他人閱讀，而非為了準確記載事實）。他的記載十分不同：「內閣下午四點第二度開會，討論法國請我們出面要求墨索里尼更理性一點的議程。我們認為，在多次嘗試之後，以及在他對羅斯福最後一次交涉也斷然拒絕之後，這類請求是完全無用的。」[75]

邱吉爾渡過難關了。他也已經渡過自己的不穩定階段了。下議院將不會對他的領導發動不信任投票。在敵人極力試著把他逼到牆角之際，他用一場演說瓦解了威脅；敵人再也不能利用他在黨內的弱點來對付他。他說話的力量，以及演說時所傳達的堅定態度，再度讓他過關達陣。他在回憶錄中提到這一天時寫道：「有一道白色光芒，極其強大且無比崇高，從頭到尾貫穿了我們的島嶼。」[76]儘管祖國的考驗才剛剛開始，但他深知，他享有同僚與民眾的支持，他們可以共同奮戰下去。

在上床睡覺之前，他打電話給保羅．雷諾，向他確認，英國將不會尋求和談，而且在必要的時候將單獨戰鬥下去。他懇求法國與他一起並肩作戰。

1940.05.29（三）

敦克爾克撤退速度達到每小時兩千人，
超過四萬名士兵已經安全在英國登岸

德國空軍在敦克爾克發動「最大規模的攻擊」，
二十五艘船隻被擊沈[1]

邱吉爾對法國的堅定答覆鼓舞了雷諾，
使其繼續努力，將戰鬥儘可能維持下去

第十章　「在海灘上戰鬥」
'Fight on the beaches'

在爆滿的下議院裡，首相站起身來。他走了四步，來到發言箱前。

「就我個人來說，我完全相信，如果所有人都做好他的職責，如果一切都沒有疏漏，如果我們做出最好的安排——正如我們現在正在做的那樣——那麼我們將再度證明，我們有能力保衛這個島嶼家園，能安然度過這場戰爭風暴，能在暴政的威脅中堅持下來，必要時我們能撐上許多年，必要時我們能單獨撐下去。」

意志明確之後所帶來的轉變何其之大。五月二十九日一早，邱吉爾醒來時感到自己精神飽滿，像是脫胎換骨。

還在床上時他就接到訊息：昨晚他對雷諾表示英國將不會透過義大利談條件，而這項表示，根據邱吉爾個人對雷諾的聯絡官陸軍少將愛德華．史皮爾斯爵士的回報，對法國當局產生了「神奇」的效果。此事「也讓〔邱吉爾〕更加確信自己已走上了正確的道路；從此他不再批准與羅馬進行任何進一步的溝通」。[2]邱吉爾所使用的這些堅忍與正向的語言——不只在給雷諾的通知裡，而且也在內閣會議上——成為一項關鍵因素，使他得以擊敗過去一段時間裡悄悄抬頭的失敗主義的態度。現在他知道，要拯救英國，他手上最強的武器就是希望。

有了這樣的信心，他給內閣大臣們與高階官員寄了一份「絕對機密」的備忘錄：

在這段黑暗的日子裡，首相希望他內閣政府裡的同事們，以及高階的官員們，能在私下的圈子裡也保持高昂的士氣；對此首相將十分感謝。這並非是為了粉飾事態的嚴重性，而是要展現信心，相信我們有能力與不可屈撓的決心把戰爭進行下去，直到我們粉碎了敵人宰制全歐洲的意志為止。

我們絕不容忍讓法國單獨求和的構想；但是無論歐洲大陸上發生什麼事，我們都不能對我們的職責有所懷疑；我們一定會投入我們一切力量來捍衛這個島嶼，這個帝國，以及我們的使命。[3]

在做過這個幾乎有莎士比亞風格的團結呼籲之後，戰時內閣於上午十一點半開會。這次哈利法克斯勛爵已經完全不嘗試改變邱吉爾或其他大臣的想法了，但仍提請他們注意，外交部從英國駐羅馬大使那裡收到了一封電報，證實了許多人的預期：「如今義大利已經確定會加入戰爭；唯一還不確定的是日期。可能在一個星期之內，也可能更晚一些，但絕對不會在數月之後。」作為回覆，英國大使明確表示，「如果義大利要戰爭，我方將以戰爭回應。墨索里尼先生將必須負起一切責任。」[4]

這不是他們唯一得到的「令人不快」[5]的消息。四萬名英軍已經從法國返抵英國，但是軍事顧問表示，還能再救出多少人很難說。德國空軍經過連續的轟炸行動已經徹底毀掉了敦克爾克港口，好幾艘船艦被擊沉，使其他船隻無法進入。

高特勛爵拍發了一封電報，要求「就最後關頭他應採取的行動提供明確指示」。[6]邱吉爾對與會者證實，他已對將軍下達的命令是「繼續作戰，目標是爭取最多時間讓儘可能多的部隊撤離，以及對德軍施加最大程度的損害」，[7]但是哈利法克斯表達了他的顧慮（他仍然決心要儘可能拯救人命）。

對於這一道已被下達且十分明確的命令，他〔哈利法克斯〕並不能感到十分滿意。

他同意必須繼續嚴酷的奮鬥，但是他希望在傳達給高特勛爵的訊息中，也能表達出政府對他有完全的信賴，相信他在最後關頭會採取任何他認為適當的行動。如果是為了拯救一些人免於遭到屠殺，那麼放棄最後抵抗並不是可恥的事。[8]

前一天的爭論似乎已經在首相與外交大臣之間造成不可修復的裂痕；這個新歧見的言外之意可以很容易地被連接到已經被壓下去的和平談判的議題。哈利法克斯勛爵再度提出他的道德論據：戰死一點也不英雄，如果辦得到的話，用策略或撤退來拯救生命也毫不可恥。邱吉爾對此的回應是，哈利法克斯所說的，根本就只是理所當然的事，當然「在絕望的情況下，任何勇敢的人都有資格，在沒有明確命令或甚至違反命令的情況下，根據自己的判斷來行動，所以他認為，還是不要修正已發給高特勛爵的命令比較好」。[9]「這無需特別指出來：「高特勛爵已經處在非常絕望與窘迫的處境裡了；我們不應該直白地讓他面對要繼續抵抗還是繳械投降這樣艱難的選擇。」[10]

張伯倫再度居間調解，就像他過去幾天裡反覆做過的那樣。他說，我們無法排除「高特勛爵或許會把接到的指示詮釋為，要他在無論任何狀況下都要抵抗到最後一兵一卒」，而如果英國遠征軍與內閣政府的通訊被切斷，他將無法請求最後的指示。所以作為折衷，張伯倫建議內閣闡明既有命令，告知高特應該「在還能與英王陛下政府保持聯繫的期間裡持續戰鬥……但如果通訊中斷，那麼他可以自行決定他應該進行抵抗到什麼程度」。艾德禮認為，這項補充說明不夠尊重這位聲望卓著的將軍；這根本是將軍本來就清楚的事情：「如果通訊被切斷，通往海邊的道路已被截斷，而且任何進一步的抵抗都無法給予德軍有感的損害時，那麼高特勳爵當然可以依照自己的判斷行事。」安東尼．艾登表示同意。在結束這場激烈的會議時，邱吉爾說：「下達給高特勳爵的命令，並不是為了要讓他以為，即使部隊已經失去得救希望、已經糧盡援絕或者缺水缺彈藥時，他都應該繼續戰鬥。他（邱吉爾）會考慮把命令往艾德禮建議的方向修正後，用電報再傳一次。」[11]

凱德肯在日記裡寫道，這場內閣會議「就下達給高特的命令進行了一次很糟糕的討論。WSC（邱吉爾）的姿態強硬到像是在表演話劇。他遭到NC（張伯倫）與H（哈利法克斯）的反對，吼叫了好一會兒。我擔心他們的關係會更加緊張。這是溫斯頓的錯——他就是愛做誇張的表演。」[12]

很清楚地，邱吉爾已不再是有待考驗的領導者。他已經不擔心失去自己黨內的支持，而且現在他相信自己獲得全國人民的信賴。他已經完全擺好陣勢，對眼前的道路沒有懷疑，而且已經產生了新的自信，相信自己能帶領國家安然度過危險。因此，雖然其他人把從敦克爾克返回的人數看成當前所能達到的最好結果，溫斯頓（他知道自己構想出來的「發電機行動」才剛剛開始）卻相信還可以把更多人救回來。雖然其他人憂心法國即將投降，他卻相信自己能讓他們懷抱決心與希望繼續努力。

一走出會議室，邱吉爾就著手聯繫他的核心圈子，用積極與鼓勵的話語讓他們感受到來自首相的支持。他給艾登、伊斯麥以及約翰．狄爾爵士將軍（取代艾侖賽出任帝國參謀總長）發出了訊息，*告訴他們「法軍應該儘可能一起從敦克爾克後撤；這一點至關緊要。我們必須即刻與駐英的法國代表團，或者必要時直接與法國政府協調各種安排，以避免雙方互相責難，或把這種責難減到最低。」[13]接著他給史皮爾斯少將發電報：「你的報告非常精彩，大使對你的工作極其讚賞。請繼續提交報告，同時也請〔向法方〕重申我們不屈不撓的決心，無論他們如何決定，我們都會繼續走下去……」[14]最後他根據戰時內閣的決議給高特勛爵發了電報：

如果你的通訊完全被切斷，以致無法與我們聯絡，而且所有從敦克爾克與海灘地區撤退的行動根據你的判斷已經遭到終極性的阻止，並且在一切繼續運作的嘗試都失敗後，你就必須自行裁定，對敵人施加進一步的損害是否已無可能。英王陛下的政府完全確信，英國陸軍的聲譽被可靠地交到你的手上。[15]

當晚，邱吉爾與艾侖賽將軍以及克萊蒙蒂娜在海軍大臣官邸共進晚餐，而且根據描述，他整個人「容光煥發」。[16]英國遠征軍的撤退進展順利；約克．柯爾維爾的日記裡記載著，「溫斯頓永不停止的勤奮令人印象深刻。」[17]在晚餐後，晚上十一點四十五分，邱吉爾給雷諾發了電報，再度表示他希望「法國部隊能儘可能一起撤退」，以及「一旦我們把撤出的部隊重新整備，並部署保衛我們生命所必要的武力，以因應敵人的恫嚇或即將實施的入侵——在那之後，我們將立即建立一支新的英國遠征軍」。[18]他也通知法國領導人，英國正在將陸軍裝備從法國移出，但是「那只是為了重新整建，以及因應迫在眉睫的衝擊，而且我們很快就會把重新在法國增派援軍的計劃寄給你們」；[19]他還補充，他「懷著真切的同志情感」寄出這份通訊，請對方「有話就坦誠告訴我，不用遲疑」。[20]

當邱吉爾上床時，一名在戰時內閣裡當值的軍官利用機會向他請求四天的假期，以便去敦克爾克協助撤退的工作。首相回答，「願上帝祝福你；希望我也能跟你一起去。」[21]

五月三十日一早，雲霧與惡劣天氣迫使德國空軍最大規模的攻擊行動中斷，但是敦克爾克的港口此時幾乎已經不可通行，除了小型的船隻。兩名信差被派往倫敦，以通知

---

* 譯註：二戰一開始就凸顯出這是一場和以前完全不同類型的戰爭。在這樣的情況下，精通機械化作戰的約翰·狄爾將軍被認為更適合擔任英軍的總指揮。這項任命使許多高級軍官寬心不少，他們認為早就應該由狄爾取代艾侖賽。

首相最新狀況。邱吉爾很訝異地看到，出現在門前的除了高特勛爵的副官蒙斯特勛爵之外，還有他的姪子，約翰·史賓塞-邱吉爾——據他自己的說法，他到達叔父的門前時，「衣服仍然全溼，全套作戰裝備也尚未卸下」。他告知他的叔父，「現在最迫切需要的是小船；只有小船才能把部隊載離海灘、送上較大的船隻」，而蒙斯特補充說，高特勛爵相信「小船會是我們的救星」。[22]

到了下午五點三十分的戰時內閣會議時，邱吉爾很高興地宣佈，在英國海岸登陸的部隊已經超過十萬名，但是「大霧正對撤退作業產生嚴重的干擾」。[23]史皮爾斯將軍寄了一封信給戰時內閣，報告了法國的最新狀況。有些人擔心，仍在索姆河附近持續的戰鬥或許很快就要輸掉了：「魏剛將軍評估，法軍輸掉這場戰役的機會大概在七成五。時間從未如此寶貴，他〔魏剛〕請求英國最好派出每一個可派的士兵……一個英國陸軍師就能造成巨大的轉變。」[24]

邱吉爾覺得法方開出的需求清單開始長得讓人擔心，而且，如果英國不得不拒絕其中一項，「因為我們不得不如此」，就可能成為那個他們尋找已久、放棄戰爭的藉口。內閣會議討論了幾個選項，並同意邱吉爾的建議：英國應該再一次告訴法國，他們〔法國〕必須再繼續撐一小段時間；英國一有能力將會以最快速度派出援助，但是「我們也必須非常明確地告訴他們，在眼前時刻，我們沒有可以派出的軍力」[25]。

如伊斯麥將軍在回憶錄中所述，邱吉爾「總是喜歡親自處理情況，總是想要得知第一手的訊息」。[26]因此他建議最高戰爭委員會在次日召開會議，好讓他前往巴黎，當面對法方解釋當前局勢。邱吉爾極其希望有儘可能多的法國軍隊能跟英國遠征軍一起從敦克爾克撤退出去。在晚上十一點的國防委員會會議上，首相強調「英國陸軍將必須儘可能地堅持下去，好讓法軍得以繼續撤退」。[27]如果他們沒能做到這一點，很可能導致英法關係間「不可彌補的損害」。[28]

五月三十一日早晨八點半，邱吉爾一行人乘坐兩架 DH95運輸機從倫敦前往巴黎。邱吉爾的隨扈 W.H. 湯普森警官回憶說，他們飛越「隊伍散亂的廣大難民。他們用推車、嬰兒車或甚至用自己的肩膀扛著還帶得動的財產，盡可能快速地逃離戰爭的火線。」[29]代表團包括伊斯麥將軍，以及——較不尋常地——克萊曼．艾德禮。這是掌璽大臣第一次坐上（最高戰爭委員會的）會議桌上；伊斯麥在回憶錄中說，「他非常勇敢、明智，有決斷力，而且對邱吉爾完全忠誠。他的正直誠實是無可挑剔的，個人野心似乎從來不曾進入他的腦海。」[30]

在最高戰爭委員會會議上，邱吉爾把主要的重點放在敦克爾克的撤退行動上。他解釋，「直至當天中午為止，已有十六萬五千名士兵由海路撤退」；對此雷諾「強調數字不成比例：在低地國的二十二萬名英國部隊中，十五萬名已經被撤出了，但是二十萬名法國部隊中，只有一萬五千名被撤出。他（雷諾）非常希望，從法國大眾的觀點看來，應該要有更大數量的法軍也被撤退；不然的話，法國大眾或許會得出令人遺憾的結論。」

邱吉爾試著提出解釋，「英國之所以先撤走大量部隊，主要是因為在〔敦克爾克〕附近地帶本來就有許多通信部隊與其他後勤單位可供立即後送。戰鬥部隊本身被後撤的比例要小得多。」至於法國部隊反而還沒有從官方獲得像英國遠征軍已經接到的撤退命令，邱吉爾強調，這就是「他為什麼親自前來巴黎的主要原因之一……他此行就是要確認，法國部隊現在也被下達與英軍相同的後撤命令。」[31]

戰爭委員會認為，「即便不考慮越來越嚴重的飲水、糧食與彈藥短缺的問題，敦克爾克再也無法再支撐額外的四十八小時了」。邱吉爾也承認，「英國政府不得不命令高特勛爵優先撤走戰鬥部隊，之後才輪到傷患；這些在防線周遭的傷患有數千名之譜。只因為戰爭情勢凶險，也出於對未來的考量，才不得不做出此種命令。」英軍脫身也並不輕鬆，儘管預期可以撤出二十萬身體健全的部隊，但是他們除了小型武器與隨身裝備之外，其他所有的大型裝備都丟棄了。雷諾對英國部隊表示感謝與讚賞，後撤過程中與他們的合作十分順利，但是他確信，「一旦東北前線上的戰局被瓦解之後，德軍將會立即……朝南發動攻勢，攻擊索姆河與埃納河的前線……〔他要求〕當北方的撤退行動一完成，皇家空軍的全部軍力應該被投放到新前線上，連同大不列顛還能派出的所有軍隊。」邱吉爾——他現在的重點是英國的防衛——回答道，「在我們能更清楚看到總共有多少部隊從北部撤出之前，不可能知道英國還有多少地面部隊可供派遣」。[32]

無論其他人對局勢的評估再怎麼樂觀或正面，雷諾都維持失敗主義的悲觀看法。當會議快結束時，邱吉爾最後又試了一次讓雷諾挺直腰桿：

他不相信德軍能像法軍這樣優秀。如果盟軍能撐過這個夏天，英國將會成為戰場上最重要的因素……盟軍必須維持一個堅固的前線來對抗所有敵人……英國並不害怕敵人入侵，每一個小村與每一個小莊都會極其兇猛地抵抗入侵。但是要實施頑強的抵抗，英國需要有軍隊；只有在滿足了關鍵與迫切的防衛需求後，英國才能把剩餘的武裝部隊派來供其法國盟友差遣。

在當前的緊急狀態中，英國與法國應該保持最高的一致性；這一點至關重要。如此兩國才能確保其民心士氣一貫高昂。他〔邱吉爾〕完全確信，他們只要堅持作戰下去，必能獲勝。即便兩國其中之一被打倒，另一國也必定不能放棄戰鬥。如果由於某種災難，英國本身被夷為平地，那麼英國政府也準備從新大陸繼續戰鬥下去。我們必須了解，如果德國擊敗了盟軍其中一國，或者甚至兩國，德國是不會饒過任何人的：英法兩國將永遠被降至附庸與奴隸的位階。西歐文明——連同其一切成就——如果走向一個悲劇但壯闊的終結，那也遠遠好過我們兩個偉大的民主國家苟延殘喘，同時一切使生活還有價值的事物都被剝奪。這個觀點，他知道，正是所有英國人民的深刻信念，他自己也將在數日之內在英國國會裡把這個立場正式宣告出來。[33]

雖然沒人知道，但是邱吉爾剛剛在法方身上試演了一篇演說的雛型；這篇演說日後將永遠成為他的標誌。

艾德禮聽了很感動；他補充，「他完全同意邱吉爾先生說的每一句話。英國人民現在了解他們面對的是什麼危險，知道如果德國獲得勝利，他們所建立的一切將被摧毀：因為德國人不只殺死人，而也殺死理念。我們人民的意志是史上從所未有的堅定。」[34]

雷諾沒有太多話可以回應，但還是感謝邱吉爾與艾德禮，謝謝他們鼓舞的談話，以及感謝邱吉爾保證如果法國淪陷，英國將不會放棄奮鬥。結束會議時，他說，他們兩國從未如此緊密團結。

這時有個人正密切地等待會議結果的消息，那就是哈利法克斯勛爵。英國駐法國大使羅納德·坎培爾爵士立刻寫信告訴他，邱吉爾的到來「正好在一個重要的心理關卡上；他這次訪問具有無比的價值」[35]：

他對法方的處理真是了不起。他將會給您做一個更好的陳述，遠比我在信上能傳達的好得多。我只需要說，在最高戰爭委員會會議結束時，他做了一個最令人讚嘆的總結，展現了英國人民不可屈服的意志，寧可戰鬥到底與戰死沙場，也不願在枷鎖下投降。[36]

這大概是哈利法克斯最不希望讀到的陳述了。不過在前一天，在下午五點半的戰時內閣會議後，他就在日記裡寫道，他從未見過有人的腦袋像溫斯頓這樣「亂無章法」，以及，他「的結論是，他〔邱吉爾〕的思考過程只能透過演講來運作。而這一點跟我自己正好完全相反，真是太惱人了。」[37]

哈利法克斯評估邱吉爾的思維必須透過演說來運作，這是對的，但是把他的腦袋描述為「亂無章法」則是錯得不可能再錯，因為從他五月二十八日對下議院的演說起（當時他承諾將在一星期後再做一次演說），他的思維就開始形成條理——而且是一種言詞的條理。坎培爾大使的（而非哈利法克斯的）觀察才是最敏銳的；這讓我們回到邱吉爾的老朋友西塞羅的身邊。

在《論題材之發想》裡，西塞羅提到，一篇演說按照自然順序可分成六個段落，其中最後一個被稱為「總結」，其定義為一篇演說充滿情感的結論，「用意通常在於鼓舞聽眾的熱情」。[38]邱吉爾在最高戰爭委員會上所做的這個「令人讚嘆的總結」顯示出，就跟以往一樣，他已經在測試下一場演說的最後段落，而這場演說將被譽為歷史上曾被發表過的最偉大的演說之一。

在倫敦，關於邱吉爾出色地鼓舞了法國人的消息已經傳開。休·達爾頓在日記裡寫道：「國王說，他必須提醒溫斯頓，他只是英國的首相，並不同時是法國的首相！」[39] 邱吉爾於六月一日星期六清早返抵英國。

在當天早晨的戰時內閣會議上，與會者很高興聽到「『發電機行動』的成功超過了所有事前的評估與預期」，[40] 已有將近二十二萬五千名部隊獲救。哈利法克斯勛爵在前一天與美國大使約瑟夫·甘迺迪會過面，後者告訴他「敦克爾克的行動抵得上盟軍對美國作四十次請求」；[41] 現在英國已有較大機會獲得所要求的驅逐艦，因為「美國這邊的進展也快起來了」，[42] 所以邱吉爾應該利用這個機會直接與總統接洽，讓事情再加快一點。

在海軍大臣官邸，柯爾維爾將一項被提交上來的建議呈給首相，是「關於把國家美術館的典藏品運到加拿大」的事。對此邱吉爾回答，「不用，把畫都藏到山洞跟地下室去。畫都不用走。我們會打敗那些傢伙。」[43] 關於把皇室家族、皇家珠寶或甚至內閣政府搬到帝國的海外領土的提議，邱吉爾也做了類似的回答：「我相信，我們能讓他們為了入侵我們島嶼的那一天而後悔不已。這類討論一概不許再提。」[44]

同時，敦克爾克晴朗的天空意味著德國空軍可以重啟對港口的可怕攻擊，繼續給德國的地面部隊提供空中掩護。撤退作業仍以原先的速度進行，但是這一天遭到重大損失：十七艘船被擊沈，當中四艘是寶貴的驅逐艦，此外還有十艘船受到嚴重的損傷。在下午三點半的參謀長委員會會議上，邱吉爾「強調儘可能堅持下去非常重要。德軍現在可能突破陣地，我們或許還能再支撐一個晚上。現在是拯救法國陸軍的重要關頭，任務成功或失敗可能對同盟關係有重大影響。只要陣地還守得住，撤退行動就要繼續——即便以船艦損失為代價。」[45]

下午六點四十五分，一份「最即刻」的電報被發到魏剛將軍手上，警告他戰局就要達到決定性的時刻，雖然他們仍需儘可能堅持下去，但是德軍很有可能就要突破戰線，撤退行動將必須被放棄。

現在英國平民的狀況也令人憂慮；他們情緒低落，普遍的恐慌正在蘊釀。報紙報導著希特勒入侵英國的計劃。戰時內閣決議，為了再鼓舞一次民心士氣，達夫．庫珀要在六月二日晚間做一次電台廣播，宣佈二十七萬六千〇三十名部隊已經成功撤出。然而需要鼓舞的不只是民眾，內閣大臣之間也彌漫著憂慮；下院議員哈洛德．尼古森，休．達爾頓以及奇普斯．錢儂等人的日記裡分別都強烈地傳達了這種氛圍：

除了出於道德因素，真的沒有多少令人感到振奮的理由。我們喪失了全部的重裝備。法國失去百分之八十的部隊，而且覺得我們背棄了他們。要在英法兩軍之間重新建立良好關係會是真正的問題。[46]

六個月後歐洲會是什麼面貌？飢荒、餓殍遍地、暴動，特別是在德軍蹂躪過後的奴隸國家裡。[47]

所有力量都在密謀對付我們……我們處在無比惡劣的處境裡……

當我凝視灰綠色相間的皇家騎兵衛隊閱兵場，藍色的天空，巨大的銀色氣球*像鞠躬的大象，鐵絲網與士兵四處可見——這真的是英國的末日了嗎？我們正在見證這個偉大的島嶼民族的衰敗、傾頹或甚至滅亡嗎？就像我長久以來所擔憂的那樣嗎？[48]

到了六月三日中午，英國遠征軍撤退的奇蹟任務幾近完成，總共救出了二十九萬兩千三百八十名部隊。邱吉爾的私人秘書約翰・馬丁在他的回憶錄中寫道：

在那些可怕的日子裡，首相從來沒有絲毫動搖；但是你很容易感覺到，壓在他身上的責任是多麼巨大；你能想像，他懷著何種情緒看著法國在痛苦中煎熬，亟想給予一切他所能提供的援助與撫慰，但是又硬起心腸，無視他們絕望的懇求與他自己慷慨的本能，堅持扣住僅夠自用的空軍武力不派出去，因為那是我們在英國繼續奮戰所必須的。[49]

溫斯頓只剩下不到二十四小時就要在下議院演說，但是他的演說稿還沒完成。這一整天，在匆忙來去於各個會議之間，他偷得一些空檔，在唐寧街他的辦公桌前坐下來，給稿子增刪一些句子，以確保局勢的嚴重性被儘可能清楚地傳達出去。他知道他主要的訊息是什麼。那或多或少就是他在最高戰爭委員會會議時對法方所說的話，但是這次他需要一種能特別打進英國人民內心的語言，一種樸素的語言，立基於簡短的盎格魯-撒克遜辭彙，而三聯一組的語詞像鐵鎚一樣響亮地敲在同一塊鐵砧上。

他把最先的草稿拿給他的核心圈子傳閱。他初步得到的反應是，如果考慮到當前狀況的不穩固，以及他們對英國軍方額外支援的要求，這個內容「對法國最高指揮部來說有些嚴厲」。[50] 他把「即使美國繼續以一種奇怪的冷漠態度旁觀那些危險的增長與逼近，無視於

藍色的天空，巨大的銀色氣球像鞠躬的大象，這真的是英國的末日了嗎？

* 譯註：指二戰期間英國皇家空軍的防空氣球，功能在於阻礙低空轟炸的敵機，迫使其飛高，以進入防空武器的射擊範圍。

那些危險越來越陰險地威脅到他們」[51]整句刪掉。也許他在反覆斟酌時想到，這場演說應該誘使美國人一起為戰爭努力，而不是把他們趕走。令人驚奇的是，他還在講稿的頁邊空白上寫下給自己的演繹作提示，比如在「我們兵力耗損已經超過三萬人——戰死，受傷，以及失蹤」這一行旁邊寫著「表達同情！」[52]

邱吉爾撰寫演說的方式非常煞費苦心，而且需要很多天才能完成。一九七三年，溫斯頓的私人秘書約翰．馬丁在接受訪問時談到他的老闆撰寫演說的過程。馬丁回憶說，他〔邱吉爾〕在這一門秘密的藝術形式上投注「巨大的心力」。他會叫來一位打字員，然後開始「非常緩慢地口授他想要說的話⋯⋯一旦他看到他精心選擇的字詞跟語句〔被打在紙上〕⋯⋯他會用一種細小的聲音測試好一些字詞，所以你只能聽到一串大約半打的詞彙⋯⋯他會先用真正讀出聲音的方式來測試」，最後才選出他覺得聽起來效果最好的版本。下一步就是讓演說稿被打字成為「草稿形式」。完成之後，他會用紅色鉛筆圈點一遍，做出必要改動，然後再讓人打字成為「半完成稿」形式。這份稿子會交給各式「專家進行檢查」，以確保裡面提到的事實與數字都正確。最後，稿子再度被打字成為「詩篇形式」。[53]這是他個人獨有的格式：句子像詩歌段落那樣被攤開；在一個段落中，每新起一行都比上一行都更縮排一點。於是他開始用這份稿子練習演說，做完一次又是一次，在房間裡來回踱步，手抓著翻領，測試著所有可能的風格音調，從宏大浮誇到輕聲細語。

在一九四〇年六月四日，下午三點四十分，練習時間結束。敦克爾克撤退行動已經完成，三十三萬名部隊奇蹟似地安全撤出。

在爆滿的下議院裡，首相站起身來。他走了四步，來到發言箱前。

他將總共發表三十四分鐘的談話，一開始是詳細講述過去數星期來在法國的局勢，接著是敦克爾克的撤退行動。這時他對實情沒有絲毫美化，所用的語言也坦白、逼真而且讓人震撼。他詳細地介紹了納粹的戰力，也談到那些為了保衛港口而喪失生命的人的勇敢事蹟。他稱呼撤退行動為「一場奇蹟式的救援，透過勇氣、堅忍、完美的紀律、無懈可擊的服務、資源、精湛的技術、堅定不移的忠誠才得以完成」，但也強調：「靠著撤退並不能打贏戰爭。」[54]

隨著主題開始熱烈起來，邱吉爾也越來越能夠把他如此精熟的演說技巧給施展出來。他問聽眾一個問題：「對這場戰爭的目的來說，究竟還有什麼比這個目標具有更重大的軍事價值與意義呢？」*他接著又問一個問題：「難道我們不能說，西方文明的使

* 譯註：指德軍最重大的目標就是瓦解敦克爾克撤退行動，但是英國皇家空軍成功地擋下了德軍的攻擊，使撤退得以完成。邱吉爾這一段演說指出，撤退雖然不是戰勝，但皇家空軍在撤退行動上取得了一次勝利。

命將要由少數幾千名空軍將士的技術與奉獻精神來加以守護嗎？」[55]*他把生動的戰爭描述與詩意的歷史相提並論：

我想，在全世界、在所有的戰爭歷史上，年輕人從來不曾有過這樣的機會。圓桌武士、十字軍東征，這些相較之下都只是乏味的過去……這些年輕人〔指空軍〕每天早晨動身前去守護他們的國土以及我們所擁抱的一切……關於這些人，我們可以說，「當每個早晨帶來一個崇高的機會……而且每一個機會帶來一個高貴的騎士。」[56]

他談到希特勒的入侵計劃，也提醒民眾，在過去許多世紀裡，拿破崙與其他「歐陸的暴君」[57]都曾做過類似的計劃，但從來沒能成功。最後他進入他做過密集準備的總結：

就我個人來說，我完全相信，如果所有人都做好他的職責，如果一切都沒有疏漏，如果我們做出最好的安排——正如我們現在正在做的那樣——那麼我們將再度證明，我們有能力保衛這個島嶼家園，能安然度過這場戰爭風暴，能在暴政的威脅中堅持下來，必要時我們能撐上許多年，必要時我們能單獨撐下去。無論如何，這就是我們現在打算做的事。這是英王陛下政府的決心，同時也包括了內閣裡每一個大臣。這是國會與國民的意志。大英帝國與法蘭西共和國，這兩個在使命與需求上緊密相連的國家，將會誓死保衛他們的國土，像親密戰友那樣盡一切力氣互相協助。就算歐洲的廣大區域以及許多古老且著名的國家已經淪陷、或者可能淪落到蓋世太保的掌控中，並受到納粹政權可憎的國家機器的蹂躪，我們也將不會退縮或喪志。我們將堅持到最後。我們將在法國戰鬥；我們將在大海與大洋上戰鬥；我們將在空中戰鬥，而且越來越有信心也越來越強大；我們將保衛我們的島嶼，不論要付出何等代價。我們將在海灘上戰鬥，我們將在空降場戰鬥，我們將在田野與街道上戰鬥，我們將在山丘上戰鬥；我們永遠不會投降，而且就算——我從未有片刻相信這一點——這個島嶼的全部或一大部份被征服以致糧盡援絕，那麼我們在海外的帝國領土將會在英國艦隊的武裝與保衛之下，繼續把戰爭堅持下去，直到新大陸，挾其全部的天上的力量，站出來拯救與解放我們的舊大陸。[58]

這場演說直接命中了邱吉爾設定的目標。演說的強大力量不容否認，聽者的反應如痴如狂；多名工黨議員聽到熱淚盈框。[59]日後邱吉爾談到這個落到他肩上的重責大任時說，他是要為英國人民發聲：「他們有一顆獅子的心」，他不過是「有幸得以被挑出來

---

* 譯註：指接下來英國要抵禦德國入侵，空軍的優勢武力是關鍵。

發出那個獅吼聲」[60]。而在這個片刻，在他們最黑暗的時刻裡，獅子的吼聲從未如此雄壯過。

關鍵句「在海灘上戰鬥」實際上是對他的一位朋友，前法國總理喬治·克里蒙梭的致敬。邱吉爾曾寫過多篇文章談這位偉人，也曾在巴黎和會上與他有過往來。他這是取材自克里蒙梭一九一八年十一月的一篇演說，當中有一行是「我將在巴黎前方戰鬥；我將在巴黎戰鬥；我將在巴黎後方戰鬥。」[61]從這個句子到溫斯頓的「我們將在……戰鬥」事實上只是一個小小的創意跳躍而已。再度地，就像他在「熱血、辛勞、眼淚和汗水」的演說中所做的那樣，他運用了開頭重複的連續句構。當他說「**我們**將戰鬥」，他強調的是，他將與人民站在一起，將陪他們走過路上的每一步。

在《修辭的框架》這篇散論中，邱吉爾指出，「演說者要體現群眾的熱情」；[62]而在這個時刻，當他高聲演說時，他很確信英國人民會與他一起戰鬥到最後。歷史學家大衛·卡納迪尼寫道，邱吉爾之所以選擇那些的言詞，是因為那「鮮活且直接反應了他實際上是怎樣的一個人……他的性格一方面單純、熱切、無害且完全無法欺騙或暗算，然而另一方面也誇大、浪漫、慇勤有禮、崇尚英雄氣概、慷慨大度，高度具有特定色彩」。[63]所有這些特質都從他的演說裡透顯了出來。他的演說充滿情感與勇氣，但最主要的是，充滿了希望。他向人民伸出他的雙手，表示願意帶領他們走過前方的危難。

此時邱吉爾當上首相才過了二十五天。在這段時間裡，他面對了難以克服的戰爭壓力、自家內閣的不信任，但最重要的是，他還面對了自己的恐懼與懷疑，並且繼續前進，走上了一個更開闊且陽光照耀的信心領導的高地。

四十二年之前，在二十三歲時，邱吉爾曾經寫道：

在人類所被賦予的所有天賦當中，沒有一個像演說的才能那樣寶貴。擁有這種才能的人，他所施展的力量比一個偉大國王的權力還要持久。他是世界上一股獨立的力量。即便被自家政黨拋棄，被朋友背叛，被剝奪了官職，但是誰要是掌握這種力量，就仍然是令人敬畏的。許多人都見識過這種威力。一群嚴肅的公民，僅僅由這個平淡時代的種種憤世嫉俗所保護，是抵抗不了演說的影響力的。先是毫無反應的沈寂，然後是不情願的認可，之後變成對演說者全然的贊同。歡呼一次比一次更大聲，頻率也越來越高；群眾的熱情不時突然升高，直到他們被自己控制不了的情緒所席捲，被他們已經放棄指揮的熱情所震撼。[64]

溫斯頓的這場演說就符合了這些條件。他成了「世界上一股獨立的力量」，令人敬畏，擁有比國王還大的權力；當他演說時，也同時為他的人民的熱情指引了方向。

後記　真相
Epilogue: If the Truth be Told

在一九四〇年五月那些令人驚恐的日子裡，溫斯頓．邱吉爾的行動、言談、以及最後所做的決策，改變了英國與歐洲的命運，也改變了他自己在世界史上的地位。但是，在經歷一段時間的激烈爭論、懷疑、內心掙扎、恐懼、絕望以及搖擺之後，他是如何做出這個正確的決定的呢？他如何在那之後很快就找到完美的語言來對全國國民解釋他的思考、信念與感受？這一點，以我所知，從未有人充份地講述出來。我設定的目標，就是要說出這個故事。我要呈現出一個更大的、更不穩定的、心理學上更可信的、以及超過過去被允許的範圍，整體而言更符合人性的故事。

在準備電影《最黑暗的時刻》以及撰寫這本書的期間，我所進行的研究讓我確信，溫斯頓．邱吉爾在一九四〇年五月裡曾經認真考慮過與希特勒和平談判，即使這個看法在今天可能會讓人非常反感。

我知道這是一個不受歡迎的觀點；這幾乎與所有歷史學家、評論者與學術界的立場有所衝突，而那些人遠比我更沈浸在這一段時期的歷史裡；我不能自詡跟他們一樣深入。

然而在這本書即將結束之際，我想把我所見到的基本事實鋪陳出來，同時也說明主要的反對論述——他們認為，邱吉爾從未認真考慮過和談路線。

首先提一下一般認可的說法。這種看法基本上認為，當邱吉爾明確表明，如果對方能提和談的條件他將會「十分感激」，或者當他同意「考慮」和談條件時，他只是說說而已。他只是為了換取時間，是在玩一個精心策劃的遊戲，並不是認真要和談，他從未猶豫或動搖。如果他讓戰時內閣**感覺起來**是認真的——如主流的看法所認為的那樣——那只是為了要哄騙哈利法克斯，只是為了爭取他的支持，以免他在此時辭職可能拖垮內閣政府。他必須非常逼真地施展這個手法，才能讓精明狡詐如哈利法克斯與張伯倫者感到信服。

但是這種解讀有不少弱點。

第一是沒有證據，全都是學者的猜測。如克利斯多夫．希欽斯所指出，無需證據就能提出的主張，也可以不用證據就能予以排除。

溫斯頓從未揭露過他在玩一個宏大的欺騙遊戲。不只事件當時不曾，就連戰後當他有很多時間提這件事、甚至可以獲得重大名聲的時候，他也沒這樣說過。如果以為溫斯頓是出於謙虛，所以才把犀利騙過對手哈利法克斯這件如此關鍵的事件隱藏起來，以免載入史冊，那麼這太挑戰我們對他人格的理解了，因為不論從什麼角度來看，他的人格在自戀量表上得分都很高。揭露這個故事不但不會損害他神話一般的形象，反而還有所增益。而且，如果有人懷疑他是因為無意經營自己的歷史遺產，那麼請記住他曾說過一句俏皮話：「各方都將覺得，把過去的事情交給歷史是比較好的，特別因為我打算要寫那部歷史。」[1]

第二個說明緩兵之計設想不成立的理由是：這種看法沒能恰當考慮到，邱吉爾在這段危機的高峰裡，不論在個人、政治與軍事方面，都承受到龐大的壓力：被入侵的威脅是多麼急迫（軍事顧問相信幾天之內就會發生）；英國人民的防衛缺口是多麼的大；英國陸軍在法國是多麼寡不敵眾（如果部隊能從敦克爾克全數救回的話兵力比例是一比十，救不回來的話就變一比一百）；歐洲在德國的攻擊之下崩潰的速度是多麼嚇人；以及哈利法克斯所提出的論據是多麼理性、合乎道德以及明智，而且還受到張伯倫與其他眾人的支持。

所有壓力中最大的，還是哈利法克斯辭職的威脅；這只能讓溫斯頓停下來重新考慮一下自己的立場。一個像哈利法克斯這樣的人，如果不是完全確信自己的主張正確且溫斯頓的看法錯誤，是絕對不會以拖垮新政府為要脅的。對這樣一個人所堅信的事，你無法輕易不當一回事。

在這樣極端巨大的壓力下，而且當可採取的選項又如此有限，哪一個神智清楚的人不會認真考慮和平談判，而一定要選擇幾乎確定的全盤毀滅？

我感覺到，任何反對「猶豫」或「動搖」論（如果我們可以如此稱呼這種論述的話）的人，一定得設定一個幾乎是瘋狂的邱吉爾，把他當成一個對戰場上極其可怕的現實全然無動於衷、對自己在加里波利曾有的悲劇性失誤毫無記憶、連自己僅僅數星期前在挪威造成的軍事挫敗也想不起來的人。事實上溫斯頓從未忘記他在加里波利得到的負面教訓（雖然他確實試過抹掉這些教訓，否認自己感到任何內疚，後來還說他為那些戰死者的英勇而感到喜悅）。

但是歷史不是一個人完成的。一九一五年八月的一個下午，當邱吉爾在畫一幅風景畫時，他放下了他的心防，對詩人兼外交官威爾弗里德・斯科恩布倫特說：「我這雙手上的血比顏料還要來得多」。[2] 這是他難得一見的心理脆弱的時刻，而且甚至更難得一見的是，他對自己傷痕累累的人性展現了深刻的體認。愧疚感必然產生自我懷疑，而自我懷疑必定在一九四〇年五月最後這幾天狠狠襲擊了邱吉爾。如果你過去

一名英軍在加里波利向戰死的袍澤致敬。

犯下如此可怕的錯誤，那麼在類似的情境下，你不可能再度如此自信。

正如前面所提到過的，歷史學家大衛・卡納迪尼曾說邱吉爾的性格「同時是單純、熱切、無害的，且完全無法欺騙或暗算」。[3]如果是這樣，那麼為什麼硬要說他一連多日進行了欺騙與算計，儘管不論在此事之前或之後，都沒有任何紀錄顯示他能如此欺騙與懂得算計？

對此一般的反應似乎是，不相信這位偉人也跟常人一樣會自我懷疑。然而，困惑並不是罪惡。相反地，我會主張：能產生懷疑，進而能把互相衝突的構想加以綜和，最後能做出兼顧各方的決策——這才構成一個真正的領導者與真正的領導能力的根本定義。

因此，這本書提出的是一個更大、更複雜的邱吉爾面貌，而不是把他變得更貧乏。所以讓我們假設，溫斯頓在辯論這些關鍵議題的時候，所說的話實際上是**當真的**；他也知道他說的每一句話都正被寫進會議記錄裡，不帶反諷，也為了讓後人查考。

戰時內閣在五月末的這些會議記錄讓我毫不懷疑，在一段時間裡，當情況顯示英國可能要損失其九成士兵時，溫斯頓漸漸地被說服，只要英國的獨立地位得以確保，認真跟納粹德國探討和平條件是有意義的，不論這件事是多麼地讓人反感。他知道希特勒的要求將相當可怕：中歐與法國要永遠納入納粹統治；此外，德國在第一次世界大戰後喪失的部份殖民地也要還給德國。這是駭人聽聞的代價，但是跟英國被納粹入侵、被佔領、納粹黨徽可能高掛在白金漢宮與英國國會上的結果比較起來，和談顯然開始被視為一個更好的選項。

任何人仔細研究溫斯頓在五月末的這些爭論中使用的語詞，一定會得出一個鮮明的印象：他原先戰鬥到底的立場逐漸破碎，對於和平談判的建議則逐漸感到興趣。我們不要忘記，在那些日子裡，他在多次會議上曾正式說過，他會「考慮」一項和平協議、他樂於「討論」這樣的協議、在關鍵前提被確保的情況下，如果英國能跳出當前困境，他會「十分感激」，即使「代價是要出讓部份〔英國〕領土〔馬爾他與部份非洲殖民地〕」，以及（如同他對戰時內閣所說的那樣）即使和談意味著允許希特勒「成為中歐的霸主」。事實上（如同他對國防委員會所做的建議），他曾對法國表示，如果對方提出和談條件，只要法國不成為德國進攻英國的跳板，那麼法國可以「接受」這樣的協議。張伯倫在日記中提到（而且我們要考慮到，他使用的語言必定比內閣秘書枯燥、語氣呆板的紀錄文體更色彩鮮明也更寫實），邱吉爾表示，如果條件符合，他會「欣然接受」和平協議。為了證明他準備「欣然接受」，他批准哈利法克斯與義大利大使巴斯蒂亞尼尼在倫敦進行一次英義秘密會議，前提是消息不能被公開。這個會談進一步釐清了與希特勒和談的事實，並以墨索里尼擔任協商的中間人。在這次會議之後，邱吉爾又正式准許哈利法克斯起草一份給義大利大使的備忘錄，以進一步討論可以把英國與法國一起納入的和平協議的條款。

就一個先前從未把和平談判視為選項的人來說，這些是顯著的讓步。

我主張，在五月二十七日這一天，他們關於和平協議的主要歧見已經不是要不要的問題，而是何時的問題。邱吉爾認定，他的政府可以在納粹入侵並被英國擊退之後得到最佳條件；哈利法克斯與張伯倫則認為，沒有比現在更好的時機，因為現在英國仍然擁有一支軍隊。在這令人焦慮與不確定的幾個小時裡，這場爭論即將決定世界的命運。

所有領導者都需要運氣——而且他們所需要的好運是：時代能與他們的才幹相配合。

邱吉爾沒有適用於和平時期的天賦。他的才幹適合危機、勇氣以及危險，尤其是當危機爆發、當勇氣被喚起以及當危險被低估的時候。當其他更通情達理的人為自己決策的結果合理地感到恐懼時，他卻對於思索負面的後果毫無興趣——他一輩子都是這樣的性情——，甚至不理解為什麼別人會那樣想。大無畏的精神在許多偉大領導者身上都看得到，但是這種特質不只帶來名聲，也同樣可能使他聲名狼籍。其間的差別就在於，究竟說來，領導者的判斷是否正確。

邱吉爾，在五月末，在經歷了不少猶豫與搖擺、徹夜踱步、心神失序、言語紊亂、令人火大的立場轉換、深刻檢討、細心觀察、專注聆聽、重新思考、斟酌利弊、評估計算、因憂鬱所造成的失語之後，他終於能面對全國國民，說出那些在猛烈的懷疑之火中淬鍊過的言語，並堅決支持歷史正確的一方。

他做對了。

一九四〇年五月裡發生的這些事件成為邱吉爾成功的契機。在擔任首相最初的這幾個風雨飄搖的星期裡（新上任領袖像他這樣遭受到如此嚴厲考驗的實屬少見），他基本上在自己身上找到了一套先前未曾發掘過的領袖風格；這套風格將帶他在接下來的戰爭中克服難關，讓他在真正偉大人物的紀念堂中贏得一個永恆的位置。

在這個五月裡，溫斯頓·邱吉爾變成了溫斯頓·邱吉爾。

謝詞
Acknowledgements

這本書獻給我的父親。他參與過第二次世界大戰，在太平洋戰場與義大利戰區都上過戰場。他一直是一個重度的邱吉爾仰慕者，雖然作為一名孩童我從來不太了解為什麼。我希望他能認可這本書。

邱吉爾基金會非常慷慨地給本書計劃提供了很大的助益，特別是邱吉爾家族。邱吉爾檔案館讓我使用了他們非比尋常的館藏，對本書貢獻良多。

我堅定且忠實的第一編輯，Jane Parkin，打斷了她的文法教職，幫忙做了修訂，以確保文字清晰有序。其他一系列編輯同樣用心良苦，他們是：維京出版社（Viking）的Joel Rickett與Daniel Crewe，以及哈柏柯林斯出版社（HarperCollins）的Jonathan Jao與Roger Labrie。

我也希望對我的文學經紀人，國際創意管理公司（ICM Partners）的Jennifer Joel表達感謝；此外也要謝謝沃克泰托電影公司（Working Title Films）、環球影業（Universal Pictures）以及焦點影業（Focus Features）的協助。

然而最後，我要對我努力不懈的研究員 Rebecca Cronshey 表達我最大的感謝與最深的感恩；她常徹夜不眠地為我調查檔案，使這本書才得以成型。

61 Georges Clemenceau, speech in Paris, November 1918, cited in Donald McCormick, *The Mask of Merlin: A Critical Study of David Lloyd George* (Macdonald, London, 1963), p. 143.

62 Winston S. Churchill 'The Scaffolding of Rhetoric', Churchill Papers, CHAR 8/13/1–13.

63 Winston S. Churchill, *Blood, Toil, Tears and Sweat: The Great Speeches,* ed. David Cannadine (Penguin Books, London/New York, 2007), Introduction, p. xxii.

64 Churchill 'Scaffolding of Rhetoric'.

後記

1 Churchill, Hansard, Commons Sitting, HC Deb, 23 January 1948, vol. 446, cc.556-62.

2 See e.g. Nigel Jones, 'Churchill and Hitler: At Arms, at Easels', *History Today,* vol. 64, Issue 5, May 2014.

3 Winston S. Churchill, *Blood, Toil, Tears and Sweat: The Great Speeches,* ed. David Cannadine (Penguin Books, London/New York, 2007), Introduction, p. xxii.

Gilbert, *Never Surrender.*
36 同上。
37 Lord Halifax, diary, 30 May 1940, Halifax Papers (Borthwick Institute, York), A7/8/4, p. 146.
38 definition of peroration, *Oxford English Dictionary* (Oxford University Press, Oxford, 2017).
39 Ben Pimlott (ed.), *The Second World War Diary of Hugh Dalton* (Jonathan Cape, London, 1985), 31 May 1940, p. 31.
40 Ismay, *Memoirs,* p. 135.
41 Lord Halifax, diary, 30 May 1940, p. 147.
42 CAB 65/7/46, 1 June 1940.
43 Colville, *Fringes of Power,* p. 115.
44 Churchill to Desmond Morton, Premier Papers, 7/2, cited in Gilbert, *Never Surrender.*
45 CAB 79/4, 1 June 1940.
46 Harold Nicolson, *Diaries and Letters 1930-1964, ed. Stanley Olson* (Penguin Books, Harmondsworth, 1984), 1 June 1940, p. 186.
47 Pimlott (ed.), *Second World War Diary of Hugh Dalton,* 3 June 1940, p. 34.
48 R. R. James (ed.), *Chips: The Diaries of Sir Henry Channon* (Weidenfeld & Nicolson, London, 1993), 2 June 1940, p. 255.
49 Sir John Martin, *Downing Street: The War Years* (Bloomsbury, London, 1991), p. 5.
50 Anthony Eden to Churchill, 3 June 1940, Churchill Papers, CHAR 9/172/104.
51 Churchill, speech notes for 4 June 1940, Churchill Papers, CHAR 9/172/23.
52 同上，CHAR 9/172/16.
53 Interview with Sir John Martin in 1973, BBC Archives, 'Remembering Winston Churchill', http://www.bbc.co.uk/archive/churchill/11021.shtml.
54 Churchill, Hansard, War Situation, HC Deb Series 4, 4 June 1940, vol. 361, cc.787-98.
55 同上。
56 同上。
57 同上。
58 同上。
59 James (ed.), *Chips,* 2 June 1940, p. 255.
60 Churchill, speech to Westminster Hall, 30 November 1954, for his eightieth birthday, Churchill Papers, CHAR 5/56B/235.

11 同上。

12 Dilks (ed.), *The Diaries of Sir Alexander Cadogan,* p. 292.

13 Churchill to Anthony Eden, General Ismay and General Dill, 29 May 1940, Premier Papers, 3/175, cited in Gilbert, *Never Surrender.*

14 Churchill to General Spears, 29 May 1940, FO Papers, 800/312, cited in Gilbert, *Never Surrender.*

15 Churchill to Lord Gort, 29 May 1940, Premier Papers, 3/175, cited in Gilbert, *Never Surrender.*

16 Colonel Roderick Macleod, DSO, MC, and Denis Kelly (eds.), *The Ironside Diaries: 1937-1940* (Constable, London, 1962), p. 344.

17 John Colville, *The Fringes of Power: Downing Street Diaries 1939-1955* (Hodder and Stoughton, London, 1985), p. 115.

18 Churchill to Reyanud , 29 May 1940, Premier Papers, 3/175, cited in Gilbert, *Never Surrender.*

19 同上。

20 同上。

21 Captain Pim, recollection, 29 May 1940, Pim Papers, cited in Gilbert, *Never Surrender.*

22 John Spencer-Churchill, *Crowded Canvas* (Odhams Press, London, 1961), pp. 162-3.

23 CAB 65/7/43, 30 May 1940.

24 CAB 65/13/26, 30 May 1940.

25 同上。

26 Lionel Hastings, Baron Ismay, *The Memoirs of General the Lord Ismay K.G., P.C., G.C.B., C.H., D.S.O.* (Heinemann, London, 1960), p. 136.

27 CAB 69/1, 30 May 1940.

28 同上。

29 Ex-Detective Inspector W. H. Thompson, *I was Churchill's Shadow* (Christopher Johnson, London, 1951), p. 41.

30 Ismay, *Memoirs,* p. 133.

31 CAB 99/3, 31 May 1940.

32 同上。

33 同上。

34 同上。

35 Sir Ronald Campbell to Lord Halifax, 31 May 1940, Foreign Office Papers, 800/212, cited in

66 同上。

67 同上。

68 同上。

69 同上。

70 同上。

71 Martin Gilbert, *Winston S. Churchill*, vol. 6: *Finest Hour, 1939-1941* (Heinemann, London, 1983), p. 419.

72 Ben Pimlott (ed.), *The Second World War Diary of Hugh Dalton* (Jonathan Cape, London, 1985), pp. 27-8.

73 Winston S. Churchill, *The Second World War*, vol. II, *Their Finest Hour* (Cassell, London, 1949), p. 88.

74 CAB 65/13/24, 28 May 1940.

75 Lord Halifax, diary, 28 May 1940, p. 144.

76 Churchill, *Their Finest Hour*, p. 88.

第十章

1 Douglas C. Dildy, *Dunkirk 1940: Operation Dynamo* (Osprey, Oxford, 2010), p. 9.

2 General Sir Edward Spears, *Assignment to Catastrophe*, 2 vols. (William Heinemann, London, 1954), vol. 1, p. 255.

3 Churchill to Cabinet ministers and senior officials, 29 May 1940, Premier Papers, 4/68/9, cited in Martin Gilbert, *The Churchill War Papers*, vol. 2: *Never Surrender: May 1940 -December 1940* (William Heinemann, London, 1993).

4 CAB 65/7/41, 29 May 1940.

5 David Dilks (ed.), *The Diaries of Sir Alexander Cadogan O.M., 1938-1945* (Cassell, London, 1971), p. 292.

6 CAB 65/13/25, 29 May 1940.

7 同上。

8 同上。

9 同上。

10 同上。

1971), p. 291.

38 同上。

39 Roberts, *Holy Fox,* p. 298.

40 Lord Halifax, diary, 27 May 1940, p. 142.

41 Dilks (ed.), *Diaries of Sir Alexander Cadogan,* p. 291.

42 John Colville, *The Fringes of Power: Downing Street Diaries 1939-1955* (Hodder and Stoughton, London, 1985), 19 May 1940, p. 109.

43 CAB 69/1, 27 May 1940.

44 同上。

45 Telephone conversation between Major-General Sir Edward Spears and Churchill, 27 May 1940, Cabinet Papers, 65/7, cited in Gilbert, *Never Surrender.*

46 CAB 69/1, 27 May 1940.

47 同上。

48 CAB 65/7/38, 27 May 1940.

49 Colville, *Fringes of Power,* p. 109.

50 Lord Halifax, diary, 28 May 1940, p. 143.

51 CAB 65/7/39, 28 May 1940.

52 同上。

53 同上。

54 同上。

55 Churchill, Hansard, HC Deb Series 5, 28 May 1940, vol. 361, cc.421-2.

56 Mr Lees-Smith, 同上。

57 Sir Percy Harris, 同上。

58 Roberts, *The Holy Fox,* p. 300.

59 CAB 65/13/24, 28 May 1940.

60 同上。

61 同上。

62 同上。

63 同上。

64 同上。

65 同上。

10 CAB 65/13/22, 27 May 1940.
11 Churchill to Ismay, 27 May 1940, Churchill Papers, 20/13, cited in Gilbert, *Never Surrender.*
12 外交部常任副大臣。The Hon. Sir Alexander Cadogan, Permanent Under-Secretary of State for Foreign Affairs.
13 空軍大臣。The Right Hon. Sir Archibald Sinclair, Bt, MP, Secretary of State for Air.
14 內閣秘書。The Cabinet Secretary, Sir Edward Bridges.
15 CAB 66/7/50, 26 May 1940, 'Suggested Approach to Signor Mussolini'.
16 CAB 65/13/23, 27 May 1940.
17 同上。
18 同上。
19 同上。
20 同上。
21 同上。
22 同上。
23 Lord Halifax, diary, 27 May 1940, Halifax Papers (Borthwick Institute, York), A7/8/3/, p. 142.
24 CAB 65/13/23, 27 May 1940.
25 同上。
26 同上。
27 CAB 65/13/21, 26 May 1940.
28 Neville Chamberlain, diary, 26 May 1940, Neville Chamberlain Papers (University of Birmingham), 2/24A.
29 Andrew Roberts, *The Holy Fox: A Biography of Lord Halifax* (Weidenfeld & Nicolson, London, 1991), p. 289.
30 CAB 65/13/23, 27 May 1940.
31 同上。
32 同上。
33 Lord Halifax, diary, 27 May 1940, p. 142.
34 同上。
35 CAB 65/13/23, 27 May 1940.
36 同上。
37 David Dilks (ed.), *The Diaries of Sir Alexander Cadogan O.M., 1938-1945* (Cassell, London,

81 同上。

82 同上。

83 同上。

84 同上。

85 Cited in Nassir Ghaemi, *A First-Rate Madness: Uncovering the Links between Leadership and Mental Illness,* (Penguin Books, London, 2011), p. 61.

86 CAB 65/7/26, 20 May 1940.

87 Captain Berkley, diary, Berkley Papers, 26 May 1940, cited in Gilbert, *Never Surrender.*

88 Signal sent from the Admiralty, cited in L. F. Ellis, *The War in France and Flanders, 1939-1940* (London, HMSO, 1953), p. 182; *Gilbert, Never Surrender.*

89 Ismay, *Memoirs,* p. 131.

90 The Rt Hon. The Earl of Avon, KG, PC, MC, *The Eden Memoirs,* vol. 2: *The Reckoning* (Cassell, London, 1965), p. 109.

91 Ismay, *Memoirs,* p. 131.

92 同上。

第九章

1 Vice-Admiral Somerville to Churchill, 7.15 a.m., 27 May 1940, Premier Papers, 3/175, cited in Martin Gilbert, *The Churchill War Papers,* vol. 2: *Never Surrender: May 1940-December 1940* (William Heinemann, London, 1993).

2 CAB 65/7/36, 27 May 1940.

3 同上。

4 同上。

5 Churchill to Roger Keyes, 27 May 1940, Churchill Papers, 20/14, cited in Gilbert, *Never Surrender.*

6 Churchill to Lord Gort, 27 May 1940, Churchill Papers, 20/14, cited in Gilbert, *Never Surrender.*

7 CAB 65/7/36, 27 May 1940.

8 同上。

9 同上。

53 *Manchester Guardian,* 25 May 1940.
54 *News of the World,* 26 May 1940.
55 *Sunday Express,* 26 May 1940.
56 *People,* 26 May 1940.
57 *Daily Mail,* 27 May 1940.
58 *Evening Standard,* 27 May 1940.
59 *Daily Express,* 27 May 1940.
60 Churchill, *Their Finest Hour,* p. 66.
61 CAB 63/13/20, 26 May 1940.
62 同上。
63 同上。
64 同上。
65 同上。
66 同上。
67 同上。
68 同上。
69 CAB 65/13/21, 26 May 1940.
70 同上。
71 同上。
72 同上。
73 Dilks (ed.), *Diaries of Sir Alexander Cadogan,* 23 May 1940, p. 288.
74 Neville Chamberlain, diary, 26 May 1940, cited in David Reynolds, 'Churchill and the British "Decision" to Fight on in 1940: Right Policy, Wrong Reasons', in Richard Langhorne (ed.), *Diplomacy and Intelligence during the Second World War* (Cambridge and New York, CUP, 2003), p. 152.
75 CAB 65/13/23, 27 May 1940.
76 CAB 63/13/21, 26 May 1940.
77 同上。
78 同上。
79 同上。
80 同上。

385.

32 CAB 65/7/31, 23 May 1940.

33 King George VI, diary, 23 May 1940, cited in John Wheeler-Bennett, *King George VI: His Life and Reign* (Macmillan, London, 1958), p. 456.

34 Telegram from Churchill to General Weygand, 24 May 1940, Churchill Papers, 20/14, cited in Gilbert, *Never Surrender.*

35 同上。

36 同上。

37 Telegram from Churchill to Reynaud, Churchill Papers, 20/14, cited in Gilbert, *Never Surrender.*

38 CAB 65/7/32, 24 May 1940.

39 同上。

40 Churchill to General Ismay, Churchill Papers, 4/150, cited in Gilbert, *Never Surrender.*

41 CAB 69/1–24 May 1940.

42 'Narrative of operations conducted from Dover May 21-26, 1940: Calais' (the Calais war diary), in NA/PRO ADM 199/795, cited in Hugh Sebag-Montefiore, *Dunkirk* (Viking, London, 2006), p. 228.

43 Calais war diary, NA/PRO WO 106/1693 and 1750, cited in Sebag-Montefiore, *Dunkirk,* p. 3.

44 同上，NA/PRO WO 106/1697.

45 Churchill to Anthony Eden and General Ironside, 25 May 1940, Churchill Papers, 4/150, cited in Gilbert, *Never Surrender.*

46 Calais war diary, NA/PRO WO 106/1750, 25 May 1940, cited in Sebag-Montefiore, *Dunkirk,* p. 230.

47 CAB 65/7/33, 25 May 1940.

48 同上。

49 Benito Mussolini to Churchill, 18 May 1940, cited in Winston S. Churchill, *The Second World War,* vol. II, *Their Finest Hour* (Cassell, London, 1949), pp. 107–8.

50 CAB 65/7/33.

51 同上。

52 David Dilks (ed.), *The Diaries of Sir Alexander Cadogan O.M., 1938-1945* (Cassell, London, 1971), 23 May 1940, p. 288.

Heinemann, London, 1993).

7 CAB 65/7/27, 21 May 1940.

8 Colonel Roderick Macleod, DSO, MC, and Denis Kelly (eds.), *The Ironside Diaries: 1937-1940* (Constable, London, 1962), 20 May 1940, p. 321.

9 CAB 65/7/27, 21 May 1940.

10 Colville, *Fringes of Power,* p. 110.

11 同上。

12 Martin Gilbert, *Winston S. Churchill,* vol. 6: *Finest Hour, 1939-1941* (Heinemann, London, 1983), p. 57.

13 Supreme War Council minutes, CAB 99/3, 22 May 1940.

14 同上。

15 同上。

16 Ismay, *Memoirs,* p. 130.

17 Macleod and Kelly (eds.), *Ironside Diaries,* p. 328.

18 Colville, *Fringes of Power,* p. 111.

19 同上。

20 CAB 65/13/15, 22 May 1940.

21 同上。

22 The Rt Hon. *The Earl of Avon KG, PC, MC, The Eden Memoirs,* vol. 2: *The Reckoning* (Cassell, London, 1965), p. 108.

23 CAB 65/7/3, 23 May 1940.

24 同上。

25 同上。

26 同上。

27 同上。

28 Mr Gurney Braithwaite to Churchill, Hansard, HC Deb Series 5, 23 May 1940, vol. 361, c330W.

29 Gilbert, *Finest Hour,* pp. 384-5.

30 John Colville, *Man of Valour: The Life of Field-Marshal the Viscount Gort, VC, GCB, DSO, MVO, MC* (Collins, London, 1972), p. 213.

31 Jock Colville in conversation with Martin Gilbert, 21 January 1981: Gilbert, *Finest Hour,* p.

D.S.O. (Heinemann, London, 1960), p. 127.

30 Churchill to the War Cabinet, Churchill Papers, 4/149, cited in Gilbert, *Never Surrender.*

31 Ismay, *Memoirs,* pp. 128-9.

32 CAB 65/7/21, 17 May 1940.

33 CAB 99/3, 16 May 1940.

34 同上。

35 CAB 65/7/21, 17 May 1940.

36 CAB 65/13/11, 18 May 1940.

37 Colville, *Fringes of Power,* 19 May 1940, p. 108.

38 John Colville, *Man of Valour: The Life of Field-Marshal the Viscount Gort, VC, GCB, DSO, MVO, MC* (Collins, London, 1972), p. 204.

39 CAB 65/13/12, 19 May 1940.

40 William Manchester, *The Last Lion: Winston Spencer Churchill, Defender of the Realm, 1940-1965* (Michael Joseph, London, 1983), Kindle edn, Loc. 1549.

41 Churchill, broadcast to the nation, 19 May 1940, Churchill Archives Centre, CHAR 9/176A-B.

42 Anthony Eden to Churchill, Churchill Papers, 2/394, cited in Gilbert, *Never Surrender.*

43 Captain Berkley, diary, Berkley Papers, 20 May 1940, cited in Gilbert, *Never Surrender.*

44 Earl Baldwin of Bewdley to Churchill, Churchill Papers, 20/1, cited in Gilbert, *Never Surrender.*

第八章

1 Lionel Hastings, Baron Ismay, *The Memoirs of General the Lord Ismay K.G., P.C., G.C.B., C.H., D.S.O.* (Heinemann, London, 1960), p. 129.

2 CAB 66/7/262, 18 May 1940.

3 CAB 66/7/263, 18 May 1940.

4 John Colville, *The Fringes of Power: Downing Street Diaries 1939-1955* (Hodder and Stoughton, London, 1985), 19 May 1940, p. 109.

5 同上。

6 Churchill to President Roosevelt, 20 May 1940, Churchill Papers, 20/14, cited in *Martin Gilbert, The Churchill War Papers,* vol. 2: *Never Surrender: May 1940-December 1940* (William

5 同上。

6 同上。

7 同上。

8 John Colville, *Action This Day: Working With Churchill, ed. Sir John Wheeler-Bennett* (Macmillan, London, 1968), p. 49; John Colville, *The Fringes of Power: Downing Street Diaries 1939-1955* (Hodder and Stoughton, London, 1985), p. 103.

9 Colville, *Fringes of Power,* p. 104.

10 Churchill: telephone conversation with Paul Reynaud, Premier Papers, 3/188/1, cited in Martin Gilbert, *The Churchill War Papers,* vol. 2, *Never Surrender: May 1940-December 1940* (William Heinemann, London, 1993).

11 同上。

12 同上。

13 CAB 65/7/18, 15 May 1940.

14 同上。

15 同上。

16 同上。

17 Colonel Roderick Macleod, DSO, MC, and Denis Kelly (eds.), *The Ironside Diaries: 1937-1940* (Constable, London, 1962), 15 May 1940, p. 310.

18 CAB 65/7/18.

19 同上。

20 Lord Halifax, diary, 11 May 1940, Halifax Papers (Borthwick Institute, York), A7/8/4, p. 127.

21 Churchill to President Roosevelt, Churchill Papers, 20/14, cited in Gilbert, *Never Surrender.*

22 同上。

23 同上。

24 Martin Gilbert, *Winston S. Churchill,* vol. 6: *Finest Hour, 1939-1941* (Heinemann, London, 1983), p. 344.

25 同上。

26 Churchill to Benito Mussolini, Churchill Papers, 20/14, cited in Gilbert, *Never Surrender.*

27 Benito Mussolini to Churchill, Churchill Papers, 20/14, cited in Gilbert, *Never Surrender.*

28 CAB 65/7/19, 16 May 1940.

29 Lionel Hastings, Baron Ismay, *The Memoirs of General the Lord Ismay K.G., P.C., G.C.B., C.H.,*

17 'Offro fame, sete, marce forzate, battaglie e morte', speech by Giuseppe Garibaldi, St Peter's Square, Rome, 2 July 1849.
18 Theodore Roosevelt, *American Ideals, and Other Essays, Social and Political* (G. P. Putnam's Sons, New York, 1897), p. 260.
19 Winston S. Churchill, *London to Ladysmith via Pretoria* (Longmans, Green, London, 1900), p. 96.
20 Winston S. Churchill, *Saturday Evening Post,* vol. 173, Issue 1, p. 29.
21 Winston S. Churchill, 'The Eastern Front', in *The World Crisis, 1911-1918* (Macmillan, London, 1931), p. 17.
22 Winston S. Churchill, *Marlborough: His Life and Times* (Harrap, London, 1933), vol. 1, p. 217.
23 Winston S. Churchill, 'Hope in Spain, 23 February 1939', in Winston S. Churchill, *Step by Step: Political Writings, 19361939* (Butterworth, London, 1939).
24 Churchill, 'Scaffolding of Rhetoric'.
25 Richard Toye, *The Roar of the Lion: The Untold Story of Churchill's World War II Speeches* (OUP, Oxford, 2013), p. 42.
26 Churchill, 'Scaffolding of Rhetoric'.
27 Winston S. Churchill, *A History of the English-Speaking Peoples,* vol 3: *The Age of Revolution* (Cassell, London, 1957), p. 296.
28 Churchill, 'Scaffolding of Rhetoric'.
29 Plutarch, Life of Pericles, citing Plato, Phaedrus, 271c, cited in Algis Valiunas, *Churchill's Military Histories: A Rhetorical Study* (Oxford, Rowman & Littlefield, 2002).
30 *Daily Telegraph,* 14 May 1940, *Evening Standard,* 13 May 1940.
31 CAB 65/7/15 and CAB 65/13/7, 13 May 1940.

第七章

1 Winston S. Churchill, *The Second World War, vol. II: Their Finest Hour* (Cassell, London, 1949), p. 11.
2 CAB 65/7/16, 14 May 1940.
3 CAB 65/7/17, 14 May 1940.
4 同上。

Surrender.

26 Lionel Hastings, Baron Ismay, *The Memoirs of General the Lord Ismay K.G., P.C., G.C.B., C.H., D.S.O.* (Heinemann, London, 1960), p. 116.

第六章

1 R. R. James (ed.), *Chips: The Diaries of Sir Henry Channon* (Weidenfeld & Nicolson, London, 1993), 13 May 1940, p. 252.

2 Winston S. Churchill, speech to the House of Commons, Hansard, HC Deb Series 5, 13 May 1940, vol. 360, cc. 1501-3.

3 James (ed.), *Chips,* p. 252.

4 David Lloyd George, Hansard, Conduct of the War, HC Deb Series 5, 8 May 1940, vol. 360, cc.1510-12.

5 Harold Nicolson, *Diaries and Letters 1930-1964,* ed. Stanley Olson (Penguin Books, Harmondsworth, 1980), p. 183.

6 James (ed.), *Chips,* p. 252.

7 Nicolson, *Diaries and Letters,* p. 183.

8 John Colville, *The Fringes of Power: Downing Street Diaries 1939-1955* (Hodder and Stoughton, London, 1985), p. 102.

9 James (ed.), *Chips,* p. 252.

10 The Rt Hon. Malcolm MacDonald, *Titans and Others* (Collins, London, 1982), pp. 94-5.

11 John Colville, in *Action This Day: Working With Churchill,* ed. Sir John Wheeler-Bennett (Macmillan, London, 1968), p. 69.

12 Winston S. Churchill, 'The Scaffolding of Rhetoric', Churchill Papers, CHAR 8/13.

13 Livy, *The fifth, sixth and seventh Books of Livy's History of Rome. A literal translation from the text of Madvig, with historical introduction, summary to each book and . . . notes, by a First-classman* (J. Thornton, Oxford, 1879), p. 157, p. 283.

14 John Donne, *An Anatomy of the World. A facsimile of the first edition, 1611.* With a postscript by Geoffrey Keynes (Cambridge, Cambridge University Press, 1951).

15 Lord Byron, *Age of Bronze,* IV: 'Satiric – The Landed Interest' (London, 1823).

16 Robert Browning, 'Ixion', in Jocoseria (1883).

4 R. R. James (ed.), *Chips: The Diaries of Sir Henry Channon* (Weidenfeld & Nicolson, London, 1993), 11 May 1940, p. 251.
5 Ruth Ive, *The Woman Who Censored Churchill* (History Press, Stroud, 2008), p. 56.
6 Colonel Roderick Macleod, DSO, MC, and Denis Kelly (eds.), *The Ironside Diaries: 1937-1940* (Constable, London, 1962), 11 May 1940, p. 303.
7 Lord Halifax, diary, 11 May 1940, p. 119.
8 Neville Chamberlain to Winston S. Churchill, 11 May 1940, Churchill Papers, 20/11, cited in Gilbert, *Never Surrender.*
9 Lord Halifax, diary, 11 May 1940, pp. 119-20.
10 Charles Stuart (ed.), *The Reith Diaries* (Collins, London, 1975), 11 May 1940, p. 250.
11 Winston S. Churchill to Sir John Reith, Churchill Papers, 2/398, 12 May 1940, cited in Gilbert, *Never Surrender.*
12 Lord Halifax, diary, 11 May 1940, p. 120.
13 同上，p. 121.
14 John Colville, *The Fringes of Power: Downing Street Diaries 1939-1955* (Hodder and Stoughton, London, 1985), 14 May 1940, p. 103.
15 Sir John Sinclair: recollection, 12 May 1940, Davy Papers, cited in Gilbert, *Never Surrender.*
16 Sonia Purnell, *First Lady: The Life and Wars of Clementine Churchill* (Aurum Press, London, 2015), p. 149.
17 Chips Gemmell, TV interview, in Martin Gilbert, *The Complete Churchill,* part 4: *Never Despair* (A & E Home Video, 1992).
18 Roy Jenkins, *Churchill: A Biography* (Macmillan, London, 2001), p. 712.
19 Mary Soames, *Clementine Churchill* (Cassell, London, 1979), p. 293.
20 Purnell, *First Lady,* p. 149.
21 Elizabeth Gilliatt, TV interview, in Gilbert, *Never Despair.*
22 Colville, *Fringes of Power,* 16 June 1940.
23 Joseph Goebbels, diary, cited in Michael Paterson, *Winston Churchill: Personal Accounts of the Great Leader at War* (David & Charles, 2005), 3 May 1941, p. 26.
24 David Cannadine, *Aspects of Aristocracy: Grandeur and Decline in Modern Britain* (New Haven, Conn./London, Yale University Press, 1994), p. 147.
25 Lord Hankey to Sir Samuel Hoare, 12 May 1940, Beaverbrook Papers, cited in Gilbert, *Never*

7 同上，p. 63.
8 CAB 23/83, 10 March 1936.
9 CAB 23/87/3, 13 January 1937.
10 The Rt Hon. The Earl of Avon KG, PC, MC, *The Eden Memoirs,* vol. 1*: Facing the Dictators* (Cassell, London, 1965), p. 509.
11 Ibid., p. 515. Also cited in Halifax Papers (Borthwick Institute, York), A4 410 3 3.
12 Halifax to Baldwin, 15 November 1937, Baldwin Papers, 173/61.
13 Halifax Papers, A4 410 3 3.
14 同上。
15 同上。
16 CAB 23/90/43, 24 November 1937.
17 Alan Bullock (ed.), *The Ribbentrop Memoirs* (Weidenfeld & Nicolson, London, 1954), p. 84.
18 Martin Gilbert, *The Roots of Appeasement* (Weidenfeld & Nicolson, London, 1966), p. 182.
19 同上。
20 Roberts, *Holy Fox,* p. 66.
21 Ambassador Joseph Kennedy to Cordell Hull, US Secretary of State, FRUS, 1938, 1:722, 12 October 1938.
22 CAB 27/624/32, 14 November 1938.
23 CAB 23/96/59 (38), 15 December 1938.
24 Keir Papers, cited in Roberts, *Holy Fox,* p. 191.
25 The Earl of Halifax, *Fulness of Days* (Collins, London, 1957), p. 215.
26 Roberts, *Holy Fox,* p. 157.

第五章

1 Winston S. Churchill to Neville Chamberlain, 11 May 1940, Churchill Papers, 20/11, and Chamberlain's reply. Cited in Martin Gilbert, *The Churchill War Papers,* vol. 2: *Never Surrender: May 1940-December 1940* (William Heinemann, London, 1993).
2 Kevin Jefferys, *War and Reform: British Politics during the Second World War* (Manchester University Press, Manchester, 1994), p. 42.
3 Lord Halifax, diary, 11 May 1940, Halifax Papers (Borthwick Institute, York), A7/8/4, p. 119.

444.
21 John Colville, *The Fringes of Power: Downing Street Diaries 1939-1955* (Hodder and Stoughton, London, 1985), p. 96.
22 Mary Soames, *Clementine Churchill* (Cassell, London, 1979), ch. 19.
23 Churchill, *Gathering Storm,* p. 525.
24 同上。
25 Wheeler-Bennett, *King George VI,* p. 444.
26 Ex-Detective Inspector W. H. Thompson, *I was Churchill's Shadow* (Christopher Johnson, London, 1951), p. 37.
27 Colville, *Fringes of Power,* pp. 96-7.
28 Winston S. Churchill to Neville Chamberlain, 19 February, cited in Gilbert, *At the Admiralty,* p. 1285.
29 Churchill to Lord Halifax, cited in Gilbert, *At the Admiralty,* p. 1285.
30 Churchill, *Gathering Storm,* p. 526.
31 同上。
32 Neville Chamberlain, resignation speech, 10 May 1940. BBC broadcast on the British Library's Sound Server.
33 Churchill, *Gathering Storm,* pp. 526-7.

第四章

1 R. R. James (ed.), *Chips: The Diaries of Sir Henry Channon* (Weidenfeld & Nicolson, London, 1993), p. 249.
2 Andrew Roberts, *The Holy Fox: A Biography of Lord Halifax* (Weidenfeld & Nicolson, London, 1991), p. 12.
3 Ben Pimlott (ed.), *The Second World War Diary of Hugh Dalton* (Jonathan Cape, London, 1985), 14 November 1940, p. 101.
4 Andrew Muldoon, *Empire, Politics and the Creation of the 1935 India Act: Last Act of the Raj* (Routledge, London, 2016), p. 44. Also cited in Roberts, *Holy Fox*, p. 6.
5 Roberts, *Holy Fox,* p. 51.
6 同上，p. 53.

1938, vol. 339, cc.359-74.

第三章

1 Randolph S. Churchill recollection, dictated at Stour, East Bergholt, 13 February 1963, cited in Martin Gilbert, *The Churchill War Papers,* vol. 1: *At the Admiralty: September 1939-May 1940* (Heinemann, London, 1993), p. 1266.

2 Winston S. Churchill, *The Second World War,* vol. I, *The Gathering Storm* (The Folio Society, London, 2000), p. 523.

3 Samuel Hoare, Nine Troubled Years (Collins, London, 1954), pp. 431-2.

4 Colonel Roderick Macleod, DSO, MC, and Denis Kelly (eds.), *The Ironside Diaries: 1937-1940* (Constable, London, 1962), 10 May 1940, p. 301.

5 BBC Home Service, 7 a.m. bulletin, Friday, 10 May 1940.

6 Randolph S. Churchill, in Gilbert, *At the Admiralty,* pp. 1269-70.

7 CAB 65/7/9.

8 Hoare, *Nine Troubled Years,* p. 432; *Churchill, Gathering Storm,* p. 523.

9 Newspaper headlines, 10 May 1940: *Daily Express, Daily Mirror, Daily Mail, Daily Telegraph.*

10 Churchill, *Gathering Storm,* p. 523.

11 CAB 65/7/10.

12 Philip Warner, *The Battle of France, 10 May-22 June 1940: Six Weeks Which Changed the World* (Cassell, London, 1990), pp. 50-52.

13 CAB 69/1.

14 Lionel Hastings, Baron Ismay, *The Memoirs of General the Lord Ismay K.G., P.C., G.C.B., C.H., D.S.O.* (Heinemann, London, 1960), p. 123.

15 CAB 83/3/12.

16 CAB 65/7/11.

17 同上。

18 同上。

19 Andrew Roberts, *The Holy Fox: A Biography of Lord Halifax* (Weidenfeld & Nicolson, London, 1991), p. 280.

20 Sir John Wheeler-Bennett, *King George VI: His Life and Reign* (Macmillan, London, 1958), p.

25 邱吉爾一九一四年十月五日給阿斯奎斯的電報。見：Martin Gilbert, *Winston S. Churchill,* vol. III: *The Challenge of War, 1914-1916* (Minerva, London, 1971), p. 163.

26 Timothy Travers, *Gallipoli 1915* (Tempus, Stroud, 2001), p. 23.

27 Jenkins, *Churchill,* p. 260.

28 Gilbert, *Challenge of War,* p. 457.

29 同上，p. 473.

30 同上，p. 459.

31 Martin Gilbert, *Churchill: A Life* (Heinemann, London, 1991), p. 346.

32 Mary Soames (ed.), *Winston and Clementine: The Personal Letters of the Churchills* (Houghton Mifflin, Boston), p. 198.

33 Jenkins, *Churchill,* p. 351.

34 Mary Soames, *Clementine Churchill* (Doubleday, London, 2002), p. 202.

35 同上。

36 Jenkins, *Churchill,* p. 375.

37 Gilbert, *Churchill: A Life,* p. 465.

38 Jenkins, *Churchill,* p. 440.

39 Winston S. Churchill, speech to House of Commons, Hansard, HC Deb Series 5, 23 November 1932, vol. 272, cc.73-92.

40 同上，13 April 1933, vol. 276, cc.2786-800.

41 同上。

42 Martin Gilbert, *The Roots of Appeasement* (Weidenfeld & Nicolson, London, 1966), p. 143.

43 Winston S. Churchill, *The Second World War,* vol. 1: *The Gathering Storm* (The Folio Society, London, 2000), p. 231.

44 Winston S. Churchill, speech to House of Commons, Hansard, HC Deb Series 5, 22 February 1938, vol. 332, cc.235-48.

45 Gilbert, *Roots of Appeasement,* p. 175.

46 哈利法克斯勛爵提到自己與邱吉爾以及張伯倫的一場談話，CAB 23/95/5.

47 Chamberlain returns from Munich with Anglo-German agreement, 30 September 1938, BBC National Programme 1938-09-30 (BBC Archive Recording, Feston Airport, Hounslow, West London).

48 Winston S. Churchill, speech to House of Commons, Hansard, HC Deb Series 5, 5 October

第二章

1 Winston S. Churchill, *My Early Life* (Eland, London, 2000), 作者序言。
2 同上，p. 13.
3 Churchill, *My Early Life,* p. 70.
4 同上，pp. 17-18.
5 同上，p. 24.
6 Randolph S. Churchill (ed.), *The Churchill Documents,* vol. 1: *Youth 1874-1896* (Heinemann, London, 1967), pp. 390-91.
7 Churchill, *My Early Life,* p. 47.
8 同上，p. 71.
9 同上，p. 80.
10 同上，p. 83.
11 同上，p. 85.
12 同上，p. 110.
13 同上，p. 117.
14 同上，p. 118.
15 Winston S. Churchill, *Savrola: A Tale of the Revolution in Laurania* (George Newnes, London, 1908), p. 32.
16 Roy Jenkins, *Churchill: A Biography* (Macmillan, London, 2001), p. 65.
17 同上，p. 71.
18 Churchill, *My Early Life,* p. 374.
19 Violet Bonham-Carter, *Winston Churchill: An Intimate Portrait* (Harcourt, Brace & World, New York, 1965), p. 89.
20 Winston S. Churchill, *The World Crisis, 1911-1918* (Macmillan, London, 1931), p. 46.
21 Jenkins, *Churchill,* p. 220.
22 同上，p. 232
23 Michael Shelden, *Young Titan: The Making of Winston Churchill* (Simon & Schuster, New York, 2013), p. 296.
24 Viscount Grey of Falloden, Twenty-Five Years 1892-1916, vol. II (Hodder and Stoughton, London, 1925), p. 223.

16 Roy Jenkins, *Churchill: A Biography* (Macmillan, London, 2001).
17 Colville, *Fringes of Power,* p. 93.
18 James (ed.), *Chips,* p. 248.
19 Andrew Roberts, *The Holy Fox: A Biography of Lord Halifax* (Weidenfeld & Nicolson, London, 1991), p. 245, 根據「私人的訊息來源」。
20 Lord Halifax, diary, 9 May 1940, Halifax Papers (Borthwick Institute, York), A7/8/4, p. 113.
21 同上。
22 同上，p. 114.
23 R. A. Butler, *The Art of the Possible: The Memoirs of Lord Butler, K.G., C.H.* (Hamish Hamilton, London, 1971), p. 84.
24 Colonel Roderick Macleod, DSO, MC, and Denis Kelly (eds.), *The Ironside Diaries: 1937-1940* (Constable, London, 1962), p. 293.
25 Roberts, *Holy Fox,* p. 274.
26 D. R. Thorpe, *Eden: The Life and Times of Anthony Eden, First Earl of Avon, 1897-1977* (Pimlico, London, 2004), p. 237.
27 The Rt Hon. The Earl of Avon, KG, PC, MC, *The Eden Memoirs,* vol. 2: *The Reckoning* (Cassell, London, 1965), p. 96.
28 A. J. P. Taylor, *Beaverbrook* (Hamish Hamilton, London, 1972), p. 409.
29 Avon, *Reckoning,* pp. 96-7.
30 Lord Halifax, diary, p. 114.
31 Lord Halifax, diary, p. 115.
32 同上。
33 Winston S. Churchill, *The Second World War,* vol. 1: *The Gathering Storm* (The Folio Society, London, 2000), pp. 522-3.
34 David Dilks (ed.), *The Diaries of Sir Alexander Cadogan, O.M.* (Cassell, London, 1971), 9 May 1940, p. 280; Roberts, *Holy Fox.*
35 Churchill, *Gathering Storm,* p. 522.
36 Avon, *Eden Memoirs,* p. 97.
37 Churchill, *Gathering Storm,* pp. 525-6.

原注

第一章

1 利奧・艾默里在挪威辯論中的發言。見國會議事錄：Hansard, Conduct of the War, HC（下議院） Deb Series 5, 7 May 1940, vol. 360, cc.1140-51.

2 R. R. James (ed.), *Chips: The Diaries of Sir Henry Channon* (Weidenfeld & Nicolson, London, 1993), p. 245.

3 Arthur Greenwood: Hansard, Conduct of the War, HC Deb Series 5, 7 May 1940, vol. 360, cc.1171-2.

4 Admiral Sir Roger Keyes: ibid., cc.1127-8.

5 Clement Attlee: ibid., cc.1093–4.

6 Colville, *The Fringes of Power: Downing Street Diaries 1939–1955* (Hodder and Stoughton, London, 1985), 6 May 1940, p. 91.

7 Herbert Morrison: Hansard, Conduct of the War, HC Deb Series 5, 8 May 1940, vol. 360, cc.1265.

8 Colville, *Fringes of Power,* p. 93: Sir Samuel Hoare（空軍大臣）、Sir John Simon（財政大臣）、Sir Kingsley Wood（掌璽大臣）。

9 Hugh Dalton, *The Fateful Years: Memoirs 1931-1945* (Frederick Muller, London, 1937), p. 305.

10 David Lloyd George: Hansard, Conduct of the War, HC Deb Series 5, 8 May 1940, vol. 360, c.1283.

11 National Library of Wales, Lady Olwen Carey-Evans Papers 122/14a, MLG to Mrs PHG, 15 May 1940.

12 Neville Chamberlain diary, 16 June 1940 (Neville Chamberlain Papers, University of Birmingham).

13 Winston S. Churchill: Hansard, Conduct of the War, HC Deb Series 5, 8 May 1940, vol. 360, cc.1251-1366.

14 Lloyd George, HC Deb Series 5, 8 May 1940, vol. 360, c.1283.

15 James (ed.), *Chips,* pp. 246-7.

Saint-Omer　聖奧美

Sandhurst Royal Military Academy　桑德赫斯特皇家軍事學院

Sarajevo　塞拉耶佛

Sidney Street　希德尼街

Somalia　索馬利亞

Somme　索姆河

Sorbonne　索邦大學

Sparkbrook　斯帕克布魯克

St. Martin-in-the-Fields　聖馬田教堂

St. Peter's Square　聖彼得廣場

Sudetenland　蘇台德地區

Suez Canal　蘇伊士運河

The Mall　林蔭路

Tonypandy　托納潘迪

Transvaal　德蘭士瓦

Trondheim　特隆赫姆

Uganda　烏干達

Utrecht　烏德勒支

Wales　威爾斯

Waterloo Station　滑鐵盧車站

White Cliffs　白堊懸崖

Yorkshire　約克夏

Birmingham University　伯明罕大學
Blenheim Palace　布倫海姆宮
Bombay　孟買
Boulogne　布倫
Bournemouth　伯恩茅斯
Buckingham Palace　白金漢宮
Calais　加萊
Chartwell　查特威爾
Chatsworth　查茲沃斯
Constantinople　君士坦丁堡
Danzig　但澤
Dardanelles　達達尼爾
Dorchester Hotel　多切斯特飯店
Dover Castle　多佛城堡
Dover　多佛
Dundee　丹地
Dunkirk　敦克爾克
Dyle　代拉河
East End　東區
Epping　埃平選區
Ethiopia　衣索比亞
Eton College　伊頓公學
Flanders　法蘭德斯
Fleet Street　艦隊街
French Riviera　蔚藍海岸
Gallipoli　加里波利
Gibraltar　直布羅陀
Gravelines　基夫蘭斯
Grosvenor Square　格羅夫納廣場
Harrow School　哈羅公學
Highveld　高地草原區
Horse Guards Parade　皇家騎兵衛隊閱兵場
Hull　赫爾
Hyde Park　海德公園
Isle of Wight　懷特島
Istanbul　伊斯坦堡
Kent　肯特郡
Kenya　肯亞
Le Bourget Airfield　布傑機場
Le Paradis　帕拉狄斯
Malta　馬爾他
Manchester North West　曼徹斯特北西選區
Mannheim　曼海姆
Marmara　馬爾馬拉海
Menin　梅南
Meuse　默茲河
Morocco　摩洛哥
Munich　慕尼黑
Namur-Sedan　那慕爾－色當
Nancy　南錫
Narvik　納爾維克
No. 10 Downing Street　唐寧街十號
Oldham　奧海姆
Ostend　奧斯滕德
Ottoman Empire　鄂圖曼帝國
Oxfordshire　牛津郡
Place du Palais Bourbon　波旁宮廣場
Pretoria　比勒托利亞
Quai d'Orsay　奧塞碼頭（法國外交部）
Rhineland　萊茵蘭
Ripon　里彭
Rotterdam　鹿特丹

Savrola　《薩伏羅拉》
Scots Guards　蘇格蘭衛隊
Secretary of State for Dominion Affairs　自治領事務大臣
Secretary of State for the Colonies　殖民地大臣
Secretary of State for War　陸軍大臣
Shadow Cabinet　影子內閣
sudor et sanguis　「汗水與鮮血」
Sunday Express　《週日快報》
Supreme War Council　最高戰爭委員會
The Battle of France　《法國戰役》
The Economic Consequences of Mr. Churchill　《邱吉爾先生帶來的經濟後果》
The Gathering Storm　《風雲緊急》
The History of England　《英國史》
The History of the English-Speaking Peoples　《英語民族史》
The Holy Fox　《高貴的狐狸》
The Roar of the Lion　《雄獅之吼》
The Roots of Appeasement　《綏靖政策的根源》
The Scaffolding of Rhetoric　《修辭的框架》
The Story of the Malakand Field Force　《馬拉坎德野戰部隊紀實》
Their Finest Hour　《最光輝的時刻》
Treaty of Amiens　亞眠條約
Treaty of Locarno　羅加諾公約
Trinity Sunday　三一節
Under-Secretary of State for Foreign Affairs　外交部副大臣
Under-Secretary of State for the Colonies　殖民地副大臣
unity government　聯合內閣
upper galleries　二樓旁聽席
Upper War Room　高層作戰室
Versailles Treaties　凡爾賽和約
Vice-Chief of the Imperial General Staff　帝國副參謀總長
Viceroy of India　印度總督
voting blocs　投票群體
Waffen-SS　武裝黨衛軍
War Council　戰爭會議
War Office　陸軍部
War Room　作戰室
War Staff　作戰參謀部
Watching Committee　「監督委員會」
White Army　白軍
Young Titan　《年輕的巨人》

地名

Abbeville　阿布維爾
Abyssinia　阿比西尼亞
Aisne　埃納河
Albert Canal　阿爾貝特運河
Amiens　亞眠
Amsterdam　阿姆斯特丹
Antwerp　安特衛普
Ardennes　阿登高地
Arras　阿拉斯
Bangalore　班加羅爾
Billotte　比洛特

House of Lords　上議院
Ils ne passeront pas　「絕不讓敵人通過」
Ixion　《伊克西翁》
Joint Intelligence Committee　聯合情報委員會
Kristallnacht　水晶之夜
Liberal Party　自由黨
Liberalism　自由主義
Lobby　投票廳
London to Ladysmith via Pretoria　《從倫敦經比勒托利亞到萊蒂史密斯》
Longfellow cigar　朗費羅雪茄
Lord President of the Council　樞密院議長
Lord Privy Seal　掌璽大臣
Maginot Line　馬其諾防線
Mahdist War　馬迪赫戰爭
Manchester Guardian　《曼徹斯特衛報》
Map Room　地圖室
Metropolitan Police　倫敦市警隊
Middle East Conference　中東會議
Military Coordination Committee　軍事協同委員會
Minister for Economic Warfare　經濟戰大臣
Minister for League of Nations Affairs　國際聯盟事務大臣
Minister for War　陸軍大臣
Minister of Aircraft Production　飛機生產大臣
Minister of Defence　國防大臣
Minister of Health　衛生大臣
Minister of Information　新聞大臣
Minister Without Portfolio　不管部大臣
Munich Agreement　慕尼黑協議
My Early Life　《我的早年生活》
National Socialist Party　國家社會主義黨
Newfoundland　紐芬蘭
News of the World　《世界新聞報》
No Lobby　反對投票廳
Norway Debate　挪威辯論
Operation Dynamo　發電機行動
Opposition Lobby　反對投票廳
Origin of Species　《物種源起》
Paris Peace Conference　巴黎和會
Parliament Act　國會改革法案
Peers's Gallery　貴族旁聽席
Permanent Under-Secretary　常任副大臣
Phoney War　「假戰」
Pioneer　《先鋒報》
Pol Roger champagne　保羅傑香檳酒
Politics　《政治學》
Postmaster General　郵政大臣
President of the Board of Trade　貿易委員會主席
Principal Private Secretary, PPS　首席私人秘書
progressive Conservatism　進步保守主義
Queen's Own Yorkshire Dragoons　女王約克夏龍騎兵團
Republic　《理想國》
Round Table Conference　圓桌會議
Royal Scots Fusiliers　皇家蘇格蘭燧發槍團
Saturday Evening Post　《週六晚間郵報》

Air Chief Marshal　空軍元帥
An Anatomy of the World　《世界之解剖》
anacoenosis　「訴求聽者意見」
anaphora　「句首呼應」
Anglo-French pact　英法同盟條約
Anglo-German Naval Treaty　英德海軍條約
Annual Register　《年鑑》
Attorney General　檢察總長
Aye Lobby　贊成投票廳
back bench　普通議員席
Blitzkrieg　閃電戰
Boer War　波爾戰爭
Bolshevism　布爾什維克主義
Botwood　博特伍德
British Expeditionary Force　英國遠征軍
Cabinet Room　內閣會議室
cash-and-carry　「付現自取」
Chancellor of the Duchy of Lancaster　蘭開斯特公爵郡事務大臣
Chief of the Imperial General Staff　帝國參謀總長
Chiefs of Staff Committee　參謀長委員會
Church of Scotland　蘇格蘭教會
Churchill: A Life　《邱吉爾傳》
civil disobedience　不合作運動
Commonwealth　大英國協
Conduct of the War　「戰事領導」
Cowes Regatta　考斯船賽
Curtiss　寇蒂斯
Daily Express　《每日快報》
Daily Graphic in London　《倫敦每日畫報》
Daily Mail　《每日郵報》
Daily Telegraph　《每日電報》
De Divinatione　《論占卜》
de Havilland　德哈維蘭公司
De Inventione　《論題材之發想》
Debating Chamber　議事廳
Decline and Fall of the Roman Empire　《羅馬帝國衰亡史》
Defence Committee　國防委員會
dementia paralytica　麻痺性痴呆
despatch box　發言箱
Division Lobby　分組投票廳
division of the House　分組表決
Dominion Status　自治領地位
Dreadnought type battleship　無畏型戰鬥艦
European Settlement　「歐洲和解」
Evening Standard　《倫敦旗幟晚報》
First Lord of the Admiralty　第一海軍大臣
Foreign Policy Committee　外交政策委員會
Foreign Secretary　外交大臣
franglais　「法英混合文」
Gandhi-Irwin Pact　甘地—歐文協議
General European Settlement　「歐洲全面和解方案」
Gestapo　蓋世太保
Gold Standard　金本位
Grumman　格魯曼
High Anglicans　聖公會高派
History of Rome　《羅馬史》
Home Rule　自治權
Home Secretary　內政大臣

Richard Toye　理察・托伊
Robert Browning　羅伯特・布朗寧
Robert Somervell　薩默維爾
Roy Jenkins　羅伊・詹金斯
Ruth Ive　露絲・艾夫
Samuel Hoare　薩謬爾・霍爾
Sir Archibald Sinclair　阿契伯德・辛克萊爵士
Sir Cyril Newall　西瑞爾・尼華爾爵士
Sir Dudley Pound　杜德萊・龐德爵士
Sir Edmund Ironside　艾德蒙・艾侖賽爵士
Sir Edward Bridges　愛德華・布里吉斯爵士
Sir Edward Grey　愛德華・葛雷爵士
Sir Edward Spears　陸軍少將愛德華・史皮爾斯爵士
Sir Hastings "Pug" Ismay　哈斯廷斯・猛犬・伊斯麥爵士
Sir Henry "Chips" Channon　亨利・奇普斯・錢儂爵士
Sir Hugh Dowding　休・道丁爵士
Sir John Dill　約翰・狄爾爵士
Sir John Fisher　約翰・費雪爵士
Sir John French　約翰・法蘭奇爵士
Sir John Reith　約翰・雷斯爵士
Sir John Simon　約翰・西蒙爵士
Sir John Sinclair　約翰・辛克萊爵士
Sir Oswald Mosley　奧斯華・莫斯利爵士
Sir Reginald Dorman-Smith　雷吉納爾德・多爾曼－史密斯爵士
Sir Roger Keyes　羅傑・凱斯爵士
Sir Ronald Campbell　羅納德・坎培爾爵士
Sir Sidney Peel　希德尼・皮爾爵士
Sir Thomas Inskip　湯馬斯・英斯基普爵士
Sonia Purnell　索妮亞・普內爾
Stanley Baldwin　史丹利・包德溫
T. S. Eliot　T. S.　艾略特
Theodore Roosevelt　老羅斯福
Tyrone Guthrie　提隆・加斯里
Violet Bonham-Carter　維奧萊特・柏納姆－卡特
Viscount Edward Halifax　愛德華・哈利法克斯子爵
W. H. Thompson　W. H. 湯普森
Wallis Simpson　瓦麗絲・辛普森
Wilfrid Scawen Blunt　威爾弗里德・斯科恩布倫特
Wilhelmina of the Netherlands　威廉明娜荷蘭女王
William "Bay" Middleton　威廉・拜伊・米德爾頓
William Manchester　威廉・曼徹斯特
William Pitt　威廉・皮特
Winston Leonard Spencer-Churchill　溫斯頓・李奧納德・斯賓塞－邱吉爾

專有名詞

1st Panzer Division　第一裝甲師
4th Queen's Own Hussars Cavalry Regiment　女王第四驃騎兵團
Admiralty House　海軍大臣官邸

Herbert Asquith　赫爾伯特・阿斯奎斯
Herbert Morrson　赫爾伯特・莫里森
Hermann Göring　赫爾曼・戈林
Hugh Dalton　休・達爾頓
Jennie Jerome　珍妮・傑羅姆
Joachim von Ribbentrop　約阿希姆・馮・里賓特洛普
John "Jock" Colville　約翰・約克・柯爾維爾
John Donne　約翰・多恩
John Martin　約翰・馬丁
John Maynard Keynes　約翰・梅納德・凱因斯
John Profumo　約翰・普羅富莫
John Reith　約翰・賴特
John Spencer-Churchill　約翰・史賓塞－邱吉爾
Joseph Chamberlain　約瑟夫・張伯倫
Joseph Goebbels　約瑟夫・戈培爾
Joseph Kennedy　約瑟夫・甘迺迪
Josh Wedgwood　喬希・韋奇伍德
King Edward VIII　愛德華八世
King George VI　喬治六世
King George V　喬治五世
King Leopold III　利奧波德三世
Kingsley Wood　金斯利・伍德
Lady Blanche Hozier　布蘭齊・霍齊爾女勛爵
Lady Dorothy Onslow　桃樂西・翁斯洛女勛爵
Lady St. Helier　聖赫利爾女勛爵
Lawrence of Arabia　「阿拉伯的勞倫斯」
Leo Amery　利奧・艾默里
Lord Beaverbrook　畢佛布魯克勛爵
Lord Byron　拜倫勛爵
Lord Gort　高特勛爵
Lord Halifax　哈利法克斯勛爵
Lord Hankey　漢基勛爵
Lord Irwin　歐文勛爵
Lord Kitchener　基奇納勛爵
Lord Munster　蒙斯特勛爵
Lord Salisbury　索爾茲伯里勛爵
Mahatma Gandhi　甘地
Malcolm MacDonald　馬爾科姆・麥克唐納
Margaret Thatcher　馬格麗特・柴契爾
Martin Gilbert　馬丁・吉爾伯特
Mary Soames　瑪莉・索姆斯
Maurice Gamelin　莫里斯・加默蘭
Maxime Weygand　魏剛將軍
Michael Shelden　麥可・謝爾登
Mme la Marquise de Crussol　珍妮・狄・卡魯莎女侯爵夫人
Mms la Contesse de Portes　海倫・狄・波特斯女伯爵夫人
Neville Chamberlain　納維爾・張伯倫
Oliver Cromwell　奧利佛・克倫威爾
Oliver Stanley　奧利佛・史丹利
Paul Reynaud　保羅・雷諾
Philip Warner　菲利浦・瓦爾納
R. A. "Rab" Butler
R. A.　「拉博」巴特勒
Ramsay MacDonald　拉姆齊・麥克唐納
Randolph Churchill　倫道夫・邱吉爾

中英名詞對照

人名

2nd Viscount Halifax　哈利法克斯子爵二世
7th Duke of Marlborough　第七代馬爾伯勒公爵
A. V. Alexander A. V.　亞歷山大
Adolf Hitler　阿道夫・希特勒
Alexander Cadogan　凱德肯爵士
Alfred "Duff" Cooper　阿爾弗瑞德・達夫・庫柏
Algernon Freeman-Mitford　阿爾傑農・佛里曼－米特福德
Alphonse Georges　阿爾方斯・喬吉斯將軍
Andrew Roberts　安德魯・羅伯茲
Anthony Eden　安東尼・艾登
Arthur Balfour　亞瑟・貝爾福
Arthur Greenwood　亞瑟・格林伍德
Baron Irwin　歐文男爵
Benito Mussolini　班尼托・墨索里尼
Bertram Ramsay　伯特藍・雷姆賽
Bill Hozier　比爾・霍齊爾
Cecily Gemmell　塞西莉・奇普斯・格默爾
Charles de Gaulle　戴高樂將軍
Charles Wood　查爾斯・伍德
Christopher Hitchens　克利斯多夫・希欽斯
Claude Berkley　克勞德・柏克利
Claude Nicholson　克勞德・尼科森
Clement Attlee　克萊曼・艾德禮
Clement Davies　克萊門特・戴維斯
Clementine Hozier　克萊蒙蒂娜・霍齊爾
Dame Margaret Lloyd George　馬格麗特・勞合・喬治夫人
David Cannadine　大衛・卡納迪尼
David Lloyd George　大衛・勞合・喬治
David Low　大衛・洛
David Margesson　大衛・馬傑森
Duke of Windsor　溫莎公爵
Earl Stanhope　斯坦霍普伯爵
Édouard Daladier　達拉第
Edward Frederick Lindley Wood　愛德華・弗列德里克・林德利・伍德
Elizabeth Gilliatt　伊莉莎白・吉列特
Francisco Franco　佛朗哥
Franklin D. Roosevelt　富蘭克林・羅斯福
Georges Clemenceau　喬治・克里蒙梭
Gertrude Bell　格特魯德・貝爾
Giuseppe Bastianini　朱塞佩・巴斯蒂亞尼尼
Giuseppe Garibaldi　朱塞佩・加里波第
Gurney Braithwaite　格尼・布雷斯維特
Harold Macmillan　哈洛德・麥克米蘭
Harold Nicolson　哈洛德・尼古森
Henderson Stewart　亨德森・斯圖爾特
Henry Montague Hozier　亨利・蒙塔古・霍齊爾

最黑暗的時刻

DARKEST HOUR: How Churchill Brought England Back from the Brink

作者　安東尼・麥卡騰（Anthony McCarten）
譯者　區立遠
總編輯　富察
責任編輯　區肇威
企劃　蔡慧華
封面設計　倪旻鋒
排版　宸遠彩藝

社長　郭重興
發行人　曾大福
出版發行　八旗文化／遠足文化事業股份有限公司
地址　新北市（二三一）新店區民權路一〇八—二號九樓
電話　（〇二）二二一八—一四一七
傳真　（〇二）八六六七—一〇六五
客服專線　〇八〇〇—二二一—〇二九
信箱　gusa0601@gmail.com
Facebook　facebook.com/gusapublishing
Blog　gusapublishing.blogspot.com

法律顧問　華洋法律事務所／蘇文生律師
印刷　成陽印刷股份有限公司

初版一刷　二〇一八年十二月

定價　四二〇元

國家圖書館出版品預行編目（CIP）資料

最黑暗的時刻
邱吉爾的睿智與勇氣，解救了英國與歐洲
安東尼・麥卡騰(Anthony McCarten)著；區立遠譯
-- 初版. -- 新北市：八旗文化，遠足文化，2018.12
320面；14.8×21公分
譯自：Darkest hour : how Churchill brought England back from the brink
ISBN 978-957-8654-41-9（平裝）

1. 邱吉爾 (Churchill, Winston, 1874-1965)
2. 傳記　3. 第二次世界大戰　4. 英國史

741.264　　107020049